安徽师范大学国家级一流本科专业（法学）建设点系列成果

案例法学研究

第一辑

周振杰◎主编

安徽师范大学出版社

ANHUI NORMAL UNIVERSITY PRESS

·芜湖·

图书在版编目(CIP)数据

案例法学研究.第一辑/周振杰主编.—芜湖:安徽师范大学出版社,2022.4(2023.3重印)
ISBN 978-7-5676-5518-8

Ⅰ.①案… Ⅱ.①周… Ⅲ.①案例-法学-研究-中国 Ⅳ.①D920.5

中国版本图书馆CIP数据核字(2022)第047414号

案例法学研究·第一辑

周振杰 ◎ 主编

ANLI FAXUE YANJIU DI-YI JI

责任编辑:陈贻云　　　　　　责任校对:何章艳
装帧设计:张　玲　冯君君　　责任印制:桑国磊
出版发行:安徽师范大学出版社
　　　　　芜湖市北京东路1号安徽师范大学赭山校区

网　　　址:http://www.ahnupress.com/
发 行 部:0553-3883578　5910327　5910310(传真)
印　　刷:江苏凤凰数码印务有限公司
版　　次:2022年4月第1版
印　　次:2023年3月第2次印刷
规　　格:700 mm×1000 mm　1/16
印　　张:19.5
字　　数:314千字
书　　号:ISBN 978-7-5676-5518-8
定　　价:78.00元

《案例法学研究·第一辑》编委会

卷 首 语

  2021年11月11日通过的《中国共产党第十九届中央委员会第六次全体会议公报》明确指出："在全面依法治国上，中国特色社会主义法治体系不断健全，法治中国建设迈出坚实步伐。"随着法治体系的不断健全，"法治建设应当以什么为最终抓手，以什么为评价标准，以什么为实现形态"就成为我们必须解答的问题，因为"这既是法学理论研究的方向性问题，也是法治建设实践的目标性问题"①。在信息网络技术日益发达且社会法律意识有待提高的宏观背景下，积极推进案例法治建设自然而然就成为答案。

  早在20世纪50年代，最高人民法院就开始以各种形式发布典型案例，指导审判工作。1962年印发的《关于人民法院工作若干问题的规定》也明确要求要"总结审判工作，选择案例，指导工作"。但是因为历史原因，直至20余年后，这项工作才慢慢步入正轨：1985年，《最高人民法院公报》创刊，开始刊登经特定程序编选确定的各类典型案例；1992年，《人民法院案例选》开始编辑出版；1999年，最高人民法院各业务庭开始编辑出版审判参考和指导丛书；2005年，《人民法院报》开设了"案例指导"专栏。随着《人民法院第二个五年改革纲要（2004—2008）》提出的"案例指导制度"于2008年12月成为党和国家改革的一项内容，最高人民法院于2011年12月10日发布了第一批指导性案例，以指导性案例为统领、参考性案例为基础的案例法治建设走上了规范化、制度化的道路。

  推进案例法治建设离不开案例法学研究。探寻案例中的智慧、发现案例中的规则并分享案例中的经验，需要无数法律人伸出双手，从铺垫法治

---

① 胡云腾：《从规范法治到案例法治——论法治建设的路径选择》，载《法治现代化研究》2020年第5期，第1页。

长河的千万案例中淘出金子；需要无数法律人擦亮眼睛，从散落于法治长空的无数案例里寻找星辰。为凝聚集体力量、发挥集体智慧，安徽师范大学法学院于2020年9月申请成立了校级研究机构"安徽师范大学司法案例研究中心"，同时向中国法学会案例法学研究会申请设立研究基地。2021年7月，中国法学会案例法学研究会批复同意以安徽师范大学司法案例研究中心为依托，设立"安徽师范大学域外司法案例研究基地"。作为研究基地的重要建设成果之一，我们筹划出版"案例法学研究"系列图书，并获得了安徽师范大学出版社的大力支持。

本书为"案例法学研究"系列图书的第一辑，全书分为五个部分，共收录了27篇文章。其中，"法学名家讲坛"部分收录了最高人民法院审判委员会原副部级专职委员、中国法学会案例法学研究会会长胡云腾教授的《案例指导制度》、加拿大多伦多大学普里恰特-威尔逊讲席教授肯特·罗奇的《刑事错案的定义问题》，以及德国刑法学大师托马斯·魏根特的《嫌疑犯作为信息来源之探析》3篇精彩演讲稿。"基础理论研究"部分收录的6篇文章分别从典型案例出发，深入探讨了企业刑事合规抗辩、美国死刑量刑中被害人所受影响的证据采纳、个人数据使用中利益的冲突及其协调等相关法律领域的重大基础问题。"前沿问题聚焦"部分收录的5篇文章分别针对网络黑灰产态势及刑事治理、认罪认罚案件的量刑困境与突破路径、降低刑事责任年龄以及帮助信息网络犯罪活动罪等相关问题进行了研究。"域外判例评析"部分收录的7篇文章分别介绍、评析了日本、美国、欧盟等国家和地区医疗、劳动等领域的典型案例。"青年法学园地"部分收录了北京师范大学、中国社会科学院大学、安徽师范大学等高校的青年学子撰写的6篇习作，对贪污受贿案件、类案智能系统等问题进行了有益探索。

九层之台，起于垒土；千里之行，始于足下。即将付梓的《案例法学研究·第一辑》还只是法学园地中一株弱小的萌芽，希冀她能够在磨炼中成长，为中国的案例法治建设吐露芬芳、增添颜色。

周振杰

2021年12月10日

目 录

法学名家讲坛

基础理论研究

前沿问题聚焦

域外判例评析

青年法学园地

法 学 名 家 讲 坛

案例指导制度

胡云腾[*]

案例指导制度是非常重要的一个制度，属于中国特色社会主义司法制度之一，这是多年以前我给案例指导制度下的定义。因为案例指导制度既不属于大陆法系的制度，也不同于英美法系的判例制度，是属于中国特色法治的制度。

案例指导制度出现得很早，在改革开放之初相关研究者就已经在探索了。我认为当前已经从规则法治时代转向了案例法治时代。我们现在的案例十分丰富，以前我们找案例非常困难，但是现在中国裁判文书网已经有1亿多份案例可以查询，这是一个翻天覆地的变化。因此，我说我们已经来到了案例法治、案例法学、案例法学院的时代。

一、案例时代之案例

案例究竟是什么呢？我总结了一下，案例是公权力机关处理矛盾纠纷形成的公共产品，其载体是法律文书。在我们国家，案例载体比较复杂，比如有公安机关的案例、检察机关的案例、法院的案例和司法行政机关的案例，还有人民调解组织的案例，最近还看到司法部下发的司法鉴定的案例。所以，我们国家的案例是一个非常大的概念。案例指导制度也是这样的，既包括检察机关的，也包括公安机关和人民法院的。

我们与西方国家是不同的，因为西方国家的司法案例就是指法院的案

---

* 胡云腾，中国法学会案例法学研究会会长、教授、法学博士、博士生导师，研究方向为刑法学。

例。从国内与国外的比较看来，域外的案例多指法院判决的司法案例，我国港澳台地区也持这样的观点，所以整体来看最重要的是经过法院裁判的案例。

二、案例家族

我现在专门讲一下案例的范围，重点是法院的案例，因为现在法院的案例处于最重要的地位。法院的案例一共分为七种，我按照时间顺序进行了排序。

第一种是1985年的《最高人民法院公报》案例。最高人民法院（下文简称"最高院"）的公报案例是什么呢？《最高人民法院公报》是最高院对外的具有官方性质的权威出版物，最高院的一些文件就是通过公报形式发布的。公报案例具有代表性，基本上代表了最高院的观点，同时也具有权威性，因为所有的公报案例都要经过最高院业务庭和分管院领导的审核，经过签发才能刊登在公报上。公报案例不同于指导性案例的地方在于公报案例没有直接的约束力。

第二种是1991年的《中国审判案例要览》案例。《中国审判案例要览》是一本杂志，由国家法官学院和中国人民大学法学院共同编写，现在仍然在出版，不仅包括中文版，还有外文版，方便其他国家了解我国的司法审判制度。案例要览案例至今仍是最有影响的案例之一，同时该类案例也具有学术性，对于司法审判能起到借鉴的作用，但它在一定程度上不代表最高院的观点，属于案例学术杂志。

第三种是1992年的《人民法院案例选》案例。《人民法院案例选》由最高院应用法研究室独立创办，至今已有30年。该案例主要面向法官，理论与实践相结合，为法官服务，对于法官来说是非常好的作品。《人民法院案例选》的影响非常大，香港的著名法学家对其评价很高。

第四种是1999年的《刑事审判参考》案例。这是一类专门针对刑法的参考案例，目前已经有130多期。这类案例对执法办案很有指导意义，很多检察官、律师用它来指导办案。

第五种是2007年的《人民司法（案例）》。《人民司法（案例）》属于官方杂志帮助法官办案，兼具学术性与实践性。该案例既能够帮助法官办案，同时也能让一些学者发表学术作品，整体偏向学术性，实践性稍逊一筹。

第六种是2010年的指导性案例。这是我要重点讲的案例，它由最高人民法院创立，这是一项重大的司法改革，我在最高院研究室做主任的时候起草了关于案例指导工作的规定。

第七种是2017年的《法律适用》案例。《法律适用》是由最高院主管、国家法官学院主办的应用法学理论刊物，主要讨论法律在实践中如何适用，所以是兼具实践性与理论性的刊物，它除了包含最高院编写的案例以外还包括一些专家学者编写的文章，整体内容非常丰富。

除最高院以外，地方法院也有典型案例，例如安徽省、江苏省、上海市这些地方案例工作做得非常好，而且会定期发布，有的也叫参考案例或者参与案例。无论是最高院还是地方法院，指导性案例都是具有权威性的。

三、案例价值

现在越来越多的人关注案例，越来越多的公司靠着开发案例检索程序创造商业价值。案例是最丰富的司法资源，甚至可以说是法治建设的一种能源。有了案例，可以带动别的产业。

案例的第一个价值是预防纠纷。如刑事案件具有预防犯罪的价值，对外公布的案例能够预防同类案件，不让违法犯罪行为再次发生。

案例的第二个价值是规则价值。通过某一案例确定某种规则。举一个例子来说，职工上班期间，发生交通事故造成了伤害，这属不属于工伤呢？工厂的劳动人事部门和当事人之间产生了分歧。工厂认为不属于工伤，不仅没有给工人假期而且将其受伤期间的待遇扣除；工人向劳动仲裁委员会申请劳动仲裁，但是结果失败，工人至法院提起诉讼，法院综合考虑，根据有利于保护当事人权利的原则，判决属于工伤；工厂不服，上诉至中级人民法院，中级人民法院维持了一审判决。从此确定了这个规则，国务院主管部门通过修改相关行政规定改变了规则。还有一个关于贪污的刑事指导性案例，发生在浙江。根据《刑法》第383条的规定，贪污的犯罪对象必须是财物，也就是有形的物品，法律规定中不包括财产性利益。之后最高院发布了一个指导性案例，通过强拆高价补偿的方式贪污了一百多万元，这个行为对象最后被法院认定为财产性利益，纳入了贪污受贿的范围。从上述案例可以看出，在研究案例时不能抱着看热闹的心态，而要看到案例的价值，看看案例有没有创制一个规则，这就是案例的规则价值。

案例的第三个价值是指引价值。案例应当提供导向，这是很重要的一件事情。比如说在司法审判中，当事人不诚信做了一个假的证据，我们在审判过程中对于这样的行为有三种态度：第一种是视而不见；第二种是驳回不予采纳；第三种是在司法审判当中对于证据造假甚至虚假诉讼的行为，进行谴责并进行处罚。这就体现了我们在司法中倡导诚信的态度，最高院2020年已经提出了这种观点；这样的审判不仅弘扬了社会主义核心价值观，还确定了一种诚信导向。我们在法学院教育中不能倡导西方司法独立、三权分立的思想，应该以社会主义核心价值观为导向。

案例的第四个价值是宣教价值，也就是宣传教育价值。这一价值同样很重要，因为在现实生活中很多人不会去关注法条，而是更多地把注意力放在案例中，案例中的问题能够引起热议，激起人民群众对司法的兴趣。根据最高院周强院长的观点，要把司法审判变成一个宣传法律的公开课，法官和法院要对人民群众进行法治教育，这个教育的方法就是靠案例的审判，案例的宣传教育价值越来越凸显，其形式包括将案例转化为影视作品和自媒体作品，其中最有名的应该就是《秋菊打官司》。

案例的第五个价值是理论价值。理论的创新其实更多地体现在案例中，在案例中出现的理论观点是最具有生命力的。美国首席大法官霍姆斯认为，法律的生命在于经验，这种经验就是司法审判的经验，实际上是理论创新的中心。最近我在写一篇小文章，叫《案例法学》，并且我们准备在安徽师范大学建立一个案例法学研究基地。研究法条其实已经研究枯竭了，刑法加上刑法修正案一共规定了近五百个罪名，人们已经研究了几十年，特别是一些著名的法学家已经将问题都研究得差不多了，所以我们的研究方向不应该是关注法条，而应当将注意力放到案例中。我们要在中国裁判文书网上发现问题而不是去创新，年轻人创新更不容易，所以我们的法学理论不是需要创新而是需要去发现。恩格斯在马克思墓前的讲话里说过，唯物史观和剩余价值理论是马克思发现的。所以，不仅自然科学理论靠发现，社会科学理论也是靠发现。因此，要避免一个误区，不要让学生去创新观点和理念，而要让他们在司法案例中去发现理论。

案例的第六个价值是历史价值。关于案例的历史价值我也写过一篇文章叫作《法治的现实》，我认为历史上的案件只要是真实的就具有生命力，但历史上的法律规定只是规定得很好，在实践中无法很清楚地展现，甚至有时候法律规定也没有落实到人人平等。所以后来具有司法解释性质的案例和规定来了。从法律规定到案例是有一个过程的，案例相对于法律规定来说更可靠。我们现在整理案例要通过法学研究的方法，形成案例法学研究；纯粹的逻辑和纯粹的规范研究是达不到这个效果的。我们国家硕士研究生和博士研究生的数量越来越多，表面上论文的引用率很高，实际上在实践中没有多少用处，所以案例的历史价值非常重要。

案例的第七个价值是数据价值。现在已经是大数据时代，案例的数据价值越来越凸显，通过大数据分析可以看到一两个甚至几百个案子都看不到的东西。比如说最高院曾发过一个案例，通过大数据分析得出结婚七年是离婚的最高峰，如果没有大数据分析是无法发现这样一个客观事实的。如果案例的样本数量不够多，得出的结论是不具有客观性的，所以案例的数据价值是非常重要的。要真正科学地研究案例，必须运用信息化和大数据云计算，得出科学的结果。

我还有一个观点，案例开发得越多，得到的案例价值就越多；越重视案例价值，案例就会有越来越多的价值。

四、案例历史

案例的历史发展是中华民族最为重视的法律产品。我国发现的第一份裁判文书是在考古墓地中发现的秦墓竹简，其中包含了很多案例。我国自秦汉以来大部分时期都是律例并行，通过学习法制史大家都知道我国自古以来就是重视案例的民族，案例具有重要地位。我之前还专门讲过一门课，叫作"案例是串起司法文明的项链"，这门课讲了20个案例，从春秋战国一直到明清时期，案例为中国法治作出了巨大的贡献。比如，缇萦上书这件事就废除了肉刑，极大地推动了法治的文明进步；唐太宗误杀张蕴古之后把死刑的三复奏改为五复奏，因为过去死刑犯在临刑之前要向皇帝汇报三次，在皇帝同意执行死刑后，发现错杀了张蕴古，之后就改成了死刑五复奏。所以我们成立了中国法学会案例法学研究会，专门研究中华传统司法案例，发现了许多有价值的东西。

新中国成立以来，案例在司法实践中发挥了重要的作用。新中国成立后的前30年即1949年至1979年，案例作为法律来适用。但并不是所有的罪名都适用，其中反革命罪、贪污罪和货币罪都有具体的法律规定，而除了这三个罪名以外，其他罪名在当时是没有具体法律规定的，当时最高院、司法部和最高人民检察院（下文简称"最高检"）总结了一些案例，基层法院根据这些案例进行定罪量刑。改革开放后的30年即1980年至2010年，用案例解释法律适用。这个时期发布的案例不具有法律的效力，案例被用来解释法律，也作为一种裁判文书供大家模仿。2010年至今，用案例指导法律适用。2010年，最高院出台了《关于案例指导工作的规定》，这个规定的出台标志着案例指导制度的正式诞生。

五、案例指导制度的构建

改革开放以后，法院重视案例指导制度，但是一直没有成文的规定，直到2005年10月27日，最高院发布的《人民法院第二个五年改革纲要（2004—2008）》首次提出建立和完善案例指导制度。这个五年改革纲要在中国的法院改革史上具有一定的地位，但其仅仅是提出要建立和完善案例指导制度，具体落实还需要有一个规范和完善的过程。经历了五年的改革探索，2010年11月26日，最高院发布了《关于案例指导工作的规定》，该规定一共有10条，包括指导性案例的入选条件、遴选、审查、通过和发布程序，还有指导性案例的效力问题。2015年，最高院发布了《〈关于案例指导工作的规定〉实施细则》，从案例指导制度的提出到最终细则的公布一共经历了10年，这10年对于案例指导制度来说具有里程碑式的重大意义。

六、指导性案例的构成条件

人民法院与人民检察院关于指导性案例的构成条件有着不同的要求。

人民法院一般认为指导性案例的构成条件有五项。第一，社会广泛关注。社会广泛关注的案例具有了案例的价值。第二，法律规定比较原则。即法律规定很模糊，在具体的案件中无法通过这些模糊的规定来裁判，这时候的原则可以说具有了指导性意义。第三，具有典型性。典型的意义在于案件具有代表性，也就是说在同样的案件中可以脱颖而出，起到一种模范作用。第四，疑难、复杂或者新类型的案例。在法律关系中事实认定是非常复杂的，如果这种非常复杂的案件能够处理得很好，那么对于处理类似案件是具有参考价值的。如果没有指导性案例，每一次碰到这种复杂的疑难案例都要从头分析的话，需要花费巨大的司法资源，借助案例指导的作用可以节约司法资源。第五，其他具有指导作用的案例。

人民检察院一般认为指导性案例的构成条件有四项。第一，案件处理结果已经发生法律效力。在一些经济纠纷中，特别是一些破产金融案件，法律关系复杂，各种合同、担保、质押等纠缠在一起，涉及的利益关系也很复杂，所以要求发布的指导性案例的处理结果已经发生了法律效力。第二，办案程序符合法律规定，办案程序必须是合法公正的。第三，在事实认定、证据运用、法律适用、政策把握和办案方法等方面对类似案件的办理有指导意义。在办案过程中，指导意义的内涵包括三点：（1）在事实认定方面具有指导意义；（2）在证据运用方面也具有指导意义，包括法律适用、把握政策、平衡利益等方面；（3）在办案方法，特别是司法技能裁判方法方面具有指导意义。第四，体现检察职能作用，取得良好效果。

能够入选指导性案例本身就体现了案例的价值，此外，指导性案例还有推广价值，也就是说一个指导性案例的结果是可以复制的，具有可推广可复制的价值。如果一个案例很典型，但是非常小众，几乎没有与其类似的其他案例，那么这样的案例就没有什么价值。指导性案例还有修改法律的价值。关于创新法律的价值是需要具体情况具体分析的，法律本身是落后于时代的，所以法律本身就存在着滞后性，根据时代中的案例来修改法律中的缺陷，此时案例就具有了修改法律的价值。这样的过程有利于法治，有利于坚持以人民为中心，有利于加强人权保障，此时在法律上的创新是被允许的。但是如果规则的创建只是对一部分人有利，而对另一部分人不利，那就不应当允许其创建。案例的创新价值除了要以法治为方向外，还需要以人民为中心，只针对少数群体的规则创新实际上是不被允许的。法治的内核是正义，只有代表了公平正义的案例才是有价值的，如果案例本身已经落后于时代且不能有利于人权保障，那就很难起到维护人民群众合法权益的作用。

综上所述，法律本身的创新和案例的关系，有一个价值取向的问题，不是所有案例都能起到这个作用，而应充分看待案例的特性，看其是否符合法治精神，是否符合社会的公序良俗与社会主义核心价值观。

七、指导性案例的编选程序

指导性案例的编选程序包括八个步骤。

第一是海选。根据最高院和最高检的规定和相关的司法解释，除了专家学者、人大代表之外，学生、老师都可以推荐指导性案例，任何地方法院也都可以将自己判决的案例报最高院编选，形成了一个广泛的推荐案例的环境。

第二是初选。最高院专门设立了案例指导处，由这个部门来初选指导性案例。

第三是编写。我国的案例指导制度不同于西方国家，西方国家的案例指导制度往往是关注裁判文书，而我们国家是通过案件指出争议焦点，法院的裁判更多地体现为指导价值，所以我国案例指导制度中的"案例"需要加工，而不是将案例原封不动地写出来。案例加工要有一个编写的过程，还可能涉及一些不方便公开的信息，要将这些信息进行处理之后才能作为指导性案例予以公开。我们现在一般要求由原审法官来编写，这样更能把握主要的事实、情节和结果。

第四是审查。审查工作由最高院各个业务庭的庭长来进行，如刑事案例由刑庭庭长审查，民事案例由民庭庭长审查。业务庭审查是非常重要的程序。

第五是外审。外审程序相对来说比较复杂，比如在与银行相关的案件中会涉及保险，法院本身在这一方面不具有专业性，所以在遇到送审案例存在这样具有专业性的问题时，会向银行或者相关保险公司征询法律意见。除此之外，还需要向专家学者征求意见。现在发布指导性案例的频率很低，原因是现在的程序相对于以前来说复杂了很多，要形成一个指导性案例是很不容易的。

第六是通过。指导性案例经最高院的研究室讨论通过之后会交给业务庭讨论，讨论过程中最重要的主体是审判员。最高检指导性案例的出台与最高院还有不一样的地方，最高检比最高院多一个程序，即最高检内部有一个案例指导委员会，由专门分管的副检察长、专职委员和业务员组成，指导性案例在案例指导委员会讨论通过之后，才能上报检察委员会。

第七是发布。指导性案例的发布是有讲究的，每一个指导性案例都有自己的编号，这个号不是随便编的，它与司法解释号一样，需要经过讨论予以确定。指导性案例通过媒体公布出来，公布的形式是公告，公告是一个非常正式的方式。一般法院的新闻在微博或者报纸上发布，这样简单的发布不会引起过多的关注，所以为了达到司法解释的效果必须要用到公告。

第八是联发。联发即最高检与最高院联合发布指导性案例，这是我们一直主张的观点，但是现在出现了不同的意见，反对的观点认为指导性案例只要由法院或者检察院一家发布就可以了，因为指导性案例不是司法解释，联发是一种不合理的方式。这种观点是一种西方思维的观点，在西方国家检察机关是高度独立的，但我国的制度与西方国家不一样，我国的检察机关不仅是公诉机关，也是法律监督机关，其性质是司法机关，能够起到监督法院和公安机关的作用，所以我国最高检和最高院联发指导性案例是没有问题的。此外，在寻衅滋事罪和非法经营罪这样的"口袋罪"中，虽然司法解释已经有了一些规定，但是还是会有一些模糊的区域需要案例发挥作用，所以我是赞成检察机关与法院联合发布指导性案例的，这是一个持续性的过程。

大家从我介绍的案例指导制度及指导性案例的编选程序可以看出，一个指导性案例的出台是很不容易的，需要经过多次打磨，是一环扣一环、一层一层往上报的，每一层都需要经过讨论和修改，这样最后的成果是集体智慧的结晶。

八、指导性案例的效力

我们花了大量的人力、物力去建立案例指导制度，所要达到的效果、作用是值得探讨的，关于指导性案例的效力有四种不同的观点。

第一种观点认为指导性案例具有示范效力。我在2010年的时候专门写过关于司法解释的理解和适用的文章，当时我就是这种观点，我认为指导性案例在案例中是模范，起到了带头示范的作用。

第二种观点认为指导性案例具有指导效力。指导效力可以分为两种：一种是硬指导，另一种是软指导。硬指导是必须遵守的，必须有依照指导性案例判案的认知；软指导是可以变通的，这种情况下案例指导制度的效力是模糊不清的。

第三种观点认为指导性案例具有参考效力。参考效力对于法院、检察院来说，就是可以参考也可以不参考的意思。

第四种观点认为指导性案例具有参照效力。参照效力也分为两种：一种是可以参照。可以参照的效力还是太软了，可以参照的意思就是可以参照或可以不参照，那么我们花费这么大力气建立的案例指导制度是没有作用的。另一种是应当参照。最高院出台的《〈关于案例指导工作的规定〉实施细则》明确规定了应当参照，如果下级法院不参照指导性案例的话，就需要承担违法审判的法律责任了，甚至要进一步追究错案责任。因为是硬指导，当事人可以参照指导性案例进行上诉，最终会导致案件发回重审甚至改判。对于司法人员而言，应当参照就意味着法律责任，我们讲的强制性就是根据法律效力推断而来的。

政策和法律至今没有明确规定指导性案例的效力，案例指导制度是具有中国特色的司法制度。2018年修订的《中华人民共和国人民法院组织法》第18条规定："最高人民法院可以对属于审判工作中具体应用法律的问题进行解释。最高人民法院可以发布指导性案例。"根据这一规定，最高院具有司法解释权。司法解释不同于立法解释，司法解释是在具体法律适用过程中的解释，立法法明确规定法律由全国人大常委会进行解释，而法律实施由最高院进行解释。反对的观点认为在立法法没有规定的情况下，最高院的司法解释属于无权解释，是违法的。人民法院组织法对此作了回应，明确了最高院可以对审判工作进行解释。

最高院能够发布指导性案例说明指导性案例已经获得了相应的法律地位，其法律效力相当于司法解释，所以现在的案例指导制度不是简单的工作制度。在2010年的时候还没有相关的法律依据，最高检出台的指导性案例还不能确定其效力；在2018年有了法律规定之后，案例指导制度已经上升为法律制度了。

九、指导性案例的引用

关于在裁判文书中能不能引用指导性案例的问题一直是存在争议的，有学者认为在裁判文书中的说理部分引入指导性案例，会让立法机关认为指导性案例属于法律依据，所以应将引用部分予以删除。最高检在相关的规定中也未写引用。

指导性案例的作用直接在法律规定中有所体现。最高院2010年出台的《关于案例指导工作的规定》第7条规定，各级人民法院审判类似案件时应当参照指导性案例。最高院2015年发布的《〈关于案例指导工作的规定〉实施细则》第9条规定，各级人民法院正在审理的案件的基本案情和法律适用与指导性案例类似的，应当参照指导性案例的裁判要点作出裁判。上述实施细则第10条规定，各级人民法院审理类似案件参照指导性案例的，应当将指导性案例作为裁判理由引述，但不作为裁判依据引用。这并不是说在裁判文书中不引用法律规定来进行说理，而仅仅引用指导性案例。上述实施细则第11条规定，在裁判文书中引述相关指导性案例的，应当在裁判理由部分引述指导性案例的编号和裁判要点；公诉机关、案件当事人及其辩护人、诉讼代理人引述指导性案例作为控（诉）辩理由的，案件承办人员应当在裁判理由中回应是否参照了该指导性案例并说明理由。之前提到每一个指导性案例都有自己的编号，编号的设置方便了当事人以及代理人引用指导性案例。

2019年最高检发布的修订后的《关于案例指导工作的规定》第15条规定，各级人民检察院应当参照指导性案例办理类似案件，可以引述相关指导性案例进行释法说理，但不得代替法律或者司法解释作为案件处理决定的直接依据。这是目前最高检和最高院的观点。我的观点存在一个转变的过程，我过去认为指导性案例的裁判要点能作为说理的依据，但在当时这种观点是没有法律规范予以支持的。总的来说，在2018年修改人民法院组织法之后，指导性案例的地位已经上升到与司法解释同等地位。我最近发表的文章里面表达了我现在的观点，即指导性案例的裁判观点可以作为法律依据予以引用。可以先引用法律规定，然后引用司法解释，最后引用人民法院组织法和指导性案例，因为指导性案例现在已经上升到了司法制度，指导性案例可以作为法律原则。另外，指导性案例的出台程序与司法解释的程序是一模一样的，因此，指导性案例完全有理由可以作为裁判依据引用。

十、从个案指导到类案通判

最后一个问题是关于从个案指导到类案通判。案例指导制度出台10多年以来取得了一定的成绩，但是随着案例数量的日益增长，不管是学术研究、司法解释还是司法裁判层面，大家都认为指导性案例太少了，并不能满足法治发展的需求。但是最高院内部查询指导性案例，就是在进行类案指导，要保持一致，防止错案错判，实现司法公正。最近一段时间较为热门的是类案内部检索报告制度和备案查询制度等。首先要界定类案的概念，即在基本事实、争议焦点、法律适用等方面与已决案件相似的待决案件。其次要明确类案检索的条件，包括拟交会讨论的，无裁判规则的或裁判规则不明确的，院长、庭长要求检索的。

关于类案通判要有一个体系性的理解：一是法律适用有争议的；二是法律适用不明确的；三是此前没有遇到的；四是类似案件此前的判决不一致的；五是待决的裁判与此前的裁判不一致的；六是其他可能产生判决不一致的情形。

关于刑事错案的定义问题

肯特·罗奇 文 蒋 娜 译*

今天我演讲的题目，在一定程度上是理论上的问题，但仍然不失其基本性和重要性。是什么酿成了刑事错案呢？在我看来，这个问题提出了关于刑事司法制度价值的根本问题。这些价值问题在整个世界都争论不休，我愿意向你们学习更多有关刑事司法制度价值在中国如何得以阐释和平衡的知识。

我的基本观点如下：如果刑事司法制度主要关注对犯罪的控制和惩治，那么只有在一个判决招致无辜的人被定罪的时候，才可以认定此判决是有错误的。实际上，如果一项判决导致一名有罪的人被无罪释放，那么该判决也可能是不公正的。

相反，如果一国的刑事司法制度也关注正当程序的话，那么通过违反程序的方式所获取的定罪将是不公正的。换言之，在法律非正义的情况下，即使被告人可能在事实上有罪，也将导致一个刑事错案的发生。在一个正当程序或者保障人权的制度下，如果仅有关于某人罪行的合理怀疑，那么此人应当被无罪释放。

这里展开讨论的一个良好基点是，考虑美国法律学者赫伯特·帕卡的有关著作。他在20世纪60年代，构建了一个对比犯罪控制和正当程序的

* 肯特·罗奇(Kent Roach)，加拿大多伦多大学法学教授、法律和公共政策领域的普里恰特-威尔逊讲席教授，研究方向为权利宪章、比较刑法、刑事法律和证据、司法决策、法律史、国家安全法和反恐怖法等。

蒋娜，北京师范大学刑事法律科学研究院教授、法学博士、博士生导师，研究方向为比较刑法学。

模式。在这一犯罪控制的模式中，警察和检察官们拥有最重要的位置。他们所关心的是，被告有没有确实地犯有罪行，或者有时被称为实体上有罪。一个优秀的警察或者检察官，应该关注对一个无辜者的有罪判决，因为这样的刑事错案会让有罪的人逍遥法外。换句话说，如果我被错判为谋杀某女士的罪行，那么杀害某女士的真正凶手就可能逍遥法外，而这是优秀的警察和检察官们应当反对的。公众也会反对关于无辜者的有罪判决，因为它容许有罪之人逍遥法外。

帕卡教授认为，在20世纪60年代初期的美国，犯罪控制的模式占主导地位。一些中国学者（也）已主张，这在今天的中国也是占主导地位的。公众对犯罪是关注的，而且对其绝不容忍。他们希望有罪的人被判定有罪，但也会反感对无辜者的有罪判决，不论是因为没有犯罪行为的发生，如同佘祥林案件中那样，误以为他的妻子被害却又再现的情况，还是因为对无辜者的错误定罪，从而导致有罪之人逍遥法外的后果。中国学者已巧妙地提出理由证明，公众在所采取的方式方法上有时会不一致。如果酷刑讯问出了真实的供认，那么公众对之予以容忍；否则对酷刑不予容忍。公众想要实质上的正义，但并不关心程序上的正义。这种态度与犯罪控制的模式是一致的，该模式假定对有罪的人定罪，为有关刑事司法的唯一价值。

然而，帕卡教授在20世纪60年代发现有一种模式与犯罪控制的模式相矛盾，这种模式以正当程序或公平的模式形式出现。在与抗辩制相一致的正当程序模式中，由辩护律师和上诉法院的法官占主导地位，而他们所关注的是法律上有罪，并非仅在事实上有罪。他们会精确地解释司法不公的外延，包括通过严酷的审讯手段或者拒绝被告获取辩护律师的意见等违反程序的方式所取得的有罪判决在内。非法证据的排除规则，在正当程序模式中曾发挥重要作用。相关的证据，甚至如武器或毒品之类的可靠证据，会在审判中予以排除而不被考虑，这只是因为获取该证据的方式是强制和非法的，违反了有关的程序标准。如果某人被定罪的依据是一部非正义的法律，那么司法不公也会发生在正当程序模式中。

民主国家仍在与适当平衡犯罪控制和正当程序进行斗争。例如，促进英格兰和威尔士的刑事案件复审委员会于1995年设立的英国朗西曼委员会曾指出，该刑事司法制度的目标是促进对有罪之人定罪，并帮助对无辜者进行无罪开释。朗西曼委员会当时饱受学术界批评，是因为它关注通过侵犯沉默权之类的方式，对事实上清白的人予以定罪（的问题）。但是，它赢得了更多的赞誉、好评，其原因在于它所倡议的独立委员会致力于对无辜者定罪的救济工作。尽管如此，认为英国的该刑事案件复审委员会以事实上无罪的一个简单模式为基础，仍将是一项不正确的判断。

该刑事案件复审委员会将案件发回上诉法院的标准，并非事实上的清白无辜已经得以确认。相反，它是用对有罪判决不可靠予以上诉的传统标准，尤其是根据发现的或者向该委员会提交的新证据判断不可靠的情况。自1997年以来，刑事案件复审委员会发回上诉法院的案件有509起，而该法院在维持147项判决的同时，也撤销了351项有罪判决。如果把这351起刑事错案视为对事实上无辜者的美国式宣布无罪，则是一个错误的想法。许多刑事错案被揭示出来，源于和法律变革有关的技术原因。一些有罪判决被推翻的原因在于，发现了引发对罪行提出合理怀疑的新证据[1]。而我已被告知，汉语中涉及错误裁判的"冤假错案"一词，可以暗指不正当的无罪开释，即对有罪者错判无罪的情形，尽管该词在官方和民间的话语中最常用的意思是对无辜者判定有罪。

与此同时，认为中国并不关注刑事错案是错误的。刑事错案在中国文化中的已然出现，至少始于关汉卿（约1220年至1300年）笔下《窦娥冤》或者《六月雪》中所描述的时代，故事中窦娥因被施以酷刑，并希望当局停止对她的婆婆进行刑讯，从而作出虚假的（认罪）供述。越来越多的案件引起了媒体和监管当局的关注，而且大量的改革方案已经得以颁布。例如，继佘祥林刑事错案之后，最高人民法院复核死刑案件的强制措施，在2006年得以贯彻执行。经过多次修订的《中华人民共和国刑事诉讼法》，

---

[1]《中华人民共和国刑事诉讼法》第56条规定："采用刑讯逼供等非法方法收集的犯罪嫌疑人、被告人供述和采用暴力、威胁等非法方法收集的证人证言、被害人陈述，应当予以排除。收集物证、书证不符合法定程序，可能严重影响司法公正的，应当予以补正或者作出合理解释；不能补正或者作出合理解释的，对该证据应当予以排除。在侦查、审查起诉、审判时发现有应当排除的证据的，应当依法予以排除，不得作为起诉意见、起诉决定和判决的依据。"

要求排除通过酷刑途径所逼取的有关证据。这些改革正是帕卡教授所认为的迈向刑事司法的正当程序模式之步骤措施。

作为一个外国人，我目前尚不清楚这些改革在多大程度上以及在何种程度上由关注对无辜者的定罪而激发。换言之，犯罪控制和正当程序两种模式之间的紧张关系可能依然存在。一些评论者如李建明教授，在其2007年发表于《中国法学》的一篇文章中，已表明中国的传统法律文化重集体而轻个人；同时其他的评论者，包括北京师范大学的教授在内也有人主张，中国的法律制度应当在更大程度上重视程序，这既是因为这些是重要的，也源于程序公正将会减少刑事错案，例如禁止酷刑等审讯手段。

在全世界的许多地区，都存在犯罪控制和正当程序之间的类似冲突。无论在加拿大还是在美国，一些警察和检察官关注对无辜者的错误定罪，并与辩护律师和有关法院一起努力预防刑事错案，但这并不以阻碍他们对有罪之人定罪的能力为代价。这一冲突关系在某种程度上体现在《公民权利和政治权利国际公约》（下文简称《两权公约》）之中。《两权公约》第14条保护一系列的公平正义或者正当程序权利。同时，《两权公约》第14条第6款规定，赔偿并不适用于所有无罪释放的案件，仅仅适用于"在某人按照终局判决已被判定犯有刑事罪之后，根据新的或者新发现的事实确实表明发生了司法不公，从而其定罪被推翻或者被赦免"的情形[①]。上述司法不公的受害者必须是无辜的，即未能在审讯中披露可归因于被告的新证据。加拿大、英国以及许多其他国家，根据《两权公约》第14条第6款之规定，出台了赔偿方案。尽管这些国家的刑事司法制度通常情况下，不会对事实上的无罪作出判定或者宣告，但是这些方案基本上都要求，由被告来证实事实上的清白无辜。实际上，英格兰最近已强调指出，被错误判定有罪的被告在获得赔偿之前，必须证明自己是清白无辜的，即使在某些案件中，不可能证明该被告有罪与否的情况下，也必须由其予以证明。公

---

① 根据联合国《公民权利和政治权利国际公约》第14条第6款之规定，在一人按照最后判决已被判定犯刑事罪而其后根据新的或新发现的事实确实表明发生误判，他的定罪被推翻或被赦免的情况下，因这种定罪而受刑罚的人应依法得到赔偿，除非经证明当时不知道的事实的未被及时揭露完全是或部分是由于他自己的缘故。

平正义与清白无罪之间的矛盾冲突，既是组成《两权公约》的一部分内容，也是遵行《两权公约》的许多国家制度的组成部分。

一些评论家如威斯康星大学的芬德利教授认为，现在是时候摆脱帕卡模式之影响，并采用一个新的可靠模式了。这一模式是建立在如下事实基础上的，即在美国通过DNA（脱氧核糖核酸）测试，已经对311人平反昭雪了，而在加拿大另有30人被无罪释放。该模式也注意到，无论是传统的正当程序，抑或请律师和披露之类的程序保障，都已不能预防许多刑事错案的发生。我同意芬德利教授的主张，认为关于正当程序的权利，尤其在美国更不能预防刑事错案，这些刑事错案通常由于诸如目击证人辨别有误、法医证据出错和律师辩护不当之类的因素而造成。正如我在其他演讲中详述的那样，为了预防刑事错案而设立的最好制度，将会兼有纠问制模式和对抗制模式的特点。美国、英国和加拿大的经验表明，一项正当程序和公正审判可以兼得的制度，仍然可能会产生一些刑事错案。

不过，我认为不应当摈弃正当程序。在关塔那摩和其他地方增加的严酷审讯手段揭示出，即使在美国也会有酷刑出现，而滥施酷刑可以导致虚假的供述。而且，我不愿意摈弃正当程序的原因在于，仅在有生物材料留在犯罪现场，并为了进行DNA测试的目的，对材料予以妥善收集和保存的少数案件中，才可以利用DNA测试的确定性。我们需要尊重和促进正当程序，以便强调对所有被告都必须给予关于其罪行合理怀疑的善意解释。在有些案件中，我们根本无法确切知晓被告是无辜的还是有罪的。在这种情况下，就应当对被告予以无罪释放，其原因在于对程序公正的普遍信守，其中包括无罪推定在内。

我担心关于事实上无罪的美国模式，可能会无意中削弱我们对正当程序的信奉。澳大利亚和加拿大都准予推翻有罪的判决，因为对司法不公的关注范围，比事实上的清白无辜外延要宽泛一些，它还包括非公平公正的审判在内。英格兰和威尔士之所以允许推翻有罪判决，其原因在于关注判决的可靠性，在某些情况下它可能包括对罪行的潜在或者合理的怀疑予以关注。在我看来，所有这些国家如果跟随美国的北卡罗来纳州，只有在被告证明了事实上无罪，才准予推翻有罪判决的话，那么它们在这一方面就会退步而行。西方国家的刑事错案侧重于对已决被告予以救济，而且这时由于对其判定有罪而摒弃了无罪推定。如果对被告有罪存在合理的怀疑，那么被告必须在原审中被无罪释放。现行《中华人民共和国刑事诉讼法》之第51条，仅论及关于证明责任的承担，而未涉及在多大程度上承担证明责任。现行《中华人民共和国刑事诉讼法》之第55条，要求"证据确实、充分"，而这包含但不限于排除合理怀疑的证明标准①。

在美国和包括中国在内的其他地方，对事实上无罪的痴迷从何而来？诺布尔斯教授和希夫教授曾在他们出版于2000年的著作中评论道，事实上无罪是源于外行人之间并见诸报端的一个话语。事实上，媒体宣传在北美、英国以及中国，往往都对有关的昭雪过程发挥了重要的推动作用。与此同时，排除北卡罗来纳州这一重要的例外情况之后，事实上的无罪清白并未在美国、澳大利亚、英国或者加拿大的法律中得到承认。实际上，加拿大法院在2007年判决的穆林斯-约翰逊案件中，判定他们对于宣告事实上的无罪都没有裁判权。他们所顾虑的其中一点，我是同意的，那就是：这样的宣告会产生被判无罪的两类人群，并可能破坏应当给予被告关于罪行的合理疑点方面一个善意有利的解释之原则基础。此外，国家凭借其相对于被告的资源优势，应当证明罪行超越了合理怀疑的程度，而且被告不应当承担关于证明无罪清白的极其困难责任。在对抗制度中至少被告人没有证明自己清白的责任。国家需要承担证明有罪的责任，且证明的标准超越合理怀疑，而被告人不应该承担极其困难的证明清白之责任。在对抗制度下，被告人并非必须证实他们是无罪清白的。现行《中华人民共和国刑事诉讼法》之第41条，考虑由辩护人提交用以证明被告清白方面的证据②，但是该法典第44条和现行《中华人民共和国刑法》之第306条，却警告存

---

①《中华人民共和国刑事诉讼法》第55条规定："对一切案件的判处都要重证据，重调查研究，不轻信口供。只有被告人供述，没有其他证据的，不能认定被告人有罪和处以刑罚；没有被告人供述，证据确实、充分的，可以认定被告人有罪和处以刑罚。证据确实、充分，应当符合以下条件：（一）定罪量刑的事实都有证据证明；（二）据以定案的证据均经法定程序查证属实；（三）综合全案证据，对所认定事实已排除合理怀疑。"

②《中华人民共和国刑事诉讼法》第41条规定："辩护人认为在侦查、审查起诉期间公安机关、人民检察院收集的证明犯罪嫌疑人、被告人无罪或者罪轻的证据材料未提交的，有权申请人民检察院、人民法院调取。"

在辩护人伪造证据的风险①。这可能会增加辩护律师证明犯罪嫌疑人是无罪的难度。

对事实上清白的担忧加重之另一诱因，是关于被害人权利的情感关注。在北美，就反对酒后驾车的犯罪受害者母亲而言，很难认为一个已经失去孩子的人犯罪，是不该做的事情。唯一可博取类似的公众同情和媒体关注之人，是那些为了他们未曾实施的某一罪行，而已被关押监禁了二十年或者三十年的无辜者们。

这并非偶然事件，即在关于事实上清白的美国运动已获得动力的同时，美国关押监禁的人数比率居于世界的最高位，其中非裔美国人和拉美裔美国人的监禁人数比率更是如此。无辜者运动已然生长在美国的土地上，这里应对犯罪和罪犯的策略是严厉的打击。该运动值得赞扬之处，在于有关的平反昭雪和具体的立法改革，例如，关于目击者辨认的更妥善程序、使用DNA测试的频次增加等。但是该运动不应该被运送到更加类似且相邻的国家，例如，加拿大和英格兰等。

那么，我们应该怎么办呢？我的立场是，任何刑事司法制度都应当既关注事实上的清白，也要关注对于程序的保障。每一方面在维护他们自身的权利方面，都是有价值的。任何一个智力健全的人，都不应该支持对某一无辜者判定有罪。与此同时，对程序的重视是很重要的，无论是在被告实际上有罪的时候，还是在许多案件中，我们可能永远不会确切知道被告有罪与否。一些程序保障应该是绝对的。例如，即使是一个有罪的人，也不应该被施以酷刑。我所支持的关于司法不公的正确定义，不仅包括对无辜的人判定有罪，而且包括由于不公平的审判或者非正义的法律而招致的有罪判决。这种更为宽泛的界定方式是必要的，因为在一些疑难案件中，特别是在没有DNA测试的情况下，我们永远不会知道某人是否实际上清白无辜。

---

① 《中华人民共和国刑事诉讼法》第44条规定："辩护人或者其他任何人，不得帮助犯罪嫌疑人、被告人隐匿、毁灭、伪造证据或者串供，不得威胁、引诱证人作伪证以及进行其他干扰司法机关诉讼活动的行为。违反前款规定的，应当依法追究法律责任，辩护人涉嫌犯罪的，应当由办理辩护人所承办案件的侦查机关以外的侦查机关办理。辩护人是律师的，应当及时通知其所在的律师事务所或者所属的律师协会。"

嫌疑犯作为信息来源之探析

托马斯·魏根特 文 韩 容 蒋 娜 译·

摘 要：在刑事诉讼程序中，嫌疑犯在调查及审判前阶段是否有义务提供犯罪信息存在争议。将嫌疑犯作为信息来源会侵害其个人权利，并使其处于不利地位。尽管人们设定了无罪推定和禁止自证其罪的机制来保障嫌疑犯的权利，但其在实施过程中并未发挥应有的作用。为了保障嫌疑犯作为审前程序的共同平等方的地位，应当尊重嫌疑犯的自治，为其提供法律援助，听取其意见和陈述，以及严格遵循非法证据排除规则。

关键词：嫌疑犯；信息来源；无罪推定；非法证据排除

一、嫌疑犯为什么要充当信息来源

在本文中，我希望探讨嫌疑犯在刑事诉讼程序中，特别是在审判前扮演什么样的角色。我首先简单地回溯一下历史，然后简要地探讨程序性理论。这些可能对解决警方讯问的任何实际问题都没有直接帮助，但从判例法中退一步，探讨几个基础性问题有时候是有用的。

第一个问题就是：嫌疑犯为什么在刑事程序中必须作为执法机构的信息来源？在德国法律文献中，经常可以发现关于嫌疑犯角色相矛盾的陈

---

* 托马斯·魏根特（Thomas Weigend），德国科隆大学法学院教授、德国刑事法学权威专家，研究方向为刑事法律。

韩容，北京师范大学法学院硕士研究生，研究方向为国际法、比较刑法学。

蒋娜，北京师范大学刑事法律科学研究院教授、法学博士、博士生导师，研究方向为比较刑法学。

述：一方面，（嫌疑犯）必须被视为诉讼主体，而不仅仅是客体；另一方面，可以强迫（嫌疑犯）参加诉讼程序，并作为证据。嫌疑犯的参与义务包括接受检察官办公室的讯问的强制性义务（《德国刑事诉讼法》§163a s.3)，该义务还延伸到身体上接受医学检查（§81a），忍受对其个人、住宅和财产的搜查（§102 StPO），以及受到各种秘密监视（§100a et seq. StPO）。还有专门针对犯罪嫌疑人的审前拘留（§112 StPO）。尽管拘留本身并不是搜集证据的手段，但其产生一个比较有利的影响，就是使嫌疑犯更愿意重新获得自由。由于篡改证据的危险是允许审前羁押的原因之一（§112 s.2 no.3 StPO），所以可以鼓励嫌疑犯坦白，从而最大限度地降低其销毁证据而妨碍定罪的风险，也消除了羁押的理由。从法律规定嫌疑犯的全部义务来看，很难不得出这样的结论，即嫌疑犯是刑事诉讼的"对象"。

这种情况在英美诉讼制度中也没有本质上的差别。嫌疑犯在审判前可以被逮捕和拘留，并可以对其进行讯问，对其身体、财物进行搜查，对其电话、电脑进行保密监视。嫌疑犯在被讯问中[①]说的任何话都可以作为在审判中对其不利的证据。

嫌疑犯被采取侵犯性调查措施的事实可能令人惊讶，因为在对抗性制度中，被告被视为诉讼程序中共同平等的一方。因此，人们会期望嫌疑犯（之后的被告）有更高的法律地位，至少与检察官处于同一地位。这也符合"武器平等"的理念，即意味着被告必须有充分的途径有效地为自己辩护和提供证据。然而，被告仅在审判阶段才享有这种程序上的平等，在调查的关键阶段，甚至英美法系并不把犯罪嫌疑人视为共同平等的一方，而是把对犯罪嫌疑人的保护限定在某些公民权利上，如享有不受无理由搜查和压迫性讯问的自由[②]。

二、回溯历史

我们简要地回溯一下历史来寻求一个解释。追溯到遥远的历史，这两

---

① 在英国，即使被告拒绝回答向他提出的某些问题，也可以用来作为不相信其之后可能提出的任何辩护的理由。参见 Police and Criminal Evidence Act 1984, Code C, s. 10.5.

② 参见美国宪法第四、第五和第六修正案中所列的权利。

个法系可能存在着类似的传统，这解释了现在的相似情形。

首先来看一下欧洲大陆的情况：在中世纪早期，刑事案件中的"证据"是通过宣誓来支持原告（例如受害者）或被告的主张的，或者在社区支持不充分的情形下通过酷刑，如触摸烙铁或浸入水中来证明有罪或无罪（概率很小）[1]。与此相反，在正典（教会）法庭中，主教或其代表运用古罗马程序对事实进行合理的调查。在1215年的第四次拉特兰会议上，教会不再支持在世俗法庭执行死刑和适用酷刑。由于地方和区域当局在管理刑事司法方面的利益，世俗法庭对刑事案件的管辖权愈加重要，一方面是为了彰显和执行其政治权力，另一方面是为了从没收被处决的重刑犯的财产中获利[2]。

为了建立一个合理的事实调查体系，世俗当局借用了教会的方式，通过在宣誓后审问嫌疑犯和证人来查明真相。当法庭开始遵循《圣经》的规劝[3]，需要两个（男性）目击证人来定罪时，就出现问题了。由于许多罪行不是在公开场合实施的，以此定罪所需的证明手段往往无法实现——这就导致了对唯一可供选择的定罪途径的过度依赖，即嫌疑犯的供述。众所周知，法律制度在设计鼓励犯罪嫌疑人认罪的方式方面有着惊人的创造力，而16世纪著名的《卡罗来纳州刑事法典》[4]规定了在什么情况下允许对嫌疑犯进行"痛苦的"审讯。从理论上来讲，嫌疑犯在酷刑下的讯问结果决不能用作证据；只有在公开法庭上作出的供词才具有法律效力，但如果被告拒绝供认，其将面临进一步的酷刑。鉴于法庭上的供词没有必要提供进一步的证据，被告可能立即被定罪和判刑。毫无疑问，广泛使用酷刑来获得供词开创了一种传统，即认为嫌疑犯是主要的信息来源。

---

① Sir William Blackstone, *Commentaries on the Laws of England in Four Books*, Philadelphia: J.B. Lippincott Co., 1893: 342.

② 在持续了几个世纪的程序中,行使刑事管辖权的地方和区域当局将个别受害者推到一边,他们在过去几个世纪中是正式的检察官,且同时把自己当作检察官和法官。参见 Weigend, *Deliktsopfer und Strafverfahren*, Duncker & Humblot, 1989: 86.

③《哥林多前书》第13章第1节。

④ 关于《卡罗来纳州刑事法典》的全面介绍和进一步发展,参见 Alexander Ignor, *Geschichte des Strafprozesses in Deutschland 1532 - 1846*, Ferdinand Schoningh, 2002: 41.

英国的情况则大不相同①。根据始于1215年的《大宪章》的传统（具有讽刺意味的是，在同一年，调查式审问传统开始在欧洲大陆盛行），14世纪皇家立法机构建立了由贵族组成的陪审团，作为防止滥用职权起诉和定罪的重要堡垒。最初，陪审团被视为一个自我告知的机构，由嫌疑犯社区的成员组成，他们已经或能够迅速获得判定被告有罪或无罪所需要的信息。陪审团作出的有罪裁决必须是一致通过的，这（对被告）是一种强有力的保护，并且最初没有程序法来规范在法庭审判之前的取证，陪审团的作用就像一个神秘的黑匣子。

在16世纪，城市化进程使陪审团不可能再根据他们对案件和被告的了解来作出裁决。同时，法律开始规范在审判前搜集证据的程序。其中的核心角色是治安法官，（他们）受国王的委托处理社区的法律事务②。最初，治安法官只是简单地记录投诉，包括受害者（在审判中担任检察官角色）的陈述和受害者可能带来的任何证人的陈述，以及嫌疑犯的陈述。治安法官之后还决定在审判前是否拘留嫌疑犯。在法官主持的陪审团审判中，控方是被害人个人代表；而在对国家有重要意义的事项上，（控方）由总检察长代表。值得一提的是，尽管18世纪英国的刑事处罚不亚于欧洲大陆，但除了17世纪的一小段时期之外，英国法官从未运用酷刑来让嫌疑犯招供。招供并不是定罪所必需的——审判陪审团不受《圣经》中"两个目击证人"规则的约束，在审判法官的指导下可以自由心证。

被告被禁止作证，因而其在自己的审判中沦为一个沉默的旁观者。直到18世纪，才有律师协助被告，且最初只涵盖那些被指控犯有重罪的（被告）。直到1898年，被告才被允许代表自己出庭作证。然而，嫌疑犯作为信息来源有什么影响？18世纪中叶，一些治安法官，特别是伦敦大都会的（治安法官），会主动寻找证据以及讯问嫌疑犯和证人，从而为审判准备有用的证据。有些法官还雇佣侦探来帮助搜集信息。但直到19世纪初，随着

---

① 关于英国发展的叙述，参见 John H. Langbein, Renee Lettow Lerner, Bruce P. Smith, *History of the Common Law*, New York: Aspen, 2009: 58, 578.

② John H. Langbein, Renee Lettow Lerner, Bruce P. Smith, *History of the Common Law*, New York: Aspen, 2009: 665–671.

有组织的城市警察部队（在刑事审判中也担任检察官的角色）的发展，讯问嫌疑犯才成为审前程序的惯例。然而，随着国家在有效起诉犯罪方面的利益增加，利用嫌疑犯作为主要证据来源的诱惑似乎变得难以抗拒，甚至在英美法系中也是如此。

三、嫌疑犯在审判前的角色

在回顾过去之后，我们回到一个更基本的问题：嫌疑犯是否有义务提供信息，即使被动地在一个对他不利并可能导致对他定罪和惩罚的程序中？如果有的话，这种明显违背其利益的义务怎么能被证明是合理的呢？赋予嫌疑犯完全从调查中脱离的权利是否会更好？

有几个论点可以支持现在的做法。首先，很显然的事实是，嫌疑犯是有关信息的主要来源。有人可能会说，警方必须能够从嫌疑犯那里搜集信息（也可以秘密地通过其他来源搜集信息），以便抓捕罪犯，毕竟罪犯最了解犯罪的所有情况，因而有机会隐瞒相关证据。但这一论点存在一定的缺陷：其假定嫌疑犯就是罪犯，这与无罪推定背道而驰。更重要的是，仅是一个人可能掌握相关信息这一事实，并不能赋予国家获得该信息的任何法定权力；换言之，嫌疑犯可能是一个丰富的信息来源，该事实并不能成为否定其个人独处利益的合理依据，尤其是在调查很可能导致（嫌疑犯）被定罪的情况下。

另一个更有力的论点区分了刑事诉讼的审判和预审阶段。在审判中，被告有特殊的角色。在大陆法系的刑事诉讼程序中，（被告）可能会积极协助法院查明真相[1]。在英美法程序中，被告可以享有作为当事人的权利，与检察官在同等的地位上提交和质疑证据。被告也可以选择被动的辩护策略，除亲自出庭之外，不需要做任何事情[2]。与此相反，在审判之前，嫌疑犯除了保持沉默的权利之外，既没有明确的身份，也没有任何确定性的

---

[1] 参见 § 244 s.3-6，§ 245 StPO（请求增加搜集证据和在审判时提出证据的权利），§ 257 StPO（质证的权利），§ 258 s.3 StPO（庭审结束时作出"最后陈述"的权利）。

[2] 参见 § 230 s.2，§ 231 StPO (defendant's duty to be present at trial)，§ 243 s.5, 1st sent. StPO（法官必须告知被告其有保持沉默的权利）。

权利（§136 s.12 StPO）。在德国法系和英美法系中，审前调查的目的都是搜集信息和证据，从而确定是否有充分的理由审判嫌疑犯[①]。因此，有一种观点认为，调查人员应该能够获得所有必要的信息，其中包括嫌疑犯掌握的信息，从而让检察官能够明智地决定是否起诉。

但该观点或多或少地重申了现行法律未能说明为什么国家在调查犯罪中的利益应凌驾于嫌疑犯个人独处的利益之上。该观点遗漏的部分是，公民通常依赖并受益于运转正常的警察和刑事司法系统，因而有义务努力为国家提供其可能掌握的任何确定犯罪真相的相关信息。该观点解释了个人的一般性义务，如果被传唤出庭作证，人们都有义务付出时间和精力，并在必要时提交文件和其他资料证据。

这种积极合作的一般互惠义务可以延伸到（可能）是犯罪调查对象的人吗？卢娜·罗辛格在其最近的一本专著中指出，必须免除嫌疑犯的此项义务。她声称，通过给一个人贴上"嫌疑犯"标签，国家附条件地将其排除在拥有普适平等道德的群体之外，因而国家不能期望其继续履行在刑事程序中合作的公民义务[②]。该观点很有意思，但它是站不住脚的，原因是其认为仅仅是对犯罪的怀疑就足以改变嫌疑犯的身份，以至于免除了他正常的公民义务。如果严格遵守无罪推定原则，它应该起到足够的抗衡作用，防止对嫌疑犯过早贬低来保持他在该程序中是一个负责任的参与者的地位。但我认为将无罪推定作为对嫌疑犯施加义务的依据是值得商榷的。

即使我们认为嫌疑犯有义务提供某种合作，但调查针对他的事实——引发了他强烈自我保护的意识——表明了对其在刑事诉讼程序中提供（即使是被动的）信息来源的任何公民义务的严格限制。嫌疑犯的合作义务显然不能比非调查对象的义务更广泛。但是，德国诉讼法允许对嫌疑犯的个人领域的侵犯比对第三方的侵犯要广得多。只有嫌疑犯可以在审判前被拘留（§112 StPO），诸如秘密电话监视和家庭音像监视等严厉措施只针对嫌疑犯（§100a Ⅲ，100c Ⅱ StPO），搜查嫌疑犯及其财产的许可范围也大于

[①] 在德国，检察官将同时考虑入罪证据和免责证据（§ 160 s.2 StPO）。

[②] Rösinger, *Die Freiheit des Beschuldigten vom Zwang der Selbstbelastung*, mohr Siebeck, 2019: 153,189.

其他人（§§102，103 I StPO）。这使嫌疑犯处于双重不利地位：国家利用其权力搜集对其不利的信息和证据；嫌疑犯有义务合作，并作为个人信息来源。对其（嫌疑犯）存在怀疑的事实——无论其来源和程度如何——也难以构成将嫌疑犯变为控方主要信息来源的充分理由。嫌疑犯在审判前作为调查对象和在审判中作为一方（当事人）的角色之间的典型区别，未能反映这样一个事实，即当今大多数案件都是在不经过审判的情况下处理的，审判的结果——在审判中——在很大程度上取决于调查结果。因此，法律应当从最初的调查阶段就明确嫌疑犯作为个人的权利，并应当努力使其地位与另一方的地位相同，即（诉讼）程序中的一方代表，而不是受他人重点调查的对象。

四、保护嫌疑犯的机制

现行法律不符合这一标准。但其支持者认为，即使在调查期间，也有两项原则可以保护嫌疑犯不受国家的欺压：无罪推定和禁止自证其罪的特权。但这些原则真的为保障嫌疑犯的自治建立了可靠的基础吗？

（一）无罪推定

我们可以对无罪推定不屑一顾。该原则在法律期刊上被引用的次数与其实际影响是不相匹配的。根据英美法传统，无罪推定被（反常地）用作定罪所需的高标准证据的简称，德国用拉丁语"遇有疑义时应有利于被告原则（dubio pro reo）"来表达。除此之外，无罪推定意味着在法庭确定某人有罪之前，禁止谴责或将他视为"有罪"。显然，审前调查的规则基本上不受推定的任何含义的影响。事实上，人们普遍认为，只要没有使用"有罪"一词，无罪推定并不禁止任何人因怀疑某人而产生的消极后果。因此，无罪推定对成为犯罪调查对象的人来说没有任何价值。

（二）禁止自证其罪的特权

那么，关于禁止自证其罪的特权呢？沉默权在德国法传统中是用另一句拉丁语格言"任何人无起诉自己之义务（nemo teneur seipsum accure）"

表达的，这当然与我们的话题有关，尤其是因为这种特权在刑事程序的早期就已经存在，限制了国家权力机关强制嫌疑犯积极合作的权力。关于禁止自证其罪的特权的历史和理论来源可能有很多，但是其基础仍有些不稳固[①]。在德国，宪法法院和许多法学家已经将这一特权与人的尊严的最高宪法价值联系起来。但是，如果法律要求某人积极参与他的指控或定罪，那么究竟什么才是侵犯人的尊严的问题仍然是不清楚的。如果使用主流的"客体"准则，即如果一个人不被视为自己的目的，而仅仅被视为他人利益的客体，那么人的尊严就会受到侵犯。必须承认，刑事诉讼程序中的任何证人都主要被当作客体，尤其是让国家在发现真相中的利益增加的客体[②]。有些人认为，必须承认禁止自证其罪的特权，从而保护进行自我辩护的自由——但这种自由受到许多方面的限制，提供某些信息的义务并不一定使被告人无法在审判中策划和进行有效的辩护。最后，有人可能会说，强迫（被告）出示自证其罪的证据将违背保护（被告）自己免受伤害的本能冲动。然而，该观点遭到质疑，理由是各种法律义务限制了一个人保护自己利益的私欲，因而这种私欲不能被视为一种规范性原则。也许对禁止自证其罪的特权的最有说服力的解释是，其源自一个人受法律保护的选择，即抽身于针对自己犯罪的调查。但是，这种选择不可能局限于扣押活动，而应该从逻辑上延伸到可能进一步调查暂时认定为嫌疑犯的罪行的各种行为（包括被动行为）。

鉴于这种特权的基础不稳定，其（影响）程度值得怀疑也就不足为奇了。通过比较不同的司法管辖区域，我们认识到，这项特权在美国只包括证人证言，而这项特权在德国应该扩展到所有类型的"活动"，包括通过向用于测量空气酒精含量的装置提供呼吸样本。但如果我们把禁止自证其罪的特权理解为保护嫌疑犯的自治和隐私权，用以对抗强制他们参与针对自己的调查，那么限制"积极"行为的特权没有什么意义：为什么有义务

---

① 更全面的论述，参见 Rösinger, *Die Freiheit des Beschuldigten vom Zwang der Selbstbelastung*, mohr Siebeck, 2019: 8, 123.

② T. Weigend, "Schutzbedürftige Zeugen im Strafverfahren", in Albrecht et al., eds., *Internationale Perspektiven in Kriminologie und Strafrecht*, Berlin: Duncker & Humblot, 1998: 1481–1482.

呼气或提供声音样本是对人类尊严（或自治，或隐私，或任何其他最终法律地位）的侵犯，而接受血液或唾液样本的提取就不是？

五、嫌疑犯作为审前程序的共同平等方

禁止自证其罪的广泛特权反映了一个理念，即在审前程序中，嫌疑犯是作为共同平等的一方，而不仅仅是一个信息来源。我想在本文最后一部分阐述该理念。我的观点的出发点是假定嫌疑犯应被视为一个有合法利益的人，以保护自己免受调查可能产生的负面后果。这种利益是合法的，即使可能（经常会）与国家在发现真相方面的利益存在冲突。尊重嫌疑犯的自治和其保护自己的利益，使得我们有必要允许嫌疑犯在这个过程中拒绝合作，如果他（正确或错误地）认为不合作的过程更符合他的利益。

（一）无争议的后果

仔细思考一下该推定的后果，将导致我们对嫌疑犯在诉讼程序中的角色难以作出决定和价值判断。但是在我们讨论"嫌疑犯作为一方当事人"模式中更难的部分之前，我们谨记在任何公正调查的情形下都适用的一些基本原则，已经被载入《欧洲人权公约》。首先，用《欧洲人权公约》中的术语来说，任何嫌疑犯都有权被告知"对他的指控的性质和原因"（《欧洲人权公约》第6（3）（a）条）。必须及时、详细地提供这些信息，因为这是嫌疑犯可能希望进行的任何辩护工作的必要先决条件。通知嫌疑犯被指控的时间与"被起诉"状态的开始有关，原因是《欧洲人权公约》第6（3）条规定的权利仅适用于"被控刑事犯罪"的人。欧洲人权法院将"起诉"等同于刑事程序中针对犯罪嫌疑人的任何官方信息。这可能缩小了被告知权利的范围：《德国刑事诉讼法》§163a第1节规定，最迟在调查结束之前对犯罪嫌疑人进行讯问，即可以秘密地对其进行调查，直至调查结束时，犯罪嫌疑人可能都不知道。如果发生这种情况，根据欧洲人权法院的定义，犯罪嫌疑人永远不会被"起诉"，因此也没有权利被告知指控，直到在该程序最后的审讯阶段。这显然不是《欧洲人权公约》第6（3）（a）条立法者的意图，其的确要求有关指控的信息应在不影响初步调查结

果的情况下尽可能早地提供。

没有法律援助的嫌疑犯属于典型的调查"纯粹对象"：他不知道自己的权利和实际选择，并可能遭受专横和虐待。在一个在审前程序中认真对待嫌疑犯作为参与者的制度中，毫无疑问，他（嫌疑犯）从一开始就需要获得律师的协助，尤其包括警方的初步讯问。欧洲人权法院和欧盟在其关于此事的最新指令中都强化了嫌疑犯的辩护权，而德国最终在2017年遵守了规定，允许嫌疑犯的律师在其委托人接受警方讯问时在场（§163a s.4 StPO）。但德国仍然犹豫着要不要放弃其过时的"必要辩护"制度，该制度只为某些犯罪嫌疑人和被告群体提供律师（§140 StPO），而许多犯罪嫌疑人无法获得法律援助，原因是他们无能力负担律师费用。现在是时候将德国的制度提高到欧洲和美国的标准了，而采用法律援助计划将是实现这一目标的最有效方式①。

（二）存在的问题

1.嫌疑犯和非嫌疑犯

重新思考嫌疑犯在审前程序中的角色会进一步产生什么后果？我们首先应该重新考虑嫌疑犯在多大程度上必须被动地成为信息来源。如上所述，相较于可能掌握相关信息的人，没有充分的理由允许调查人员随意地和在更广的范围内搜查（嫌疑犯）的身体、住所和通讯。嫌疑犯不能完全被免除调查措施，原因是这会从根本上缩小警方以及法院最终可获得的信息范围。但是，同样的限制性规则——除了无效的司法授权的侵犯性措施之外——应当适用于对非犯罪嫌疑人的隐私权的侵犯。因此，根据德国法，对嫌疑犯人身的检查应限于采集与所调查的犯罪行为直接相关的血样和血迹（§81c StPO）。对通信和家庭秘密监视的规定应当进行审查，法律应当只保留那些可以为了有效调查而对非嫌疑犯施加的对隐私的干扰。仅仅是一个人被怀疑犯了一项罪行，而这项罪行恰好被列入了日益增多的法

---

① Art. 4 of Directive (EU) 2016/1919, 令人遗憾的是，"当正义的利益需要时"条款规定了嫌疑犯获得法律援助的权利（第1条），并允许对嫌疑犯要求法律援助的申请进行经济状况调查和案情调查（第2条）。

定罪行清单中，这一事实当然不能成为允许国家持续监视其私人通信的充分理由。如果说有什么区别的话，那就是调查本身的重要性——而不是一个人作为嫌疑犯的身份——可能使这种影响深远的措施合法化。

2. 讯问

《德国刑事诉讼法》第136条第2款对审讯嫌疑犯的目的进行了令人敬佩的精确描述：应向嫌疑犯提供机会，以消除对其不利的怀疑理由，并指出对其有利的事实。有人可能会认为，这一规定是基于20世纪70年代误入歧途的自由主义而产生的偏差；但事实上，在1877年的《帝国刑事诉讼程序法典》的原始版本中，几乎可以一字不差地找到它。这反映了对嫌疑犯角色的开放性观念：（嫌疑犯）被视为和尊重为发现真相的伙伴，因而其有权被听取意见并陈述其对有关事实的看法。如果这至少是讯问的一个重要作用的话，那么这就是尽早让嫌疑犯参与调查的进一步论证。尽早对嫌疑犯进行讯问，能够向警方提供有关事件更完整的情况，并且这是将调查引向正确方向的重要一步。这也可能有利于想要供认的嫌疑犯，原因是在警方独立搜集定罪证据之前，（嫌疑犯）可能因在初期供认而在量刑时获得额外的优待。

对于一个想对自己的指控提出抗辩的嫌疑犯来说，与警方交谈肯定不是唯一的途径，也不是避免定罪的首选路径。（嫌疑犯）主要的担忧是搜集关于他的证据。德国法体系——正如当今大多数其他法律体系一样——允许辩方这样做。然而，嫌疑犯和其律师却得不到任何有意义的协助，特别是在采用任何胁迫手段的情形下①。这种情况并不令人满意。一个愿意承认嫌疑犯一方当事人地位的制度应至少在审前程序中扩大"武器平等"的范畴，这意味着，在对嫌疑犯就所涉证据的主张的合理性和相称性进行适当审查后，允许嫌疑犯会见法官，以便询问证人和批准扣押令以及可能的搜查令。

在引用了德国关于审问嫌疑犯的规定后，我意识到警察局的现实情况并不能完全反映19世纪《斯特拉法普罗瑟命令》中立法者的设想理念。这

---

① § 163a s. 2 StPO 允许犯罪嫌疑人请求检察官采集指定的证据；但这一条款没有任何帮助，因为其让检察官来决定被告提出的任何证据是否"相关"。

就引发了一个问题，即如何在警方的审讯下保护嫌疑犯，使其免受不公平的对待。从他（嫌疑犯）那里获取指控信息，或者从警方的角度来看，最理想的状态是得到充分的供述。显然，不公平和压迫性的审问在这样一个制度中是没有一席之地的，即该制度不仅把嫌疑犯当作信息来源，而且将其当作审前程序的合法参与者。因此，尊重嫌疑犯保持沉默的意愿，以及禁止§136a StPO中所列举的审讯方法，只不过反映了尊严的绝对最低标准。事实上，当前需要认真讨论两个更深远的问题了。

第一，嫌疑犯在被警方拘留期间，在放弃与律师协商和要求有律师在场的权利后，所作的陈述是否可以作为审判证据？在这种危急情况下，放弃权利的自愿性，以及律师协助的重要性，都是禁止采纳这种陈述的有利论据。

第二，是否应允许使用这种证据，即在违背被告人意愿的情况下，卧底警察或代表警方的线人就其从嫌疑犯那里获得的信息所作的证词？这里提倡一种诉讼程序模式，即不应该允许国家在讯问中通过让警察假扮成（嫌疑犯的）"朋友"以规避公平警告的规则，来从嫌疑犯那里获取信息。尽管德国刑诉法没有为这种警察战术提供任何明确的依据，但德国法院已经接受了它，原因是卧底警察没有公开"讯问"嫌疑犯，因而在审问中保护嫌疑犯的规定不适用[1]。但是，联邦法院承认了一个例外，即便衣警察假装和嫌疑犯成为朋友，而嫌疑犯此前曾告诉警方其希望保持沉默。后一种情况为使嫌疑犯招供，允许警察欺骗嫌疑犯是不正确的；在尊重嫌疑犯自治的公正诉讼中，这种策略通常应当被禁止，或者至少不能使用通过这种方式获得的证据。

（三）非法证据排除

警方在调查过程中侵犯嫌疑犯权利的后果将我们引入到了一个棘手的问题中。关于证据排除在对抗式和调查式诉讼制度中的作用有广泛的讨论，后者原则上反对排除可能有助于初审法院查明真相的证据。在一些司法管辖区（特别是在美国），排除非法获得的证据是为了使警察遵守程序

---

[1] BGHSt 40: 211, 218; 42: 139, 145.

法的规则——这引发了排除证据是否对警察有任何威慑作用的问题，警察甚至可能不知道法院之后作出的排除某些证据的决定，或者在任何情况下都不太关心在他们"清案"后很长一段时间的审判结果。在讨论排除规则时，应当了解即使是在调查式诉讼制度中，执法人员和嫌疑犯所追求的利益也是相冲突的。如果我们承认嫌疑犯是共同平等的参与者，那么作为一项公平规则，排除对方通过非法行为获得的优势就更为合理了。这一原则允许有例外，但一般而言，它应扩大到排除派生证据，除非不可避免地在短时间内找到该证据。

同样，如果嫌疑犯被剥夺了律师协助的权利，例如，因为警方隐瞒了可以获得的法律援助制度或者阻碍律师尝试联系嫌疑犯。应当纠正这种错误，假定律师会建议嫌疑犯采取最有利的辩护方式，并使嫌疑犯处于假设他采取了一名合格的辩护律师提出的策略的地位。在许多情况下，这将意味着嫌疑犯所作的自证其罪的陈述将被排除在证据之外[①]。但也有一些情况下，嫌疑犯由于缺乏法律建议，错过了通过前期供述（辩诉交易或其他方式）减轻刑罚的机会。在这种情况下，应给予被告减刑，即如果他得到一名称职律师的建议，其可以获得的减刑。

一个实践性问题有时让被告无法成功地利用排除定罪证据所带来的好处：他们可能无法在审讯中证明警察的不当行为，尤其是当讯问发生在警方拘留所时。德国法院仍然坚持这样一种假设，即审前程序遵守法律规定，这意味着由被告负责举证（警方）违反法律规定。该理论在法律中没有明确的来源，也被批判是不公平的。要求国家在合理怀疑之外证明被告提出的任何警察违法的指控都是虚假的，可能太过了。然而，如果有哪怕是轻微的迹象表明警方侵犯了嫌疑犯的权利，那么之后的证据就应该排除在外，除非控方能够以充分的证据证明被告的主张是虚假的。

六、结语

我提出的将嫌疑犯作为诉讼准当事人的古怪建议，很可能会得到学术

[①] 甚至德国法院也排除了这些案件中自证其罪的证据，参见 BGHSt 47: 172; 58: 301; BGH NStZ 2006: 114.

界的青睐。但司法实践中，我担心面临一种"这永远行不通！我们必须让所有的嫌疑犯都自由！"的强烈抗议。

对这种批判有何回应？如果我的提议成为法律，是否仍有可能将嫌疑犯定罪？我相信刑法正义将永不停步。在未来（而且这已经开始）很可能会从口供（过去被称为"证据女王"）转向不涉及嫌疑犯的证据：运用大数据和先进的科学方法追踪犯罪过程正在被开发，这可以谨慎和有效地证明嫌疑犯可能不愿意透露的事实。这些数据很可能是在嫌疑犯的身份被归于任何人之前搜集的，因而没有必要把嫌疑犯作为信息来源。这一发展必然会使证据方面向不利于被告的方向倾斜，但同时也可能以一种尊重嫌疑犯在争取真相的斗争中作为平等参与者的方式，为重新设计审前程序创造了机会。

基础理论研究

"企业刑事合规抗辩第一案"的问题与思考

周振杰*

　　摘　要：是否可以将"杨某、郑某侵犯公民个人信息案"称为中国的"企业刑事合规抗辩第一案"仍存在可斟酌之处，因为该案仅符合刑事合规的形式要求，并不符合刑事合规的实质要义。但是，该案提出了刑事合规的一个核心问题：如何判断单位的刑事责任？从合规的视野来看，单位刑事责任具有二元化、客观化与推定化的特征，这与现行《刑法》第14条、第15条的规定是存在矛盾的。因此，如欲在立法层面推进刑事合规制度，应对刑法的相关条款进行改革，将合规治理情况规定为单位刑事责任要素。

　　关键词：刑事合规；主观要素；刑事责任；刑法立法

　　企业刑事合规源自欧美国家，是指国家运用刑罚手段激励企业制订、实施内部合规计划，与执法、司法机关合作，以达到合作共治、共同预防犯罪的目的。就中国是否应采纳企业刑事合规的治理思路，学界存在较大分歧①。但是，随着最高人民检察院2020年3月启动企业合规不起诉改革试点工作，2021年4月下发《关于开展企业合规改革试点工作方案》（下文

---

　　*周振杰，安徽师范大学法学院教授、北京师范大学教授、法学博士、博士生导师，研究方向为刑法基础理论、大陆刑法史、比较刑法。

　　①肯定的观点，参见石磊：《刑事合规：最优企业犯罪预防方法》，载《检察日报》2019年1月26日，第3版。否定的观点，参见田宏杰：《刑事合规的反思》，载《北京大学学报》（哲学社会科学版）2020年第2期，第119页。

简称《方案》），扩大试点工作范围，在理论上厘清合理性等问题固然重要，但对刑事合规实践中存在的问题进行分析，推动其合法、有序、平稳落地似乎更有意义。本文的目的，就在于以被称为中国"企业刑事合规抗辩第一案"的"杨某、郑某侵犯公民个人信息案"（下文简称"杨郑案"）为例，分析其中的问题、探讨解决路径①。

一、"杨郑案"的基本事实与核心问题

（一）基本事实

根据一审判决与二审裁定，本案基本事实如下：为销售雀巢奶粉、扩大市场份额，分别担任雀巢（中国）有限公司西北区婴儿营养部市务经理、兰州分公司婴儿营养部甘肃区域经理的郑某、杨某及兰州分公司婴儿营养部员工杨某某等人通过支付好处费等不当手段，多次从多家医院医务人员处非法获取公民个人信息。2016 年 10 月，一审法院判决认为，自 2012 年 2 月开始郑某非法获取公民个人信息 40507 条，自 2011 年开始杨某非法获取公民个人信息 45659 条，其行为构成侵犯公民个人信息罪。同时指出，被告人等"为完成工作业绩而置法律规范、公司规范于不顾，违规操作进而贿买医务人员，获取公民个人信息的行为，并非雀巢公司的单位（企业）意志体现，故本案不属于单位犯罪"②。二审法院在驳回郑某、杨某上诉，维持原判时也认为，"单位犯罪是为本单位谋取非法利益之目的，在客观上实施了由本单位集体决定或者由负责人决定的行为。雀巢公司政策、员工行为规范等证据证实，雀巢公司禁止员工从事侵犯公民个人信息的违法犯罪行为，各上诉人违反公司管理规定，为提升个人业绩而实施犯罪系个人行为"③，因此案中的行为不构成单位犯罪。

因为"法院以企业合规管理体系为依据，认定单位不存在构成犯罪所

---

① 在本案中，法院以雀巢公司不允许其员工以非法方式收集消费者个人信息、要求相关员工接受培训并签署承诺函为由认定雀巢公司无罪。参见甘肃省兰州市中级人民法院 (2017) 甘 01 刑终 89 号刑事裁定书。

② 甘肃省兰州市城关区人民法院 (2016) 甘 0102 刑初 605 号刑事判决书。

③ 甘肃省兰州市中级人民法院 (2017) 甘 01 刑终 89 号刑事裁定书。

需要的主观意志因素，从而将单位责任与员工个人责任进行了切割"①，并据此认定单位无责，所以业界将本案誉为"企业刑事合规抗辩第一案"。但是，刑事合规抗辩的要义在于"存在有效合规管理"。也即以企业合规为理由减免企业刑事责任，不仅要证明企业进行了合规治理，而且要证明其合规治理是有效的。从国外司法实践来看，对于合规管理是否有效，应从高层参与、风险评估、员工培训、内部制裁等多个角度进行评估②。在"杨郑案"中，可以认为雀巢公司进行了合规治理。但是，能够认为其合规治理有效吗？现有证据能够证明雀巢公司的合规治理有高层参与、定期进行内部风险评估、内部有举报机制与内部调查及制裁措施吗？杨某与郑某的犯罪行为持续多年、同一部门多人参与犯罪等事实恰恰表明该公司的合规治理可能是无效的。简而言之，本案可能涉及企业刑事合规问题，将之称为"企业刑事合规抗辩第一案"可能言过其实。

（二）核心问题

值得关注的是，二审裁定提出了一个核心问题，即应如何认定单位的主观要素？因为中国刑法在20世纪80年代末规定单位犯罪本身就是立法回应社会现实的仓促之举，缺乏理论上深入的探讨③，所以《刑法》虽然在第30条与第31条规定了单位犯罪与单位处罚，但并未涉及单位刑事责任的基础、单位故意与过失的认定等问题。司法实践通常认为，如果个人以单位的名义、为单位的利益实施犯罪，可追究单位的刑事责任。例如，最高人民法院2001年公布的《全国法院审理金融犯罪案件工作座谈会纪要》规定，以单位的分支机构或者内设机构、部门的名义实施犯罪，违法所得亦归分支机构或者内设机构、部门所有的，应认定为单位犯罪。由此可以认为司法实践认定单位刑事责任的逻辑如下：如果个人行为构成犯罪，进而判断其是否以单位的名义实施犯罪。如果是，则进而判断违法所

---

① 陈瑞华：《合规视野下的企业刑事责任问题》，载《环球法律评论》2020年第1期，第25页。

② 周振杰、赖祎婧：《合规计划有效性的具体判断：以英国SG案为例》，载《法律适用》（司法案例）2018年第14期，第116—118页。

③ 赵秉志：《外向刑法问题》，北京大学出版社2010年版，第40页。

得是否归单位所有，如果答案是肯定的，则可肯定单位刑事责任。需要指出的是，"以单位的名义实施犯罪"并不以"单位集体研究决定"为要件，如果单位负责人在其职权范围内作出决定，应将其行为视为单位行为；"违法所得归单位所有"也并不排斥涉案个人获得收益。

从上述逻辑可以看出，在企业犯罪案件中，司法实践是根据个人的主观方面来认定企业的主观方面，因为是否以单位的名义实施犯罪与违法所得是否归单位所有都是客观要件。也就是说，司法实践是将涉案自然人的罪责转嫁给企业，然后在客观方面加以限制。从这一结论出发，"杨郑案"中两级法院作出的"本案不属于单位犯罪"的结论是值得商榷的。一方面，二者都认定涉案个人存在犯罪故意，那么这一故意应转嫁至企业；另一方面，因为杨某、郑某是所在部门的负责人，其行为当然可以视为以单位名义实施。二人通过违法行为，为企业发展巩固了市场，增加了销量，虽然他们可能会在薪资、奖励等方面获益，但这是企业内部的利益分配问题，不应影响"违法所得归单位所有"的成立。根据《全国法院审理金融犯罪案件工作座谈会纪要》的上述规定，本案应属于单位犯罪。

简而言之，从现有刑法规范与司法实践出发，以"杨某、郑某的行为不代表单位意志"为由否定涉案企业刑事责任的理由并不充分。即使将单位意志解释为企业刑事责任的构成要素，《刑法》也并未规定单位意志的判断基础；即使认为合规治理可以成为单位意志的判断基础，"杨郑案"中两级法院也并未评估涉案企业合规治理的有效性，就直接否定了其犯罪故意，并不符合刑事合规的要义。因此，虽然"杨郑案"中两级法院的思路是值得肯定的，但在《刑法》未将合规治理明确规定为企业刑事责任判断基础的情况下，以此否定涉案企业的刑事责任，未免有违反《刑法》第3条规定的罪刑法定原则之虞。

因此，要在立法层面推动确立企业刑事合规制度，首先要解决的问题就是如何认定企业刑事责任。因为责任主义是近现代刑法的根本原则之一，企业刑事责任是决定对企业不起诉、缓起诉或者宣告缓刑的决定性要素，构成合规治理的合法性基础。那么，从合规的视野来看，企业刑事责任具有什么特征？

二、合规视野下企业刑事责任的特征

从国外立法与司法实践来看，随着刑事合规制度的确立，企业刑事责任越来越体现出二元化、客观化与推定化三个特征。

（一）二元化

二元化是指根据不同的要素与逻辑、适用不同的原则，来判断企业与个人的刑事责任，这也是各国推进企业刑事合规的基本选择。例如，在企业犯罪案件中，英国传统上适用代理责任与同一视原则：在主观上将个人故意与过失转嫁至企业，要求存在"为企业谋利"之目的；在客观上要求个人行为构成刑法规定的犯罪，并处于"职权范围内"。但其企业合规治理的代表性立法采纳了新的组织责任原则。例如，英国《2010年贿赂罪法》第7条规定，如果因为商业组织不制定、实施该条第（2）项规定的适当程序，而致使与商业组织相关的个人为商业组织获得或保持业务之目的实施了该法第1条规定的行贿或者第6条规定的贿赂外国公职人员的行为，应承担预防贿赂义务失职罪的刑事责任。也即，虽然个人犯罪行为可以成为追究企业刑事责任的前提，但只是后者的客观构成要素之一，企业是否有责取决于其是否规定并实施了适当程序，进行了有效合规治理。与此相似，意大利首次规定企业刑事责任的2001年第231号法令在规定如果企业未针对已然之罪制定有效措施以预防未然之罪，可以追究其刑事责任的同时，也规定如果企业能够证明在犯罪发生之前，已经制定并实施了有效的内控制度，例如，根据自身特点实施适当的合规计划、设立具有独立职责和调查权的监察机构等，可以免除其刑事责任①。

单位责任与个人责任的二元化，区分出了认定企业责任的两种路径，即以个人责任为基础（个人路径）与以组织责任（组织路径）为基础。在个人路径下，判断企业是否应承担刑事责任的过程大致可分为三个阶段：（1）根据传统刑法原则判断个人是否应承担刑事责任；（2）判断违法行为是否在职权范围内，是否是为企业谋利之目的；（3）是否存在辩护理由。

---

① 范红旗：《意大利法人犯罪制度及评析》，载《刑法论丛》2008年第3期，第295页。

如果涉案个人应承担刑事责任，是在职权范围内为了企业谋利的目的而实施违法行为，而且不存在辩护理由，可认为企业应承担刑事责任。与之不同，在组织路径下，判断企业是否应承担刑事责任的过程大致分为四个阶段：（1）判断是否存在刑法禁止的行为或者结果；（2）判断企业的合规治理是否存在缺陷；（3）合规治理的缺陷与行为或者结果之间是否存在因果关系；（4）是否存在辩护理由。如果在前三个阶段答案都是肯定的，在最后一个阶段答案是否定的，则可肯定企业刑事责任的存在。

在个人路径下，企业责任以个人责任为基础，这在本质上仍然是一种道义责任或者规范责任；在组织路径下，企业责任与个人责任相对分离，其本质上是一种社会责任。就如日本刑法学者所言，如果将责任理解为社会非难可能性，而不是道义的、伦理的非难可能性，对于法人，通过刑罚加之以法的、社会的非难是十分可能的，尤其是在违反具有强烈的合目的性特征的行政管理法规的犯罪（行政犯、法定犯）的场合，肯定法人的犯罪能力具有更大的合理性①。与此相应，在个人路径下，企业刑事责任的认定是积极的，即使行为违法，也不能就此认定企业有责。而在组织路径下，企业刑事责任的认定是消极的，如果可以认定存在法益侵害，而且法益侵害与合规治理的缺陷之间存在因果关系，则可推定企业负有责任。

基于对责任本质的不同认识，在企业主观要素的认定方面，个人路径与组织路径有着实质区别。在个人路径下，通常是基于传统刑法"明知而故犯是为故意，不知而犯是为过失"的立场，认为无论是认定企业故意还是企业过失，都应以个人对法益侵害的"具体预见可能性"为前提条件。而在组织路径下，这一前提条件被"抽象预见可能性"取而代之，如果企业已经意识到或者应该意识到在当前的组织结构、经营管理或者文化氛围之下，存在发生某种违法事实的可能性，而且在客观上实际发生了相应违法事实，就可以肯定企业存在故意或者过失。这与板仓宏等日本学者20世纪80年代提出的"危惧感说"非常接近，因为后者也主张只要"可能对不特定多的人招致灾害的危害业务，存在不能完全无视的不安感，就可以肯

---

① [日]曾根威彦：《刑法总论》，弘文堂2006年版，第70—71页。

定结果回避义务"，认定企业存在过失[①]。

（二）客观化

企业进行合规治理需要付出成本，自我披露违法行为也需要承担损失，所以期望企业完全自愿为之不切实际，必须通过严厉的外部措施予以促进。企业刑事合规"严"的一面的主要体现，是将刑事责任判断客观化，即根据合规计划制订与实施情况，来认定企业应否以及在多大程度上承担刑事责任，这也是采纳组织路径的必然归结。例如，根据上述《2010年贿赂罪法》第7条，追究法人贿赂犯罪的刑事责任应存在个人贿赂行为，但在这一前提出现之后，法人行为的违法性判断是以法人本身的组织管理、经营活动、内部制裁措施等客观事实为依据的，并不依赖个人行为及其结果。就此而言，如果说在个人路径下，企业刑事责任是主客观相结合的责任形式，那么组织路径下的企业刑事责任就是几近于客观责任的责任形式。

合规计划是由企业主动制订和实施的内部预防措施与程序，其意义在于为企业实质性改善内部管理提供动力，并明确管理者怠于付出预防努力可能承担的责任，其构成要素可简单概括为行为规则、举报机制与制裁制度。从国外立法与司法实践来看，合规计划对法人刑事责任的影响体现在三个方面：第一，构成免责事由，即影响刑事责任的有无。例如，《加拿大刑法典》第22.2条第（C）项规定，如果能够证明在犯罪行为发生之际，存在适当的预防措施，可以免除企业的刑事责任。《西班牙刑法典》规定，如果满足如下条件，可免除企业的刑事责任：（1）在犯罪行为发生之前，董事会已经采纳并实施了针对特定犯罪行为的管理和控制制度；（2）有具有主动权和控制权的独立监督机构负责相关制度；（3）犯罪人在做出行为之际以欺骗的方式故意规避了相关制度；（4）监督机构在监督和控制方面并无失职。第二，构成从宽情节，即影响刑事责任的大小。例如，《美国联邦量刑指南》第八章（"组织量刑"）明确规定在发生企业犯罪行为之际，若其内部存在有效合规计划，可据之减轻其刑事责任。澳大利亚的法

---

① [日]板仓宏：《现代社会与新刑法理论》，劲草书房1980年版，第115页。

官也指出，在确定罚金数额之际应考虑企业的合规治理情况。如果企业在违法行为发生之后自行开展合规治理，也应将之视为从宽情节。第三，影响起诉以及刑罚执行方式。美国司法部通常是以有效实施的合规计划作为决定是否缓起诉与不起诉的主要参考事实①。

（三）推定化

推定化，即根据违法事实的存在与合规治理情况推定企业刑事责任的存在。企业刑事合规中的推定属于学界所言的"主观罪责型"推定，主要意义在于改变构成要件中主观罪责的证明方式。在对基础事实内容予以严格限制的情况下，刑事推定并不违反无罪推定这一刑事诉讼基本原则②，在刑事政策需求的推动下，采纳这一原则的立法例国内外都存在。在上述英国、意大利等国的立法之外，日本1971年的《公害犯罪法》第5条明确规定在该法规定的条件下，可将公众生命、身体面临的危险推定为由特定企业排放的有害物质所产生③。我国《刑法》第395条也规定，如果存在"财产、支出明显超过合法收入，差额巨大"，并且不能说明来源的前提事实，则可推定差额部分属于违法所得。

三、企业刑事合规与刑法立法改革

从上述特征明显可以看出，合规视野下的企业刑事责任与《刑法》第14条、第15条的规定是存在冲突的④。因此，如欲在立法层面确立企业刑事合规制度，需要对《刑法》的相关条款进行改革，本文尝试建议如下：

第一，在《刑法》第14条与第15条中各增加一款作为第二款，分别规定"单位未进行有效合规治理的，推定单位存在故意"，"因单位未适当履行预防义务而导致危害结果发生的，推定单位存在过失"。这样修改的

---

① 周振杰：《单位贿赂犯罪预防模式研究》，中国政法大学出版社2020年版，第247—248页。

② 琚明亮：《证明困难视阈下的事实认定与刑事推定》，载《政治与法律》2020年第2期，第27页。

③ 该条规定，如果伴随工厂或车间的事业活动，有人排出损害人身健康的物质，而且由于其排出即达到使公众生命、身体发生危险的程度，在因该排出活动而产生上述危险的区域内，由于同类物质使公众生命、身体发生危险时，这一危险推定为由此人所排出的物质产生。

④ 田宏杰：《刑事合规的反思》，载《北京大学学报》（哲学社会科学版）2020年第2期。

意义在于：其一，明确认定单位的故意与过失不以个人的预见可能性为前提的立场；其二，突出单位刑事责任的客观性，强调单位内部合规治理的重要性；其三，确立推定原则，将证明不存在主观罪责的责任转移给单位，减少司法机关的负担。

第二，删除《刑法》第30条中"法律规定为单位犯罪的"限制性要件，将单位刑事责任的范围扩展至刑法分则所有罪名，同时增加一款作为第二款，规定"认定单位刑事责任，不以个人行为构成犯罪为前提。个人行为构成犯罪的，根据本法分则的相应规定定罪处罚"。另言之，基于上述关于单位犯罪故意与过失的规定，明确单位犯罪的主体只限于单位，区分单位刑事责任与个人刑事责任，二者不仅认定的基础与逻辑相对独立，认定的程序也可以分开进行。

第三，将《刑法》第31条修改为："单位犯罪的，对单位判处罚金。单位进行有效合规治理的，可以从轻、减轻或者免除处罚。"如此修改的理由在于：其一，第30条已经规定"个人行为构成犯罪的，根据本法分则的相应规定定罪处罚"，这里无须再对个人处罚重复规定；其二，将"单位进行有效合规治理"规定为从宽情节，既是对上述第14条与第15条规定的照应，也是给单位积极进行自我预防提供规范层面的动机。

第四，在《刑法》第61条中增加一款作为第二款，提示性规定："本章规定适用于单位犯罪案件。"如此，将刑罚的具体运用的一般性规定延展至单位。在内容自身表明无法适用于单位的场合，可在相应条文中增加特殊性规定。例如，《刑法》第65条规定的"累犯"以前罪与后罪都被判处"有期徒刑以上刑罚"为要件，显然不能适用于单位。因此，建议在该条增加一款，规定"单位累犯"："被判处40万元以上罚金的单位，在刑罚执行完毕以后，在5年以内再犯应当判处40万元罚金以上之罪的，依照前款规定处罚。"此处的"40万元"标准，是笔者根据2008年至2016年单位行贿案件中罚金平均数额提出的建议①，具体应由立法机关与司法机关经过充分调研与讨论后决定。

---

① 周振杰：《单位贿赂犯罪预防模式研究》，中国政法大学出版社2020年版，第60页。

四、结语

当前，刑法越来越被视为风险管理的工具。风险社会的风险越来越呈现出隐蔽性、制度化、全球性等特征，这对企业犯罪治理提出了诸多新的挑战。例如，因为风险产生的过程往往是合法的，所以当风险成为现实的重大损害，企业总会"竭尽全力通过在工业中逐渐制度化的'反科学'的帮助来反驳对他们的指控"[1]，我们不得不面对"听任风险继续发展而无法防范"的有组织的不负责任现象[2]。再如，风险的制度化与全球化意味着危害活动的复杂化与全球化，进而意味着证明的专业化与证据收集的全球化，这使得司法机关在跨国取证等方面不得不面临更多的法律与资源障碍。

正是为了应对上述挑战，英美国家率先提出了以"合作共治"为核心理念的企业刑事合规制度，将预防与制裁违法行为的责任分散至企业本身。因此，虽然企业刑事合规不可避免地存在某些缺陷，当前实践还有需要完善的问题，尤其是合规治理的有效性判断标准尚有待讨论，但在宏观上，检察机关正在进行的企业合规试点工作对于预防企业犯罪、推进国家治理体系与治理能力现代化毫无疑问具有积极意义。

---

① [德]贝克：《风险社会》，何博闻译，译林出版社2004年版，第32—33页。
② 张劲松：《论风险社会人造风险的政策防范》，载《天津社会科学》2010年第6期，第71页。

美国死刑量刑中被害人所受影响的证据采纳

——以佩恩案为切入点

石家慧*

　　摘　要：在美国，被害人所受影响的证据在死刑量刑中的可采性问题一直饱受争议。其最具争议之处在于其与死刑量刑的相关性及其对陪审团情绪造成的影响是否会干扰陪审团作出理智判断。美国联邦最高法院在佩恩案件中推翻了之前布斯诉马里兰州案和南卡罗来纳州诉盖泽斯案，允许死刑量刑陪审团采纳被害人所受影响的证据。该判决中，法院多数意见认为各州有权决定是否允许死刑量刑陪审团采纳被害人所受影响的证据，美国宪法第八修正案本身既没有禁止陪审团考虑此类证据，也没有禁止检察官提交该类证据。此外，两个应受同等责备的刑事被告人仅仅因为行为造成的伤害程度不同而被判处不同的罪名的做法也是一直存在的。而对该判决持反对意见的人则认为被害人所受影响的证据更多是关注被害人个人的情况，与被告人的犯罪行为不相干。而且死刑量刑中的被害人所受影响的证据还可以导致对被害人的歧视以及煽动陪审团作出非理性的判断。因此，鉴于死刑的特殊性以及被害人所受影响的证据对死刑量刑造成的不确定影响，在死刑量刑过程中应该对此类证据的采纳持谨慎态度。立法者可以考虑以法规的形式限制被害人所受影响的证据的种类和内容，比如仅限于采纳与犯罪情节和被告人主观可谴责性相关的证词等。

　　关键词：被害人所受影响的证据；死刑量刑；佩恩案；被害人权利；

　　* 石家慧，四川大学法学院助理研究员，德国科隆大学外国刑法和国际刑法研究所博士，主要研究方向为刑事法、比较法、外国法。

美国联邦最高法院

美国死刑的核心理念是只有"死有余辜"的人才能够被判处死刑。但是在过去数十年，美国联邦最高法院慢慢背离了其在20世纪70年代所坚持的对死刑极为谨慎的态度。表现之一就是20世纪90年代的佩恩诉田纳西案①的判决认定死刑量刑可以采纳被害人所受影响的证据。

被害人所受影响的证据是指书面或是口头关于被告人犯罪行为对被害人造成的影响的详细说明。在死刑案件中，一般是由被害人的家人，或是朋友、同事甚至是凶杀现场目击证人等提供此类证词，一般包括对被害人品格的描述、犯罪行为对被害人家庭成员精神上的影响以及被害人家庭成员对于被告人及其所犯罪行的评价等。此类证据通常被用于告知陪审团被害人的死亡给作证人带来的精神和经济上的困难。

在美国，31个保留死刑的州中有29个州允许死刑量刑阶段采纳被害人所受影响的证据。美国国会也在联邦层面通过法案作出了类似规定。该证据在死刑量刑中的可采性问题最具争议之处在于其与死刑量刑的相关性及其对陪审团情绪造成的影响是否会干扰陪审团做出理智判断。美国联邦最高法院在佩恩案中对此问题作出了回应。本文将以佩恩案为切入点，回顾该案的历史背景、案情以及判决中各位大法官的论点，讨论在死刑量刑中是否应该采纳被害人所受影响的证据。

一、死刑量刑中被害人所受影响的证据历史回顾

佩恩案件中美国联邦最高法院允许死刑量刑陪审团采纳被害人所受影响的证据②。该判决推翻了之前布斯诉马里兰州案③和南卡罗来纳州诉盖泽斯案④，法院多数意见（6∶3）认为各州有权决定是否允许死刑量刑陪审团采纳被害人所受影响的证据，美国第八修正案本身既没有禁止陪审团考

---

① *Payne v. Tennessee*, 501 U.S. 808 (1991).

② *Payne*, 501 U.S., at 827.

③ *Booth*, 482 U.S.

④ *South Carolina v. Gathers*, 490 U.S. 805 (1989).

虑此类证据，也没有禁止检察官提交该类证据。为了更好地理解被害人所受影响的证据的可采性在美国死刑量刑中的演变和佩恩案判决中的论点，有必要先回顾一下布斯案和盖泽斯案。

（一）布斯案

布斯在马里兰州被控谋杀一对老年夫妻。在量刑阶段，马里兰州基于对被害人的儿子、女儿和孙女的采访出示了一份被害人所受影响的证据，包括这些人对于被害人品行的评价以及他们对被害人的强烈思念之情。这份被害人所受影响的证据还描述了被害人家庭成员因为被害人的死而遭遇的各种问题。

马里兰州上诉法院维持了布斯的死刑判决，认定这份被害人所受影响的证据确保审判可以考虑到被谋杀之人亲人的利益以对抗对被告人的个人品格的强调。1987年，美国联邦最高法院以5∶4的票数否决了州的判决，其中多数意见认定被害人所受影响的证据与死刑量刑听证不相关。死刑量刑中陪审团应该表达社会对于生与死这一终极问题的认知，因此应该自始至终专注于被告人的独特个人品行。而被害人所受影响的证据则强调了被害人的品格和罪行对被害人家庭的影响，这会分散陪审团的注意力并且引入了与特定被告人可责性完全无关的内容。鉴于此，美国联邦最高法院认定，被害人所受影响的证据分散了陪审团对于被告人背景和犯罪事实的关注。

多数意见还提道，死刑案件被告人很难有机会反驳被害人所受影响的证据。此外，采纳被害人所受影响的证据还可能导致被告人展示被害人品德缺陷的证据。那么法院将会不得不对"被害人的品格进行'微型审判'"，此种"微型审判"也会分散审判庭的注意力，令其不能够完成"依据被告人的背景和档案以及犯罪情境来判断死刑是否合适这一宪法使命"。该类证据"只会点燃陪审团的怒火而不再能关注于相关证据……作出判断"，因此，依据美国宪法第八修正案应该禁止采纳被害人所受影响的证据。

（二）盖泽斯案

在布斯案两年后，美国联邦最高法院在盖泽斯案中延续了其在布斯案判决中的论理。盖泽斯被起诉谋杀罪。检察官向陪审团宣读了被害人所有的宗教小册子中的一段祷告词，随之突出强调了被害人相信其生活在美国是自由和安全的，相信去公园而不会被盖泽斯之流杀害。盖泽斯被判处死刑。南卡罗来纳州最高法院依据布斯案认为检察官的陈述"暗示了被告人被判死刑是因为被害人是教徒"，因此要求重新量刑。美国联邦最高法院承认，在被害人所受影响的证据与犯罪情节直接相关时，布斯案判决并没有完全否决该类证据的可采性。但是，美国联邦最高法院认为检察官的陈述已经远远超出案件事实范围。多数意见认为没有证据表明被告人在杀人之前阅读了该册子的内容或是知道该册子的内容。因此，"各种文件纸张的内容……完全是偶然的"，并不能够提供"任何关于被告人道德可谴责性方面的相关信息"[1]。据此，美国联邦最高法院多数意见判决，该案中检察官的陈述可能导致（陪审团）依据了被告人不知道的，与其杀人决定不相干的事实判处被告人死刑。在盖泽斯案中，美国联邦最高法院扩展了在布斯案中宣布的规则，认为公诉方向量刑陪审团作出的关于被害人个人品行的陈述也不可接受。

二、佩恩案案件情节和判决

（一）案件事实

上诉人珀维斯·蒂龙·佩恩（Pervis Tyrone Payne）被陪审团认定实施了两项一级谋杀和一项意图实施一级谋杀的伤害罪，被判处死刑和30年有期徒刑[2]。佩恩罪行的被害人是28岁的雪瑞丝·克里斯托弗（Charisse Christopher），以及她2岁的女儿莱茜（Lacie）和3岁的儿子尼古拉斯（Nicholas）。1987年6月27日，佩恩在上午和下午的早些时候注射可卡因

---

① *Gathers*, 490 U.S., at 812.

② *Payne*, 501 U.S., at 811.

并饮酒。在下午3点左右，他情绪激动地进入雪瑞丝的公寓开始对其进行性挑逗但遭到拒绝。佩恩变得非常暴力。一个住在雪瑞丝家正下方的邻居在听见从雪瑞丝公寓中传出"令人惊悚的叫声"之后，报了警。在公寓里，警察看见了一个惨绝人寰的场面：整个屋子的墙上和地板上都是血，雪瑞丝和她的孩子们躺在厨房地板上。尼古拉斯被捅伤很多处，在承受了七个小时的外科手术之后存活了下来。雪瑞丝和莱茜被杀死。

（二）案件初审和被害人所受影响的证据

陪审团针对佩恩所有的罪项作出有罪裁决。

在量刑阶段，佩恩展示了四个证人的证词：他的母亲和父亲、女朋友博比·托马斯（Bobbie Thomas）以及约翰·T. 休斯顿医生（John T. Huston）——一名临床心理学家，擅长刑事法院的评估工作。博比·托马斯作证说佩恩是一个很贴心的人，就在三个孩子受到她婚姻问题影响时，他牺牲了很多时间关心三个孩子。她还说孩子们已经很爱他了，会想念他的，并且他的"举止就像一个爱孩子的父亲"。她断言他没有喝酒，也没有吸毒，这些罪行与佩恩的品行整体来说不相合。约翰医生作证说，基于佩恩IQ测试分数很低，佩恩有些"智障"。约翰医生还说佩恩既不是精神变态也不是精神分裂症患者，而且佩恩是他见过的最斯文的囚犯。佩恩的双亲作证说他们的儿子从未有犯罪前科，也从未被逮捕过。他们还说佩恩并无酒精或毒品滥用史，他作为一名油漆匠和他父亲一起工作，他对孩子很好，他是个好儿子。

控方出示了雪瑞丝的母亲玛丽·兹渥拉尼克（Mary Zvolanek）的证词，当被问到母亲和妹妹被谋杀对尼古拉斯造成何种影响时，玛丽回答说："他哭着叫他的妈妈，他似乎不明白为什么她不回家。他还哭着找他的妹妹莱茜。他一周中找我很多次，问我，祖母，你想念我的莱茜吗。我告诉他是的。他说，我担心莱茜。"[①]在向陪审团做最后陈词阶段，公诉方在主张死刑时，评论了犯罪对尼古拉斯持续性的影响，其陈述道："但是我们确实知道尼古拉斯当时活着，并且他也在那间房间。尼古拉斯一直是清醒

---

① *Payne*, 501 U.S., at 814-815.

的，他的眼睛睁着，他对救护人员作出回应，他能够遵循他们的指示，当他被抬进救护车时他甚至能够握住他自己的肠子。因此，他知道在他妈妈和小妹妹身上发生了什么……你没有什么可以做的来停止本案所涉及的任何一个家庭成员的痛苦……这是个悲剧。他们将不得不怀着痛苦的回忆度过余生。更明显的，你对雪瑞丝和莱茜·乔也什么都做不了。但是这里确实有一些你们可以为尼古拉斯做的事情……他将会想知道实现了什么样的公正。他将会想知道到底发生了什么。通过你们的裁决，你们将提供这些答案。"在反驳佩恩的最后陈词时，公诉方表示："你们今天早上看了录像。你们看的是尼古拉斯·克里斯托弗一生也不会忘的东西……将不会有人知道莱茜·乔，因为她永远也不会有机会长大。她在她两岁时被夺走了生命。因此，将没有任何一个高中校长去谈论莱茜·乔·克里斯托弗，没有人会带她去参加高中的毕业舞会。那里不会有任何人——那里不会有她或尼古拉斯的妈妈给他一个晚安吻。他的妈妈将永远不会亲吻他并道晚安或拍着他入睡，或抱着他给他唱摇篮曲……（上诉人的律师）希望你们考虑一个好的声誉，那些爱着被告人的人们，以及关于被告人的事情。他不希望你们考虑那些爱着雪瑞丝·克里斯托弗的人，爱着她的母亲和父亲。那些爱着小莱茜·乔的人，还在这里的祖父母。每一天都为她哀伤的哥哥，她的哥哥想知道他最好的小玩伴在哪里。他没有人，一个小小的人，陪他看卡通。这些东西都是导致罪行特别残酷、十恶不赦、残暴的原因，以及为什么这些会陪伴那个孩子一生。"[1]陪审团针对每一项谋杀罪指控判处佩恩死刑。

（三）田纳西州最高法院的主张

佩恩就该判决上诉至田纳西州最高法院。其主张适用布斯案和盖泽斯案先例，认为接受祖母的证词和州的最后陈词对其不利，违反了他享有的宪法第八修正案规定的权利。但是田纳西州最高法院维持了定罪和量刑，认为祖母的证词具有"技术不相关"的特点，但其"并未创造一个宪法不可接受的任意适用死刑的风险，并且它的无害性是超出合理怀疑的"。在

[1] *Payne*, 501 U.S., at 815–816.

死刑量刑阶段，被告人的证人可以赞扬被告人的品格和善行且不受相关性的限制，但是任何关于被害人的品格或所受的伤害的内容都被禁止，"这对人类种族的文明成员都是一种冒犯"。

田纳西州最高法院认定公诉人在最后陈词阶段作出的评论是"与（佩恩的）个人责任和道德罪过相关的"。法院解释"当一个人从厨房的抽屉里仔细挑出一把切肉刀并刺死在同一间房间里的一个二十八岁的母亲，她的一岁半的女儿和三岁半的儿子时，他没有杀死的男孩的生理以及心理状况就当然地与确定他的'应受责备程度'相关"。

关于佩恩案，美国联邦最高法院发布了案件提审令，以重新考虑其在布斯案和盖泽斯案中的判决，即宪法第八修正案是否禁止死刑量刑陪审团考虑被害人所受影响的证据。

（四）美国联邦最高法院判决中的主要观点

首席大法官伦奎斯特根据多数人的意见撰写法院判决。其首先总结了布斯案和盖泽斯案的两个重要观点：（1）关于特定被害人或可能判处死刑的被告人对被害人家庭造成的伤害的相关证据在总体上并不反映被告人的"应受责备程度"；（2）只有与"应受责备程度"相关的证据才与死刑量刑决定相关。但是伦奎斯特大法官认为上述观点是错误的。他表示，无论是在判断犯罪要素方面还是在刑罚恰当性方面，评估被告人罪行造成的伤害都已经成为刑法所关注的重要问题。因此，两个应受同等责备的刑事被告人可能仅仅因为他们的行为造成的伤害程度不同而被判处不同的罪名。为了支持这一论述，他还列举了其他几个联邦最高法院的判例，表明在最近几年"犯罪所造成的伤害都是法官行使量刑自由裁量权时的重要考量因素"。如果法院只允许量刑时考虑被告人提供的任何与减刑相关的信息而排除被害人相关信息，那么就会导致"判处死刑的审判天平不公平地倾斜"。对于布斯案判决中禁止被害人所受影响的证据是为了避免针对被害人的"微型审判"这一观点，佩恩案多数意见则认为采纳被害人所受影响的证据不是为了鼓励陪审团去确认杀死对社会更有价值的被害人的被告人更值得被惩罚。与之相反，被害人所受影响的证据是为了显示每一个被害人"作为一个人类个体都是独一无二的"①。

最终，多数意见认为"被害人所受影响的证据仅仅是另一种形式或手段，以告知量刑主体犯罪造成的特定伤害，是量刑主体长时间以来考虑的一种普遍的证据种类。我们认为审理布斯案的法院判定这类证据导致死刑任意适用的做法是错误的。大多数案件，以及本案中，采纳被害人所受影响的证据符合所有的合法目的"。基于这种观点，美国联邦最高法院在佩恩案中否定了之前禁止各州在死刑中采纳被害人所受影响的证据的做法，表示各州在可能判处死刑的案件中可以自由制定新的程序和新的救济方式以满足切身需要，宪法第八修正案本身并不禁止州采纳被害人所受影响的证据②。

大法官马歇尔发表的反对意见首先强调了死刑的独特性，即并不能因为被害人所受影响的证据在非死刑案件中可被采纳就推理出在死刑量刑中也可被采纳。他还重申了布斯案中的观点，即被告人不应该为其不知道的事情被判处死刑。此外，马歇尔大法官认为多数意见未能有力地反驳布斯案中鲍威尔大法官的多数意见，即被害人所受影响的证据可能引起陪审团对被告人的偏见，而且对被害人的"微型审判"会分散陪审团对案情本身的注意力③。

马歇尔大法官另一个有力的反驳观点是认为最高法院在没有足够正当化理由的情况下推翻了之前的判例。他批评多数意见放弃了本院历来所信奉的"司法是客观和理性判决的源泉"。多数意见的做法弱化了美国司法遵循先例的原则，将摧毁最高法院的权威性，令其丧失解决当权者与非当权者之间冲突的能力。如果最高法院对自身的判例都未能显示应有的尊重，那么就无法期望州去尊重它们。他认为佩恩案判决推翻布斯案和盖尔斯案并不是基于论理而仅仅是因为大法官人事变动。本案的判决则成了权力的产物而非推理。马歇尔大法官还担心佩恩案如此轻易推翻先例会带来

---

① *Payne*, 501 U.S., at 819–823.

② *Payne*, 501 U.S., at 824–827.

③ *Payne*, 501 U.S., at 846.

"更大范围的动荡"，多数意见等同于支持对先例发起大范围的公开挑战①。

三、佩恩案判决评析

尽管佩恩案没有要求州一定采纳被害人所受影响的证据，只是认定第八修正案并没有禁止州这样做，但是毫不意外，几乎所有保留死刑的州允许死刑量刑中采纳此类证据。

联邦最高法院以及各州对被害人所受影响的证据的放宽在很大程度上受到20世纪后半叶被害人权利运动的影响。在美国，被害人权利运动在20世纪70年代逐渐受人关注，众多团体组织不满刑事被害人被忽视。最开始，被害人权利运动的诉求更多集中于政治性权利，如对于贫穷被害人的生活资助，对于暴力犯罪被害人和被强奸妇女的保护等。1982年，美国总统里根就犯罪被害人权利任命了专门小组。该小组的最终报告建议加大被害人在刑事诉讼中的参与程度，其中一条就是关于被害人所受影响的证据。该小组表示，量刑过程中被害人的观点应该与被告人的观点被同等考虑。他们呼吁立法者制定法律要求量刑过程中考虑被害人所受影响的证据。1984年，联邦通过了《刑事被害人法案》（the Victims of Crime Act）以支持贫困的被害人。1990年则通过了《被害人权利法案》（Victims' Rights and Restitution Act），赋予了被害人就诉讼内容获得通知的权利。在这种政治运动和舆论背景下，联邦最高法院"顺应民意"作出佩恩案的判决也就不足为奇了。而1991年的佩恩案判决被被害人权利运动倡导者视为被害人参与刑事诉讼的重大胜利。

佩恩案已成定局，预计美国联邦最高法院在近期并不会改变其态度。此外，在佩恩案之后联邦和州的立法者甚至通过立法进一步加强了被害人对诉讼的参与，赋予了被害人在定罪量刑阶段陈述的权利。尽管如此，被害人所受影响的证据在死刑量刑中的运用一直饱受争议。

首先，反对者认为被害人所受影响的证据更多地关注被害人个人的情况，是与被告人的犯罪行为不相干的。在很多情况下，被告人在实施犯罪之前并不知晓被害人的个人情况，包括品行、社会地位和亲属等情况。而

---

① *Payne*, 501 U.S., at 844–853.

被害人所受影响的证据对此类信息的大量描述会导致陪审团基于感情而非理智作出死刑判决。这也是布斯案的观点之一。1995年，有人做了一项针对被害人所受影响的证据对于陪审团的影响的实证研究。在模拟审判中，半数参与者获得了被害人所受影响的证据（该证据改编于布斯案），而另一半对照组无此信息。结果显示，获得被害人所受影响的证据的参与者中51%的人判处了被告人死刑，而对照组中只有20%的人支持死刑。1999年，基于佩恩案的模拟审判的实证研究得出了类似的结果：听取了被害人母亲关于女儿死亡给家庭成员带来的精神、身体和财政上的负担的证词后，67%的模拟陪审员判处了被告人死刑；而在没有听取该证词的陪审员中，仅30%的人判处了被告人死刑[1]。

其次，死刑量刑中的被害人所受影响的证据还可以导致对被害人的歧视。在陪审团听取被害人所受影响的证据之后，可能因为被害人的社会贡献与价值的不同而对相同犯罪行为的被告人施加不同的刑罚。例如，1989年的一项研究表明，杀死无辜之人的被告人会比杀死危险分子的被告人获得更重的刑罚。更多的研究表明，被害人的受尊重程度、社会地位和社会认可度会明显反映在陪审团对被告人行为可谴责性的判断上。在模拟审判中，陪审团倾向于认为杀死受尊重的被害人的罪行更为严重[2]。此外，不同内容的被害人所受影响的证据还会对死刑量刑产生不同的影响。如果被害人的亲人声情并茂地讲述关于被害人的感人故事，这会对陪审团造成更大的影响。因此，有些被害人家属甚至雇佣专业的律师来"讲故事"。这进一步加剧了死刑的任意性。

在死刑量刑中引入被害人所受影响的证据还可能招致被告人在反驳此类证据时对被害人进行人身攻击。这也是布斯案多数意见所担心的，即被害人所受影响的证据会导致陪审团不得不对被害人进行"微型审判"，在确定被告人是否应被判处死刑之前先要确定被害人是否值得尊敬。

---

① Bryan Myers, Edith Greene, "The Prejudicial Nature of Victim Impact Statements", *Psychol. Pub. Pol'y & L.* 10, 2004: 497.

② Bryan Myers, Edith Greene, "The Prejudicial Nature of Victim Impact Statements", *Psychol. Pub. Pol'y & L.* 10, 2004: 493–500.

此外，从当前实际操作而言，在死刑量刑中采纳被害人所受影响的证据已经是一种常规做法，但是各州对被害人所受影响的证据的认识差别很大，而且基本没有进行限制①。例如，被害人所受影响的证据具体包括哪些种类，以何种形式被采纳，需要遵守何种程序，采纳此种证据的目的为何，等等。

鉴于死刑的特殊性以及被害人所受影响的证据对死刑量刑造成的影响不确定，在死刑量刑过程中应该对此类证据的采纳持谨慎态度。立法者可以考虑以法规的形式限制被害人所受影响的证据的种类和内容，比如仅限于采纳与犯罪情节和被告人主观可谴责性相关的证词，而那些对被害人的品格德行的纯粹赞扬，如"聪明的女孩""值得尊重的父亲"等，则应该被排除②。如果出于满足被害人亲人心理上需求的目的，可以考虑在确定被告人量刑之后允许被害人亲属在被告人在场的情况下倾诉犯罪行为对其造成的伤害③。

死刑涉及剥夺一个人的生命，因此应该保障判处死刑的决定是经过深思熟虑的而非一时冲动。做决定的人，不限于陪审团，应该专注于与犯罪情节相关的证据而不是被害人亲人的感受④。毕竟，刑事诉讼审判是国家代表整个社会为了社会公正而对被告人进行的审判，而不是被害人对被告人的追诉。对被害人权利的保护应该更多地体现在诉讼之外对被害人的帮助和关怀。

---

① Wayne A. Logan, *When Balance and Fairness Collide: An Argument for Execution Impact Evidence in Capital Trials*, 33 U. Mich. J.L. Reform 1, 1999: 22-24 .

② Bryan Myers, Edith Greene, "The Prejudicial Nature of Victim Impact Statements", *Psychol. Pub. Pol'y & L.* 10, 2004: 506-507.

③ Joseph L. Hoffmann, "Revenge or Mercy? Some Thoughts about Survivor Opinion Evidence in Death Penalty Cases", *Cornell L. Rev.* 88, 2003: 535.

④ Jeremy A. Blumenthal, "The Admissibility of Victim Impact Statements at Capital Sentencing: Traditional and Nontraditional Perspectives", *Drake L. Rev.* 50, 2001: 77.

从法文化视角探析唐代的复仇案件

李晓婧*

摘　要：复仇问题在中国传统社会存在久矣，且针对该问题，历朝历代都争论不休。唐律没有明确规定父母为人所杀禁止复仇，与此形成明显对照的是法律明确规定父母被人杀害禁止"私和"，由此可以看出唐律在复仇问题上的道德倾向。因此，在发生复仇案件之后，唐代往往一事一论。也正因为如此，有些案件引起了官方激烈的讨论。从原则上来说，统治者为了维护自己的统治，在立法上严厉打击危害统治秩序的杀人行为；但在司法实践中，由于受到儒家法文化和社会舆论的影响，因复仇而杀人的行为往往被原谅。复仇行为只要符合"礼"，即会得到官方和社会的认同和推崇。这充分体现了唐律"一准乎礼"的精神，至此，礼与法在中国传统社会达到了高度的融合。

关键词：法文化；唐代；复仇案件；司法实践

一、唐代司法实践对待复仇行为的态度

复仇问题存在久矣，东汉时期，思想家桓谭就提出要严禁私家复仇之风，他上疏指出："今人相杀伤，虽已伏法，而私结怨仇，子孙相报，后

＊李晓婧，安徽师范大学法学院副教授、法学博士、硕士生导师，研究方向为中国法律文化。

本文为2020年度安徽高校人文社会科学研究重大项目"正当防卫司法适用的保守模式与激活路径研究"（编号：SK2020ZD09）的阶段性研究成果。

忿深前，至于灭尸殄业，而俗称豪健。"①可见当时复仇问题的严重性。汉末，荀悦曾谈及复仇问题，他认为对于复仇案件应该区别情况，"有纵有禁，有生有杀"，不能一律看待。原则上是"制之以义，断之以法，是谓义法并立"。具体地说则是："依古复仇之科，使父仇避诸异州千里；兄弟之仇，避诸异郡五百里；从父、从兄弟之仇，避诸异县百里。"②即主张以避仇的方式解决这一问题。

唐律规定的"移乡"制度就是避仇之法。《唐律·贼盗二·杀人移乡》规定："诸杀人应死，会赦免者，移乡千里外。……若死家无期以上亲，或先相去千里外，……并不在移限，违者徒二年。"③唐律没有明确规定父母为人所杀禁止复仇，与此形成明显对照的是法律明确规定父母被人杀害禁止"私和"。《唐律·贼盗一·祖父母夫为人杀》规定："诸祖父母、父母及夫为人所杀，私和者，流二千里；期亲，徒二年半；大功以下，递减一等。受财重者，各准盗论。虽不私和，知杀期以上亲，经三十日不告者，各减二等。"④意思是说，祖父母、父母等近亲属为人所杀，如果子孙与凶手私自和解，则会被判处流刑或徒刑。若出现三十日未向官府通告之情形，也要减二等而受刑。从该法律条文中，我们可以体味唐律在复仇问题上的道德倾向：一方面，法律文本没有关于"复仇"问题的专条；另一方面，虽然法律禁止杀人，但儒家经典又对复仇行为加以肯定，社会舆论对复仇行为历来给予很大的同情。因此，在发生复仇案件之后，唐代往往一事一论。有关唐代司法实践对待复仇的态度，笔者列举了《旧唐书》《新唐书》和《资治通鉴》中有关的复仇案件，借此探析皇帝或者官府最终是如何处置复仇行为的（见表1）。

---

① 《后汉书》卷二十八上《桓谭冯衍列传》第十八上《桓谭传》。
② 荀悦：《申鉴·时事第二》。
③ 《唐律疏议》，岳纯之点校，上海古籍出版社2013年版，第289—290页。
④ 《唐律疏议》，岳纯之点校，上海古籍出版社2013年版，第282页。

表1　《旧唐书》《新唐书》和《资治通鉴》中所记载的复仇案件

案件发生时间	案情及官方的惩治结果
高祖武德初	高季辅,德州蓨人也。祖表,魏安德太守。父衡,隋万年令。季辅少好学,兼习武艺。居母丧以孝闻。兄元道,仕隋为汲令。武德初,县人翻城从贼,元道被害,季辅率其党出斗,竟擒杀其兄者,斩之持首以祭墓,甚为士友所称。由是群盗多归附之,众至数千。寻与武陟人李厚德率众来降,授陕州总管府户曹参军。贞观初,擢拜监察御史,多所弹纠,不避权要。累转中书舍人。(《旧唐书·卷四十八》)
高祖武德四年(公元621年)	初,王世充在东都,杀隋马军总管独孤武都、司隶大夫独孤机等人,及世充归唐,高祖流世充及其兄弟侄于蜀,未行,独孤机之子、定州刺史修德为报父仇,竟擅杀世充并兄世恽,高祖仅诏免修德官,并不深罪。(《资治通鉴·卷一百八十六》《资治通鉴·卷一百八十九》)
太宗贞观年间	即墨人王君操,父隋末为乡人李君则所杀,亡命去,时君操尚幼。至贞观时,朝世更易,而君操婺孤,仇家无所惮,诣州自言。君操密挟刃杀之,剔其心肝啖立尽,趋告刺史曰:"父死凶手,历二十年不克报,乃今刷愤,愿归死有司。"州上状,帝为贷死。(《新唐书·卷一百九十五》)
太宗贞观年间	绛州孝女卫氏,字无忌,夏县人也。初,其父为乡人卫长则所杀。无忌年六岁,母又改嫁,无兄弟。及长,常思复仇。无忌从伯常设宴为乐,长则时亦预坐,无忌以砖击杀之。既而诣吏,称父仇既报,请就刑戮。巡察大使、黄门侍郎褚遂良以闻,太宗嘉其孝烈,特令免罪,给传乘徙于雍州,并给田宅,仍令州县以礼嫁之。(《旧唐书·卷一百九十三》)
高宗初年	绛州人赵师举父为人杀,师举幼,母改嫁,仇家不疑。师举长,为人庸,夜读书。久之,手杀仇人,诣官自陈,帝原之。(《新唐书·卷一百九十五》)
高宗年间	孝女贾氏,濮州鄄城人也。年始十五,其父为宗人玄基所害。其弟强仁年幼,贾氏抚育之,誓以不嫁。及强仁成童,思共报复,乃候玄基杀之;取其心肝,以祭父墓。遣强仁自列于县司,断以极刑。贾氏诣阙自陈己为,请代强仁死。高宗哀之,特下制贾氏及强仁免罪,移其家于洛阳。(《旧唐书·卷一百九十三》)

案件发生时间	案情及官方的惩治结果
永徽初年	周智寿者,雍州同官人。其父永徽初被族人安吉所害。智寿及弟智爽乃候安吉于途,击杀之。兄弟相率归罪于县,争为谋首,官司经数年不能决。乡人或证智爽先谋,竟伏诛。临刑神色自若,顾谓市人曰:"父仇已报,死亦何恨!"智寿顿绝衢路,流血遍体。又收智爽尸,舐取智爽血,食之皆尽,见者莫不伤焉。(《旧唐书·卷一百八十八》)
武后年间（公元685—688年）	时有同州下邽人徐元庆,父为县尉赵师韫所杀。后师韫为御史,元庆变姓名于驿家佣力,候师韫,手刃杀之。议者以元庆孝烈,欲舍其罪。子昂建议以为:"国法专杀者死,元庆宜正国法,然后旌其闾墓,以褒其孝义可也。"当时议者,咸以子昂为是。(《旧唐书·卷一百九十中》)
武后圣历二年（公元699年）	审言,进士举,初为隰城尉。……坐事贬授吉州司户参军,又与州僚不叶,司马周季重与员外司户郭若讷共构审言罪状,系狱,将因事杀之。既而季重等府中酺宴,审言子并年十三,怀刃以击之。季重中伤死,而并亦为左右所杀。季重临死曰:"吾不知审言有孝子,郭若讷误我至此!"审言因此免官,还东都,自为文祭并。士友咸哀并孝烈,苏颋为墓志,刘允济为祭文。(《旧唐书·卷一百九十上》)
玄宗开元二十三年(公元735年)	张琇者,蒲州解人也。父审素,为巂州都督,在边累载。……至益州,奏称审素谋反,因深按审素,构成其罪。斩之,籍没其家。琇与兄瑝,以年幼坐徙岭外。寻各逃归,累年隐匿。汪后累转殿中侍御史,改名万顷。开元二十三年,瑝、琇候万顷于都城,挺刃杀之。瑝虽年长,其发谋及手刃,皆琇为之。既杀万顷,系表于斧刃,自言报仇之状。便逃奔,将就江外,杀与万顷同谋构父罪者。行至汜水,为捕者所获。时都城士女,皆矜琇等幼稚孝烈,能复父仇,多言其合矜恕者。中书令张九龄又欲活之。裴耀卿、李林甫固言:"国法不可纵报仇。"上以为然,因谓九龄等曰:"复仇虽礼法所许,杀人亦格律具存。孝子之情,义不顾命,国家设法,焉得容此!杀之成复仇之志,赦之亏律格之条。然道路喧议,故须告示。"乃下敕曰:"张瑝等兄弟同杀,推问款承。律有正条,俱各至死。近闻士庶,颇有喧词,矜其为父复仇,或言本罪冤滥。但国家设法,事在经久,盖以济人,期于止杀。各申为子之志,谁非徇孝之夫,展转相继,相杀何限!咎由作士,法在必行;曾参杀人,亦不可恕。不能加以刑戮,肆诸市朝,宜付河南府告示决杀。"瑝、琇既死,士庶咸伤愍之,为作哀诔,榜于衢路。市人敛钱,于死所造义井,并葬瑝、琇于北邙。又恐万顷家人发之,并作疑冢数所。其为时人所伤如此。(《旧唐书·卷一百八十八》)

续　表

案件发生时间	案情及官方的惩治结果
德宗贞元八年 （公元792年）	刘士干，玄佐养子，前为太府少卿。有乐士朝者，亦为玄佐养子，因冒刘姓，与士干有隙。及玄佐卒，或云为士朝所鸩。士干知之，及至京师，遣奴持刀于丧位，语士干曰："有吊客至。"因诱杀之。赐士干死。（《旧唐书·卷一百四十五》）
宪宗元和四、五年间 （公元809—810年）	宪宗时，衢州人余常安父、叔皆为里人谢全所杀。常安八岁，已能谋复仇。十有七年，卒杀全。刺史元锡奏轻比，刑部尚书李鄘执不可，卒抵死。（《新唐书·卷一百九十五》）
宪宗元和六年 （公元811年）	富平县人梁悦，为父杀仇人秦果，投县请罪。敕："复仇杀人，固有彝典。以其申冤请罪，视死如归，自诣公门，发于天性。志在徇节，本无求生之心，宁失不经，特从减死之法。宜决一百，配流循州。"（《旧唐书·卷五十》）
宪宗元和十二年 （公元817年）	段居贞妻谢，字小娥，洪州豫章人。居贞本历阳侠少年，重气决，娶岁余，与谢父同贾江湖上，并为盗所杀。小娥赴江流，伤脑折足，人救以免。转侧丐食至上元，梦父及夫告所杀主名，离析其文为十二言，持问内外姻，莫能晓。陇西李公佐隐占得其意，曰："杀若父者必申兰，若夫必申春，试以是求之。"小娥泣谢。诸申，乃名盗亡命者也。小娥诡服为男子，与佣保杂。物色岁余，得兰于江州，春于独树浦。兰与春，从兄弟也。小娥托佣兰家，日以谨信自效，兰寖倚之，虽包苴无不委。小娥见所盗段、谢服用故在，益知所梦不疑。出入二其，伺其便。它日兰尽集群偷酾酒，兰与春醉，卧庐。小娥闭户，拔佩刀斩兰首，因大呼捕贼。乡人墙救，禽春，得赃千万，其党数十。小娥悉疏其人上之官，皆抵死，乃始自言状。刺史张锡嘉其烈，白观察使，使不为请。还豫章，人争娉之，不许。祝发事浮屠道，垢衣粝饭终身。（《新唐书·卷二百五》）
穆宗长庆二年 （公元822年）	京兆府云阳县人张莅，欠羽林官骑康宪钱米。宪征之，莅承醉拉宪，气息将绝。宪男买得，年十四，将救其父。以莅角抵力人，不敢执解，遂持木锸击莅之首见血，后三日致死者。准律，父为人所殴，子往救，击其人折伤，减凡斗三等。至死者，依常律。即买得救父难是性孝，非暴；击张莅是心切，非凶。以髫龀之岁，正父子之亲，若非圣化所加，童子安能及此？《王制》称五刑之理，必原父子之亲以权之，慎测浅深之量以别之。《春秋》之义，原心定罪。《周书》所训，诸罚有权。今买得生被皇风，幼符至孝，哀矜之宥，伏在圣慈。臣职当谳刑，合分善恶。敕："康买得尚在童年，能知子道，虽杀人当死，而为父可哀。若从沉命之科，恐失原情之义，宜付法司，减死罪一等。"（《旧唐书·卷五十》）

我们可以将唐代这些典型的侠义复仇案件的结局用表格进行统计（见表2）。

表2　唐代典型侠义复仇案件的结局

结局	判处死刑	减死罪	赦免/不予追究	复仇者当场死亡	结局不明
案件数量/件	4	2	7	1	1
具体案件	①永徽初年案件："乡人或证智爽先谋，竟伏诛"。②玄宗开元二十三年案件："咎由作士，法在必行；曾参杀人，亦不可恕。不能加以刑戮，肆诸市朝，宜付河南府告示决杀"。③德宗贞元八年案件："因诱杀之。赐士干死"。④宪宗元和四、五年间案件："卒抵死"	①宪宗元和六年案件："特从减死之法。宜决一百，配流循州"。②穆宗长庆二年案件："减死罪一等"	①高祖武德初案件："竟擒杀其兄者，斩之持首以祭墓，甚为士友所称"。②高祖武德四年案件："高祖仅诏免修德官，并不深罪"。③太宗贞观年间案件："州上状，帝为贷死"。④太宗贞观年间案件："太宗嘉其孝烈，特令免罪，给传乘徙于雍州，并给田宅，仍令州县以礼嫁之"。⑤高宗初年案件："帝原之"。⑥高宗年间案件："特下制贾氏及强仁免罪，移其家于洛阳"。⑦宪宗元和十二年案件："刺史张锡嘉其烈，白观察使，使不为请"	武后圣历二年案件："而并亦为左右所杀"	武后年间徐元庆案件

由表2可以得出：在唐代这15例典型的复仇案件中，有9例案件的当事人没有被判处死刑（其中7例案件的当事人被皇帝赦免或官员不予追求其刑事责任，2例案件的当事人被皇帝判处减死之刑），只有4例案件的当事人被判处死刑。同时，我们发现，被皇帝赦免的案件大多发生在高祖、

太宗、高宗年间。这几位皇帝都非常重视"礼"的作用，这一时期的法律特征也被称为"一准乎礼"。因此，在司法实践中遇到复仇案件时，皇帝的敕令几乎都按照"礼"来处理。而在唐代中后期，复仇案件的审理多偏重依律处治，要么对复仇者判处死刑，要么判处其减死之刑。

二、唐代有关复仇问题的激烈争论

唐代对于复仇案件如何处理无明文法律规定，司法实践中的做法不一，有些案件甚至引起了官方激烈的讨论。许多著名文人学者都参与到该问题的讨论之中，如陈子昂、柳宗元、韩愈等。武则天时的徐元庆为父复仇案、唐宪宗时的梁悦为父复仇案，都是他们争论的热点案件。

（一）有关徐元庆为父复仇案的争论

徐元庆，同州下邽人，将冤杀其父的县尉赵师韫杀死，然后自首。当时任左拾遗的陈子昂认为："案之国章，杀人则死，则国家划一之法也。法不之二，元庆宜伏辜。又按礼经，父仇不同天，亦国家对人之教也。教之不苟，元庆不宜诛。"就杀人偿命的法制原则来说，应该把徐元庆处死；但是国家提倡礼义教化，又包括了"杀父之仇，义不同天"的内容，据此则不应该把徐元庆处死。面对这一两难选择，基于"人必有子，子必有亲，亲亲相仇，其乱谁救"的考虑，陈子昂提出的建议是："如臣等所见，谓宜正国之法，置之以刑，然后旌其闾墓，嘉其徽烈，可使天下直道而行，编之于令，永为国典。"他的主张是将法律和道德分开处理：一方面按照法律原则将徐元庆处死；另一方面按照礼教精神，在其被处死后加以表彰。这样既维护了法律原则，又有利于道德教化。他还主张用立法的形式使其建议"永为国典"。

但后来柳宗元不同意陈子昂的观点，专门写了《驳复仇议》回应之。柳宗元认为，礼和刑虽然作用不同，但是目的一致，都是为了"防乱"。因此，"旌与诛莫得而并焉。诛其可旌，兹谓滥；黩刑甚矣。旌其可诛，兹谓僭，坏礼甚矣。果以是示于天下，传于后代，趋义者不知所向，违害者不知所立。以是为典，可乎？"即不能一方面处以极刑，另一方面又旌其闾墓。无论是把应该表彰的人处死，还是对应该处死的人给以表彰，都会导致法律原则和道德标准的混乱。这样做，天下和后世守法和趋义的人就会失去准则和方向。那么，应该怎么办呢？柳宗元进一步指出："若元庆之父不陷于公罪，师韫之诛独以其私怨，奋其吏气，虐于非辜。州牧不知罪，刑官不知问，上下蒙冒，吁号不闻。而元庆能以戴天为大耻，枕戈为得礼，处心积虑，以冲仇人之胸，介然自克，即死无憾，是守礼而行义也。执事者宜有惭色，将谢之不暇，而又何诛焉？其或元庆之父，不免于罪；师韫之诛，不愆于法。是非死于吏也，是死于法也。法其可仇乎？仇天子之法，而戕奉法之吏，是悖骜而凌上也。执而诛之，所以正邦典，而又何旌焉？"①即对于复仇案件，应该区分两种情况：一种情况是，如果徐元庆的父亲没有犯法，赵师韫杀他只是出于个人私怨，州官又不去治赵师韫的罪；而徐元庆为父报仇，不仅对父亲履行了义不同天的道德义务，而且也替国家维护了法纪，为社会伸张了正义。执法官员就没有理由处死他。另一种情况是，徐元庆之父是个有罪之人，赵师韫杀他是行使国家授予的职权，是合法行为，那么，徐元庆为父报仇就不仅是向国家官吏寻仇，而且是向国家法律挑战。这当然是不容许的，因此应该处死徐元庆，并且也没有理由给其以道德上的表彰。

陈子昂在谈到法律应禁止复仇时说过"人必有子，子必有亲，亲亲相仇，其乱谁救"的话。柳宗元也加以反驳，认为"是惑于礼也甚矣！礼之所谓仇者，盖以冤抑沉痛而号无告也，非谓抵罪触法陷于大戮，而曰'彼杀之，我乃杀之'，不议曲直，暴寡胁弱而已。其非经背圣不以甚哉！《周礼》：'调人掌司万人之仇。凡杀人而义者，令勿仇，仇之则死。有反杀者，邦国交仇之。'又安得亲亲相仇也？《春秋公羊传》曰：'父不受诛，子复仇可也。父受诛，子复仇，此推刃之道，复仇不除害。'今若取此以断两下相杀，则合于礼矣。且夫不忘仇，孝也；不爱死，义也。元庆能不越于礼，服孝死义，是必达理而闻道者也。夫达理闻道之人，岂其以王法为敌仇者哉？议者反以为戮，黩刑坏礼，其不可以为典，明矣"。因此，

---

① 柳宗元：《柳河东集》，上海古籍出版社2008年版，第64—65页。

他要求"请下臣议,附于令,有断斯狱者,不宜以前议从事"①。柳宗元的意见完全出自《周礼》和《春秋公羊传》,他赞成有限制的复仇。具体来说,柳宗元把复仇案件分为两种类型,以其父是不是"死于法"来确定为父报仇的行为有没有正当性,进而确定其是否应当受到惩罚,虽然这样做没有从根本上解决法律和道德在这个问题上的冲突,但还是有一定的积极意义。一方面,他在"其父死于法"一类复仇案件的处理上维护了法制的原则;另一方面,在"其父死于非法"一类复仇案件的处理上,肯定了对于不法官吏滥杀无辜进行报复的正当性。

(二) 有关梁悦为父复仇案的争论

梁悦,关中富平人,因其父被人杀害,遂杀人以报父仇,后到地方官府自首请罪。宪宗下敕曰:"复仇之事,据礼经,则义不同天;征法令,则杀人者死。礼法二事,皆王教之端,有此异同。"宗宪迟疑不决,着尚书省讨论辨明。当时任职方员外郎的韩愈上书说:"伏以子复父仇,见于《春秋》,见于《礼记》,又见《周官》,又见诸子史,不可胜数,未有非而罪之者也,最宜详于律。而律无其条,非阙文也。盖以为不许复仇,则伤孝子之心,而乖先王之训;许复仇,则人将倚法专杀,无以禁其端矣。"韩愈的话很可能道破了唐代统治者立法的苦衷。所谓杀人者偿命,是自古以来的道理。但梁悦替父报仇,是他身为人子应尽的义务。如果他放着父仇不报,苟且偷生地做缩头乌龟,岂非成了无耻、不孝之徒?从这个角度来说,梁悦为父报仇符合孝道。而他的解决办法则是:"宜定其制曰:凡有复父仇者,事发具其事由,下尚书省集议奏闻,酌其宜而处之,则经、律无失其指矣。"②也就是说,杀人毕竟触犯了刑律,惩戒是一定的。但为了社会秩序,今后凡涉及复仇的案件,由地方司法部门据实上报尚书省集体商议,拿出初步意见后上奏皇帝,由皇帝斟酌、权衡,最后作出最终裁决。这样方能兼顾礼、法,并使社会舆论无所指责了。换言之,韩愈不赞成用立法解决复仇问题,唯一可行的办法是建立一种个案处理的制度。宪

① 柳宗元:《柳河东集》,上海古籍出版社2008年版,第65页。
② 《旧唐书》卷五十《志》第三十《刑法》。

宗皇帝圈阅韩愈这一意见后，觉得非常有道理，遂下诏将梁悦杖责一百，流放循州（今广东兴宁、陆丰一带）。这一建议说穿了不外乎就事论事，但韩愈比较明确地将"百姓之相杀"和"上施于下之诛"两种情况区别开来。一方面，他认为凡"杀人不得其宜者，子得复仇"，即杀人而不义者可以复仇，这是他根据"凡杀人而义者，令勿仇，仇之则死"所作的推论；另一方面，他和柳宗元的不同之处在于，他认为"父不受诛，子复仇可也"，即其父被官吏滥杀，其子可以复仇的办法，"不可行于今"。看来韩愈更担心的是此种复仇行为会破坏社会秩序，因而禁止之。

（三）礼与法的冲突与融合：唐代"一准乎礼"法律思想的确立

唐代统治者十分重视法制建设，力图将儒法结合的法律思想全面贯彻于实际的立法、司法过程中。如何将儒法两家思想与法律实践相结合，自西汉中期董仲舒"罢黜百家，独尊儒术"开始，政治家、思想家们便开始了这一探索。汉代"《春秋》决狱"的盛行，将儒家经义不断应用于法律实践，奠定了礼法融合的基础。瞿同祖先生在其著作《中国法律与中国社会》中谈道："法律之儒家化汉代已开其端。汉律虽为法家系统，为儒家所不喜，但自汉武标榜儒术以后，法家逐渐失势，而儒家抬头，此辈于是重整旗鼓，想将儒家的精华成为国家制度，使儒家主张借政治、法律的力量永垂不朽。汉律虽已颁布，不能一旦改弦更张，但儒家确有许多机会可以左右当时的法律。"[1]董仲舒虽然提出了"罢黜百家，独尊儒术"的主张，并被汉武帝所采纳，但是董仲舒并不是完全不要法家，而是采取德刑不偏废的态度。事实上，董仲舒以《春秋》决狱，是将儒家经典运用到法律中的第一人，以儒为体，以法为用。一方面，在法典编纂的过程中，本属于"礼"的内容被纳入法律文本之中；另一方面，在司法实践中，出现了官吏审判案件以儒家思想为指导，而置现成法律文本于不顾的现象。此后，以经注律、引礼入律的趋势继续发展，儒家思想不断渗透到法律中来。不过，在唐以前，不少思想家、政治家对德礼的作用和刑罚的作用，

---

① 瞿同祖：《中国法律与中国社会》，商务印书馆2010年版，第380页。

在一定程度上总有对立或割裂的倾向，不能认识到二者在社会生活中也是可以互相补充的。直到唐代"一准乎礼"法律原则的确立，礼与法在中国传统社会达到了高度的融合。奉敕编撰《唐律疏议》的长孙无忌在《唐律疏议序》中提出："德礼为政教之本，刑罚为政教之用，犹昏晓、阳秋相须而成者也。"①意即德礼是为政教化的根本，刑罚是为政教化的手段，德礼和刑罚对为政教化之不可缺少，好像黄昏和拂晓相配而成一昼夜、春天和秋天相配而成一年一样。这说明治理国家必须兼用德礼和刑罚，二者之间是主导和辅助的关系。这就将法律的功效和礼义道德的教化作用有机地结合起来，确立了传统社会法律思想在德礼、政刑关系问题上的总方针。

纵观《唐律疏议》，立法者尽可能地从儒家经典中找寻每一律条的立法根据，并尽可能地引用儒家经典来解释律条的含义，使礼义道德的精神完全融化在律文之中。礼、法融合在《唐律疏议》中已达到相当完备的程度。从原则上来说，统治者为了维护自己的统治，在立法上严厉打击危害统治秩序的杀人行为，但在司法实践中，由于受到道德观念和社会舆论的影响，因复仇而杀人的行为往往被原谅。复仇行为只要符合"礼"，往往会得到官方和社会的认同和推崇。正如钱大群先生所说："复仇制度在产生之初，被包含及统一于'礼'之中。随着封建国家统治的确立，它的存在反映了'忠'与'孝'的矛盾，它既体现代表'私义'的孝礼对代表'公法'的国家法治的一种损害，而同时它又被作为在封建法治不能有效实施情况下的一种补救措施。总之，它是礼法结合的封建法制内在矛盾在法律制度上的表现之一。"②

三、当代法治背景下传统复仇之声余音绕梁

复仇案件是一个具有挑战性的课题。在我国传统社会，它体现了礼与法的冲突与融合，交织着民众心理与统治者利益的复杂关系。到了近代，它又纠缠出我国传统法文化与西方法治、历史传统与现代转型之间的微妙关系，南京国民政府时期判决的"侠女施剑翘复仇案"似乎能让我们看到

①《唐律疏议》，岳纯之点校，上海古籍出版社2013年版，第3页。
②钱大群：《中国法律史论考》，南京师范大学出版社2001年版，第169—170页。

历史上发生的同类案件的影子。换言之，我国传统社会的复仇案件之司法运行模式仍然影响着近代复仇案件的处理方式。与传统社会的复仇案件不同的是，施剑翘复仇案是在法治的框架和程序下进行的；同时，民众、媒体、政府对司法运作的影响在这个案件中发挥到了极致①。

当代中国社会，复仇事件仍然存在，如2019年社会关注度比较高的"张扣扣杀人案"。在陕西省汉中市中级人民法院一审公开开庭审理该案时，张扣扣的辩护律师邓学平所作的辩护词仿佛让我们看到了古代复仇文化在今天法治社会的再次上演。他在辩护词中这样谈道：

"复仇本质上就是报复。报复是即时的复仇，复仇是迟滞的报复。根据现代法律，如果当场反击、即时报复，有可能会构成正当防卫或者紧急避险，从而无须承担法律责任。而复仇之所以被现代法律禁止，理由之一是被侵犯者有时间寻求公权力救济，可以寻求司法替代。国家垄断合法暴力，个人复仇行为被法律强制转化为司法程序。……现代法律之所以禁止私力复仇，是因为提供了司法这样的替代选择。然而公权力并非无边无际，它在伸张正义的时候也必然存在各种局限，有其无法抵触和覆盖的边界。当公权力无法完成其替代职能，无法缓解受害者的正义焦渴的时候，复仇事件就有了一定的可原谅或可宽恕基础。"②

邓学平认为，复仇这种现象有着深刻的人性和社会基础，并引经据典地得出中国传统司法实践对复仇案例大多给予了从轻发落的结论，因此张扣扣也理应被减轻刑罚。但最终，汉中市中级人民法院一审判决张扣扣犯故意杀人罪，判处死刑，剥夺政治权利终身；犯故意毁坏财物罪，判处有期徒刑四年，决定执行死刑，剥夺政治权利终身。宣判后，张扣扣当庭表示上诉。之后，陕西省高级人民法院作出二审裁定驳回张扣扣的上诉，维持汉中市中级人民法院一审死刑判决，并依法报请最高人民法院核准。2019年7月17日上午，经最高人民法院核准，张扣扣被执行死刑。

当代社会，法制建设日趋完善，犯罪行为也受到了有效打击。由于罪

① 李晓婧：《近代法制背景下侠义复仇案件的传统运行模式——以侠女施剑翘复仇案为例》，载《安徽师范大学学报》（人文社会科学版）2017年第3期，第356—363页。
②《最新！张扣扣案：检察员意见书＋辩护词》，https://www.sohu.com/a/327964177_618578。

犯难逃法网，所以"复仇"案件也就越来越少。即便有私自复仇的行为，也会受到法律相应的制裁，因此"宽容复仇"的司法传统也就消失了。但是我们要注意的是，传统的消失并不意味着蕴藏在其后的文化随之消失，这种积淀了两千年的文化心理，在现实生活当中仍然隐约可见。复仇行为是对程序正义的践踏，当"行侠仗义之仁者"维护了当事人的实体权益之时，法律的程序正义则被无情地抹杀。复仇与法律的关系在社会中形成了一种悖论，即复仇看似维护正义，实际上是在破坏正义。所以周永坤教授不赞成金庸先生所说的"中国需要侠客"这一观点。他认为，在中国传统社会，民众"观念上是把正义与法律相分离的"，因此就产生了在法律秩序内争取正义和在法律秩序外争取正义这两种情况。"在法律秩序内争取正义不被认为是维护正义，而是执行'王法'；而在法律秩序外争取正义的行为就是'侠义'行为，好为'侠义'行为者为侠客。"复仇之侠只是老百姓在寻求法律无望时所寄予希望的英雄对象。因为在正常法治社会里，法律的权威是老百姓可以通过法律主张自己权利的重要保障；而在法律为官府专断，法律救济渠道不畅的传统社会，讼师几乎没有生存的空间，老百姓追求正义就只能依靠侠客了。但"由于侠客是在法律制度以外追求正义，因此，他的另一个作用就是破坏了秩序，有对抗法律的一面，有影响法律权威的一面"，而现代法治社会不仅不需要侠客，还要消除侠客产生的条件，同时应该提高律师的素质，使之成为老百姓与官方进行法律对话的中间人，"使律师制度成为遏制权力滥用与腐败的有力社会建制"①。传统社会的复仇文化仍在影响着今天我们中的一些人，问题的关键是：面对这样的文化心理，我们该怎样对待？要有一分克制，要有一分理解，只有这样才能把这种积淀了两千年的文化心理纳入今天的法治轨道，才能把传统文化中的优良智慧有效地转化到现实社会中来，推动司法的改善，以实现情、理、法的融合。

---

① 周永坤：《侠客与律师》，载张士宝主编：《法学家茶座.第18辑》，山东人民出版社2007年版，第26—27页。

普鲁士州诉联邦政府

——海勒、施米特与凯尔森宪法思想交锋

周 育[*]

摘 要：魏玛共和国失败经验的警醒之处在于，民主的敌人用合法的方法在内部击败了民主。魏玛宪法特别设计的"双头"权力机制不仅没有给共和国带来民主与自由的双重保障，反而为颠覆民主的独裁势力打开方便之门，埋下了断送国祚的隐患。围绕魏玛宪法第48条展开的普鲁士州诉联邦政府案沦为民主及其敌人公开较量的竞技场。这场诉讼以注定悲剧的结局收场，也敲响了魏玛共和国的丧钟。民主需要武器，宪法需要阐释。保卫民主意味着保卫实质宪法，意味着从宪法的本质出发阐释宪法。宪法的阐释不仅是法律的事，更是政治的事。虽然从庭审结果来看，施米特的法律学说占据了上风，但海勒、凯尔森等人为保卫民主所付出的努力不应当被人遗忘。

关键词：魏玛共和国；普鲁士州诉联邦政府；施米特；海勒；凯尔森

一、背景

（一） 内忧外患中诞生的魏玛共和国

1918年10月，第一次世界大战接近尾声，同盟国的失败已经不可避

---

[*] 周育,上海交通大学凯原法学院博士后研究人员、法学博士,研究方向为公法理论、比较宪法学。

免，此时的德国仍不甘放弃，希望通过"自上而下"的民主政治制度改革自救换取列强的停战协议，以挽救风雨飘摇中的帝国。1918年10月3日，德皇威廉二世任命巴登亲王为总理。德国保守派贵族却无视当局寻求和谈的努力，仍在策划最后的"荣誉之战"。1918年10月25日，德国舰队司令部下令攻击英国海军，由于国内普通民众厌战久矣，八千基尔水兵拒绝执行命令出港。当局对此采取残酷镇压，千余名水兵被捕。11月3日，基尔的水手、工人和士兵为此进行了大规模示威活动，"十一月革命"就此爆发。革命很快席卷全国，最终蔓延到柏林。11月9日，几十万柏林民众进行武装起义并迅速获得成功。迫于情势，巴登亲王宣布德皇退位，并将自己的职位紧急移交至社会民主党领袖艾伯特。当日，德国社会民主党宣布德意志共和国成立。11日，德国被迫宣布停战。28日，德皇威廉二世正式退位。帝制结束后首个民主政体魏玛共和国，就这样诞生于内忧外患的革命与战争的复杂政治情境之中。

（二）暗藏危险的魏玛宪法第48条

1919年2月6日，第一次国会的选举结果是由社会民主党、亲共和的天主教中央党和德国民主党组成魏玛执政联盟，艾伯特任魏玛共和国第一任总统。由于首都柏林时局不安，会议改在德国中部小镇魏玛召开。魏玛共和国和魏玛宪法的称谓也由此而来。立宪会议在艾伯特的主导下召开，此时议会的主要任务是为新成立的国家起草宪法。宪法委员会由著名政治法律思想家胡果·普罗伊斯、马克斯·韦伯以及恩斯特·特洛尔奇等人组成。专家们仔细研究了当时世界上先进的成文宪法，比较吸收了美、英、法等国宪法的立宪经验，采众家之长制定了一部整全式宪法。这部宪法结构严谨，条文细密，采纳了世界上几乎所有最先进的政治理念与宪法技术，甚至曾一度惊艳了世界上最富有经验的英美公法学家。

魏玛宪法最突出的特征是它高度的民主性。它的民主元素体现在两个方面：其一，从民主宪法的正当性基础来看，废黜了俾斯麦君主制宪法不设公民基本权利的体例，复燃了1848年法兰克福制宪会议的自由民主传统，将古典自由权和大量经济社会权利重新写入宪法，接续了自德国资产阶级革命以来的民主正当性。其二，从民主机制的设置来看，既建立了实行投票制的代议制，又引入了直接民主选举产生的总统制，可谓民主与自由的完美结合体。

但是从德国人的角度来看，魏玛宪法并不像看上去那么美好。宪法之父普罗伊斯对新生的宪法发出哀叹："这部宪法并非在阳光之下诞生，而是身负国家战败深渊，整个民族不幸之下。"在战争中催生的德意志联邦，虽然出于对和平的渴望而选择了民主议会制国家，但在内部始终没有形成坚实的国家认同。在德国各方政治力量极端对立的状态下召开的制宪会议也没有获得普遍的正当性认同。

首先，共同体认识上的分裂从错位的国号开始。出于德意志民族的帝国情怀，魏玛共和国沿用了德意志共和国的国号，也就是说，新生的共和国和消亡的帝国在德语中都是"Das Deutsche Reich"，中文直译为"德意志帝国"。但是根据魏玛宪法第1条的规定，魏玛共和国采用共和政体（Republik），而"Das Deutsche Reich"完全没有体现出"共和"（Republik）。为了同老德意志帝国相区别，新"德意志帝国"又称为"魏玛共和国"或者"德意志联邦"。这两个指称一个体现国体，一个体现政体，但事实上都不是新国家的完整名称。

其次，共同体的认识分裂来自德国政治局面的混乱。当时的政治混乱主要表现在两个方面：其一，社会阶级矛盾加剧。皇帝走了，贵族还在。威廉二世下台之后，贵族阶层一夕之间成为旧帝国的弃儿。除了少数支持共和国的进步政党与政治人物，绝大部分容克大地主大资产阶级政治力量的"极右"势力与无产阶级的"极左"势力水火不容，但他们却都对共和国和议会制抱有深深的敌意，视其为整个国家的"外来物种"。其二，国家政治权力分散。原本的德意志帝国以普鲁士王国为中心，各邦国根据世袭制度享有高度领地自治权。魏玛宪法为德国规定了一个共和制联邦政体，联邦由中央政府和各州政府组成。各州政府在联邦宪法之下享有高度的自治权。其中普鲁士州作为一战前的政治实体被保留下来，给新生的联邦体制造成重大的结构性隐患。普鲁士州和联邦政府之间的权力架构成为叠加在国内宪法政治制度之上的问题。模仿美国引入的联邦制最多只是一张有名无实的标签，实际上由于缺少统一的中央政治实体，德意志共和国联邦与州以及各州之间的关系极其松散。

在此背景下产生的魏玛宪法无疑是各个阶层、党派权力竞争的产物，看似融合了民主的多个要素，实质上反映了各方政治权力之间的不信任和互相牵制。魏玛宪法仿效英国首次设立议会制，此举是为了迎合英美国家对德国的民主化改革要求。同时又考虑到战乱未平，政治动荡，因此又设置了总统制，并赋予总统"紧急处置权"，以期在议会无法应对突发事件时掌控事态。为了平衡两个首脑机关的权力，宪法设计者在总统与议会之间设置了互相限制程序。总统行使魏玛宪法第48条赋予的紧急处置权需要内阁的同意，内阁必须得到议会的信任。总统有权解散内阁，对此权力的唯一限制是"同样的理由只能用一次"。这意味着紧急处置权的行使在事实上是不受限制的。如此设计的初衷是使总统与议会互相配合，实际上却是形成了互相牵制的"双头政治"，并将最终决定权留给了总统。宪法设计者最初的愿望是希望一方面由议会制保障民主正当性，另一方面由总统保障人民自由。但由于总统紧急处置权的设置，该制度实际上留下了不受任何约束的权力后门，这个容许专制权力任意进出的制度后门最终沦为民主的敌人——独裁统治的工具。

魏玛宪法表面上完美无缺，实际上不过是由任意挑选的一堆政治制度东拼西凑而成的"杂烩"，一张将敌对的各方势力勉强拉拢到一起的脆弱契约。魏玛宪法颁布后不久，一幅名为《1919年的宪法连衣裙》的漫画对它进行了讽刺。画中一位略显矮胖的短发女性满身裹着印有"美国宪法""法国宪法"和"英国议会制"等字样的布块，在裁缝的操弄下注视着镜子中自己的新形象，无奈地喃喃自语道："好吧，我还是觉得用德国的好布料做的老款裙子更适合我！"

二、人物

（一）施米特：宪法的守护者

施米特的法学思想是复杂和矛盾的。自20世纪10年代初到20世纪70

年代后期，他几乎不停地写作，在将近70年的学术生涯中创作了大量思想深刻、观点新奇的作品。在20世纪20年代，他曾因反对凡尔赛条约和对魏玛宪法的政治解读成为激烈争论中的风云人物。20世纪30年代初，施米特从保守的民族主义者立场出发将民主的魏玛共和国解读为总统威权专政。1933年，他公然投靠纳粹，以他预先建构好的公法理论为纳粹统治提供制度上的正当性证成。他的保守主义政治立场也令他在不同时期遭遇过不同的待遇。1933年之前，施米特提出的威权决断成功地将自由主义从大众民主分离出来，1945年之后，他又变成德国自由主义者们最主要的对手。20世纪60年代初期，尤尔根·哈贝马斯宣称施密特是"马克斯·韦伯嫡系传人"，但更多时候，他又以"纳粹先知""第三帝国桂冠法学家"的称号而名声在外①。

尽管施米特本人始终以法学家自居，并时常提醒读者他的法学家身份，但他的法学理论和政治见解的巧妙融合总是将人们的注意力吸引到他的政治思想领地。施米特的政治思想常被描绘成神秘的、有魔力的、带有致命危险和诱惑的。在其政治立场的推动下，施米特展现了将法律问题转变成政治问题的高超技巧。魏玛共和国后期，施米特扮演了相当活跃的总统制支持者角色。1932年夏天的施米特被视为帕本政府的人，与总理帕本、内政大臣盖尔等人过从甚密。他在这一时期的法律与政治写作也被认为是有意为帕本、盖尔的保守主义宪法审查做铺垫。在前番工作的积累下，魏玛宪法一经颁布就引起了施米特的关注。两年后，他赶忙出版了《论专政：从现代主权思想的肇始到无产阶级斗争》，书中刻意提出了"委托专政"和"主权专政"的区分。按照施米特的理解，"委托专政"的原型可以上溯到古罗马共和国时期的专制官制度，是指以主权权力的合法代理者的身份处理例外和紧急事务。在恢复正常状态之后，"委托专政"将退出代理的位置。

在这本书的附录中，施米特对魏玛宪法第48条专门进行了法理分析。他认为，作为总统紧急处置权的实证法来源，第48条第1款和第2款分别

---

① ［德］米勒：《危险的心灵：战后欧洲思潮中的卡尔·施米特》，张龚、邓晓菁译，新星出版社2006年版，第2—4页。

规定了该权力行使的两个法定条件：一是"联邦中某邦不尽其依照联邦宪法或联邦法律规定之义务时，得用兵力强之"，二是"扰乱或者危害公共安宁及秩序时，得用兵力强之"。这两个条件的适用规则，均由总统本人根据事宜权衡得出。总统的紧急处置权还包括有权（部分或全部地）中止公民基本权利。在施米特看来，紧急处置权的运用，其决策权在于总统，总统对此享有充足的合法性与正当性。在危急时刻，总统所作的一切政治决断都是代表人民作出的，因此无论其所采取的措施内容如何，都不超出其主权委托的权限范围。施米特对紧急处置权的理解奠定了他在1929年出版的《宪法的守护者》中对总统地位的解释基础，也为他在庭审中的立场提供了基本定位。施米特将总统放置于独一无二的主权者地位：总统是宪法体制的核心，凌驾在其他机构之上，捍卫宪法并维护国体的、中立的、斡旋的、调控的、保护的权力，总统是由全国人民选举产生的，因此他有权宣称代表人民。他是超越学派的、无学派的，是一个中立的、调整议会制的实践行动仲裁者；当议会解放时，他根据魏玛宪法第48条和总统内阁治理国家。

因此，魏玛宪法第48条获得了施米特的大力赞誉，此条规定所包含的"委托专政"被视为古罗马专制官制度的现代化身，它将带领新生的魏玛共和国走出建国初期的革命暴力与政治动乱。反讽的是，在"委托专政"期间，没有等到期许的"主权专政"回归，迎来的却是独裁暴政。在1933年的国会纵火案中，希特勒利用此条款对共产党人进行镇压，并借此发布了一系列法案，以自我授权的形式为篡权铺平了道路。

（二）凯尔森：宪法实证主义

凯尔森在德国宪法学界很早就享有盛名，当时已经是科隆大学的法学院院长，他没有实际到庭参加诉讼，但在庭外发表了一篇分析文章来参与施米特和海勒的正面交锋。文章的重点是以他的规范论回应施米特的决断论。

根据凯尔森的解读，魏玛宪法第48条所包含的授权法令的正当性理由有两个：一是州政府违反宪法或联邦法律（第1款），二是恢复公共安全与秩序（第2款）。这两个理由都能够为采取有效行为提供依据。但他指出，法院应当在审查事实问题的时候指明，采取有效措施所依据的是宪法第48条第1款，还是宪法第48条第2款，因为"所谓事实问题同时也是法律问题"。法院确定案件事实的构成要件所适用的条款，也是在确定法院对此是否具有审查上的管辖权的依据。而法院事实上在这个问题上是暧昧不清的：既承认总统完全的自由裁量权，又希望对此种权力加以某种形式的限制。凯尔森指出，法院在推论上的自相矛盾之处，反映了法院在联邦和州权力平衡上所作的努力。但凯尔森进一步强调，一旦总统法令得到承认，州政府事实上已经被取消了。

凯尔森最终试图借助法律上的可撤销性和无效性的概念来解决总统法令的效力问题。他认为，总统法令并非无效，而是可撤销的。也就是说，总统法令的规范在实际宣告无效之前仍然是有效的，只有通过法院判决才能宣告某规范无效。但是事实上，总统不会受到法院判决宣告无效的约束，总统拥有实际无限的自由裁量权。因此，凯尔森的论证传达了囿于法律秩序内部的困境：一方面，宪法审查能够在司法技术上为合法性原则提供适当的表达方式；另一方面，由法院来处理具有决断性的政治问题时，法院必须保持中立以彰显自己的独立地位。凯尔森无法从法律秩序内部通过法律为政治建立合法框架。要对抗施米特对民主实质内容进行的置换，站在价值中立立场上的凯尔森法律思维显然无能为力。

（三）海勒：守护实质宪法

赫尔曼·海勒作为魏玛时代重要的法学家之一，与卡尔·施米特、汉斯·凯尔森和鲁道夫·斯门德共同代表了魏玛时代德国公法理论的最高成就。也有人将他同普罗伊斯、安许茨、托马和凯尔森并称为魏玛时代五大公法学家。他们不仅为20世纪德国的国家法理论和公法学说贡献了极其丰富的理论成果，也奠定了德国现代政治学的基础。

海勒与施米特有过两次现实中的交集，每次都是以对手角色出场的。就在普鲁士诉联邦政府案前一年，海勒在法兰克福大学公法教席的竞选中因受阻于校方的反犹态度败给了施米特。次年，经过一番艰难抗争，海勒终于作为正式教授被法兰克福大学接纳。不久后，两人在教席竞选台上的对决延伸到了国事法院的辩论席上——在普鲁士诉德意志帝国的帕本诉讼中，海勒代表普鲁士州议会中的社会民主党派出庭，施米特则为弗兰茨·冯·帕本辩护，同时实际上也在为希特勒的行径开道。

海勒的法律和政治思想的中心要旨在于法律基本概念的伦理化和政治化，也就是对实证主义影响下完全走向形式化的法学概念重新进行实质化。海勒的思想出发点来自一战失败的德国思想界弥漫着的普遍担忧——旧有的秩序打破了，新的秩序尚未建立起来。在德国浩大的无产阶级运动中被捣毁的不仅是国家机器还有宗教信仰，传统观念如同在战争硝烟中破碎的旗帜一般无法再给现代工业国家提供正当性来源。海勒敏锐地认识到，思想的危机潜伏在社会的各个层面，国家作为政治统一体之价值正当性亟须得到合法性与正当性的支持，这样魏玛宪法体系才能由此建立最广泛的政治认同。

海勒必须迎战来自两个方向的敌人：一是凯尔森形式主义的纯粹法理论，其建立在一个完全不可能实现的前提下，即将所有政治、历史等价值因素从法律体系中彻底清除出去。在海勒看来，这种空洞的、退化的自然法的最后形态无法为法治国家的长治久安提供实质意义根据。二是施米特的保守主义决断论，其同样以凯尔森为敌手，但实际上是为了引入自由主义的政治反动力量。如果说海勒是在形式上反对凯尔森的"纯粹化"，那么他就是在内容上反对施米特的"倒退化"。作为一个社会主义者，海勒坚定地选择了当时代表先进社会生产力方向的无产阶级革命斗争，守护德国现代革命成果。

海勒的国家学思想继承了黑格尔的国家—社会二分法。在国家权力组织结构上，海勒同凯尔森一样，支持议会主权，反对施米特对总统权力的无限放大。在法治国思想上，海勒坚决抵制凯尔森的形式主义法治国理念，试图将法治国与社会主义价值立场绑定在一起。在施米特与凯尔森的立场之间，海勒提供的方案形成了解决魏玛危机的第三条道路。

三、对决

（一）政变：普鲁士打击

魏玛共和国帕本左翼政党第一次掌握德国的国家政权。作为当时的唯一多数党，社会民主党在政治光谱上居于左翼政党和右派政党之间。1919年初，全国大选召开之际，社会民主党内部即发生了暴乱和分裂，力量遭到削弱，最终只获得38%的选票，与中央党和德国民主党共同成立了执政联盟。这种政权组成形式奠定了现代德国的政治结构特征，也昭示了魏玛宪法中包含的政治力量对比。直到1923年宣布紧急状态后，国内政治局势才逐渐稳定下来。经历了短暂的平稳时期之后，社会民主党在1928年的选举中基本站稳了脚跟。然而正是在这次大选之后，1929年世界性的经济危机也影响了德国，左翼政府临危受命的同时又成为众矢之的。不甘失败的右翼势力趁机拉拢希特勒，希望由他来组成一个更有力的政治力量。

在随后的大选中，纳粹党趁着危机中人心惶惶登上了第二大党的位置。此时议会政府已经遭到极大的削弱。希特勒在内阁的支持下大肆展开恐怖活动，扫清各种反对力量。此时普鲁士政府预感到希特勒即将不受控制，于是改变了选举规则，要求新总理必须由绝对多数选出。结果社会民主党和纳粹党都没有达到绝对多数，因而无法组阁。旧的联合政府随后辞职，但根据普鲁士选举法，它将继续运作直到选出新总理并任命他的内阁为止。

1932年6月14日，施莱歇尔启动了他错综复杂的计划。联邦政府先是解除了对希特勒准军事组织的禁令，而对共产主义红色阵营来说类似禁令仍然有效。共产党人因义愤不断发起街头械斗。这为帕本介入普鲁士政府提供了借口。7月14日，帕本从兴登堡处获得紧急法令，授予他在事态紧急时接管普鲁士政府的权力。

7月20日，德国联邦总统兴登堡依据魏玛宪法第48条赋予总统的紧急处置权，通过了一项"关于恢复普鲁士地区公共安全和秩序"的紧急法令。法令任命帝国总理弗郎茨·冯·帕本作为特派员前往当时最大和最有影响力的"自由邦"普鲁士州，以其没有能力并且不愿意平息内部骚乱和政治动荡为由，全权接管社会民主党派奥托·布劳恩领导下的普鲁士政府，将普鲁士州政府实际上并入联邦政府。普鲁士政府被强行罢免，帕本出任普鲁士专员。此次事件被称为"普鲁士政变"。

普鲁士州政府认为此举侵犯了其宪法上的法律地位，于是向帝国法院提出诉讼要求审查普鲁士督政的宪法合法性，试图寻求国家法院的禁令以阻止帕本上任。该申请在7月25日遭到拒绝，理由是禁令将影响案件的最终裁决。10月25日法院作出了最终裁定，它表面上维护了普鲁士作为一个独立的联邦政治实体参与的权利，但它实际上让联邦政府干涉普鲁士内政的行为成为既成事实。无论如何，在这段时间当中，形势的急剧变化让普鲁士共和制度遭受了无可挽回的政治失利。普鲁士政府代表着一个由社会民主党主导的联盟，这个联盟是抵制纳粹上台的最重要的体制基础。这场宪法诉讼最终以普鲁士州的失败而告终，同时也标志着魏玛共和国的悲剧结局已近在咫尺。

（二）庭审：民主的失败

1932年10月17日，设立在莱比锡的宪法法院审理了德国宪法史上最为重要的一场诉讼。诉讼主体共有六位。原告方是代表普鲁士州的普鲁士州前总理布劳恩、普鲁士州国会中的天主教中央党和社会民主党国会党团，以及巴伐利亚、巴登两个邦的国务部，被告则是联邦政府。原告方的辩护代表有吉泽、布莱希特、安许茨、纳维斯基、海勒等德国宪法精英。联邦政府除了施米特作为首席辩护代表之外，比尔芬格和雅各比二人也受到了委托。

本案所涉及的魏玛宪法第48条，全文如下：

联邦大总统，对于联邦中某一邦，如不尽其依照联邦宪法或联邦法律所规定之义务时，得用兵力强制之。

联邦大总统于德意志联邦内之公共安宁及秩序，视为有被扰乱或危害时，为恢复公共安宁及秩序起见，得取必要之处置，必要时更得使用兵力，以求达此目的。

联邦大总统得临时将本法一百一十四（人身自由不可侵犯）、一百一十五（住宅不可侵犯）、一百一十七（书信、电报及电话秘密）、一百一十八（言论出版自由）、一百二十三（集会自由）、一百二十四（结社自由）及一百五十三（私人财产不可侵犯）各条所规定之基本权利之全部或一部停止之。本条第一第二两项规定之处置，但此项处置得由联邦大总统或联邦国会之请求而废止之。

其详细，另以联邦法律规定之。

庭审论辩的中心是联邦政府发布的往普鲁士派遣联邦特派专员法令的合法性与正当性。该议题需要进行两个方面的证成：一是该法令是否具有宪法上的法律基础，二是总统凭借该法令行使的裁量权是否越界。

就法令的合法性而言，联邦政府声称，采取行动的授权法令是以第48条第1款和第2款为根据的，但事实上，帕本对自己的辩护是以第1款为基础的。对此，法院庭审判决过程中否决了联邦政府根据第48条第1款提出的请求，接受了普鲁士政府的意见，即第48条第1款和第2款分别适用于不同情形。

接下来就涉及总统的裁量权的使用是否越界。对此法院驳回了普鲁士政府关于对总统裁量权及其范围的正当性进行审查的所有请求，仅就派遣专员的程序问题进行了核查，并最终针对该法令的部分条款作出无效宣告。法院看似采纳了普鲁士政府的部分诉讼理由，但从根本上说，法院的判决没有给普鲁士政府带来任何实质性的好处。

从施米特的角度来看，该判决整体上是正确的，但他对此并不感到满意，因为法院的态度暧昧，没有充分表达出激进主义的立场。施米特的观点集中体现在《在莱比锡宪法法院审理普鲁士邦起诉共和国政府案时的最后陈辞》一文中，在这篇文章中施米特重申了他认为总统而非宪法法院是"宪法的守护者"的观点。他指出，宪法在本质上是一种政治性的法律，保卫宪法依靠的是政治决断而不仅仅是司法程序。在他看来，议会民主制是软弱的，因为它无法作出"敌我区分"，而这对于保护自己来说是必不可少的。魏玛宪法第48条正是为总统介入政府与各州之间的政治斗争，维护政府权威提供了合法性依据。因此，联邦政府向普鲁士委派专员的行为，是在国家危难之时重建秩序的正当之举。因为真正的政治决定处于法律秩序之外并且不受法律约束，毕竟主权就是在非常状态做决定①。

从海勒的角度来看，判决的错误之处不仅在于形式主义法律观对宪法制度造成的实质性损害，还在于对国家民主制度的毁灭性打击。从海勒对法律与权力的一般特征的表述来看，一种完全不受法律约束的权力是无法存在的。因此，即使是总统基于宪法第48条所获得的紧急状态下的权力也必须在宪法规定的框架之内使用。总统行使自由裁量权必须符合宪法预设的紧急状态的情形。海勒认为应当这样理解紧急状态，即它是宪法层面上对政治危机的一种反应。因此，宣告紧急状态的目的是将危机控制在合宪的状态下，使政治生活恢复常态、常规。唯有符合此目的的宣告行为才是合宪的、有效的。在该案件中，海勒认为关键之处在于，普鲁士政府已经表达出明确的意愿和能力，能够将州内秩序恢复到常规常态。因此，据此宣布的紧急状态置事实于不顾，确属越权，应被宣告无效。

海勒对法院角色抱有期望，他认为宪法法院有义务维持法律秩序，并且在法律秩序将被打破的时候将那些试图脱离该框架的国家机构重新纳入法律的形式体系中来。他提醒宪法法院本身在制度性或组织性整合方面应当扮演的重要角色。这种整合首先是民主制度所需要的，也是魏玛宪法的政治基础。保卫宪法秩序就是保卫魏玛民主本身。

四、结局

（一）沉寂：法学家的放逐

在这场以宪法法院为背景的公法教授演讲比赛中，施米特因获得了法院判决的支持而胜出。作为一个来自偏远地区的保守主义者，施米特终于在首都柏林迎来了他的高光时刻。他先是得到科隆大学教席的邀请，1932年，施莱歇尔被任命为国家总理后，施米特加入了纳粹党并为其新内阁提

① ［德］施米特：《政治的概念》，刘小枫编，刘宗坤等译，上海人民出版社2014年版，第7页。

供威权主义的法律策略。但到了1933年初，希特勒被正式任命为总理之后，施米特却因为不受待见而失宠了。然而1933年3月份，在罗马之行的途中，施米特接受了让他担任普鲁士参议院议员的任命。于是，他又重返柏林，并担任柏林大学的全职教授直到战后。在这个位置上，施米特为纳粹夺取政权大声欢呼，并将剩下的精力投入到排犹反犹的"事业"中去。

凯尔森失败的地方不仅在于他的纯粹法学规范论，还有他同施米特的职场斗争。凯尔森成名较早，施米特调入科隆大学法学院时曾得益于时任院长凯尔森的帮助，但在1933年反犹形势急剧恶化的情形下，身为犹太人兼民主主义者凯尔森被迫离开他在科隆大学的职位，施米特对此的贡献则是参与策划了驱逐凯尔森的决定。1934年，他的法哲学最精华的部分以《纯粹法学》为题出版。一年后，他离开德国去往日内瓦大学任教，后由日内瓦和布拉格前往美国，并在那里继续工作，从此再也没有返回德国，直到1973年去世。在美国，他的实证主义法哲学起初没有受到多少人的关注，学术界的注意力仍然被语言分析的实证主义所占据。暗淡了许多个年头之后，凯尔森的实证主义法哲学在战后重新被欧洲大陆发现并接受，成为法哲学正统。

海勒也失去了他在法兰克福的教席。不久后收到伦敦政经学院拉斯基的任职邀请，海勒拟取道西班牙前往伦敦，于1933年因心脏病发作在马德里去世，年仅42岁。当时他正进行《国家学》的写作，并希望在这本书中将他的政治法律思想完整地呈现出来。海勒同施米特和凯尔森一样发展了具有鲜明个人特色的一整套政治与法律思想体系。与后两者不同的是，海勒主要的学术成就被作为政治学理论贡献获得认可，他的法律思想很少受到关注，并且在英语世界中几乎没有获得关注，这大概同他的作品极少被翻译成英文有关。在某些英美法哲学家的推动下，海勒的法哲学思想的重要性正在被置于自由主义主流讨论的层面重新看待。

（二）启示：民主需要武器

"一切有权力的人们使用权力一直到遇到界限的地方才休止"，在施米特看来，这对于主权者而言几乎是当然之理，因为主权意味着最高性和不受限制，也意味着对现实具有无限创造性的可能。这也正是它受到主权论支持者赞颂的地方。施米特看到了穿透宪法的政治决断力量，它来自不受制于任何法律规范的人民意志，也因此从根本上来说是没有限制的，因为它仅以自身存在为正当性来源。

施米特深入地洞察到政治的本质，他在魏玛宪法第48条以及总统紧急处置权讨论中所提供的是一套专门应付极端危急政治环境的理论①。然而政治绝大多数时刻是处于常态的而不是紧急的，在危急时刻之外，如何进行民主制度下的政治整合与社会团结才是政治与法律思想的正题所在。这是被施米特刻意回避了的问题，而对此问题，海勒给出了那个时代最有价值的答案。

在海勒看来，凯尔森所期待的是以"自然法"为名所描绘的人类最高统治理想。但是，作为实践理性对象的国家和法的秩序必然包含着无法被理性化的、与逻辑规律不符合的现实内容。如果无视法与权力之间的关系问题，法律规范将无从理解，由此建立的法理学也是无本之木。凯尔森由此建立的纯粹法学的根本问题在于，无法回答施米特主权者问题的关键环节：由谁作出决断？因为按照凯尔森对法律纯粹性的想象，法律在政治问题面前应当保持中立和沉默。在施米特式包装巧妙的主权概念面前，凯尔森式的法律中立是虚假的，因为它无法正面迎战法律概念遮掩下的政治意图。用这样的法律哲学来解决政治问题注定是失败的。

海勒像施米特一样抓住了政治斗争的精髓："永远不要让民主的敌人掌握民主的武器。"②海勒向来主张一种道德化、政治化的法律概念，即法律对权力提供实质性约束，而其实质内容来自实证法当中普遍包括的法律基本原则。法律不应当仅仅是空洞的形式，更应当是具有价值意义的实体。实质的内容通过法律程序进入法律秩序，为法律秩序提供实质性的普遍逻辑。在民主政体统一的意志决断主体的情形下，宪法法院作为"宪法

① ［德］米勒：《危险的心灵：战后欧洲思潮中的卡尔·施米特》，张菉、邓晓菁译，新星出版社2006年出版，第5—6页。
② 方旭：《民主政制中的专政法权——〈魏玛宪法〉第48条总统紧急权的法理学研究》，重庆大学2016年博士学位论文，第29页。

的守护者"应当在宪法本质上承担起守护宪法的职责。自由主义国家不应当在不同的"善"概念之间采取中立的立场，而将政治空间让给那些想要利用它来摧毁自由主义的人。与凯尔森的政治软弱不同的是，海勒清楚地看到，必须对危害民主的行为采取政治行动；与施米特在保守主义上的倒行逆施不同的是，海勒在民主的困境中仍然坚持选择一条符合社会阶层最广泛利益的道路，尽管这条道路很快淹没于纳粹恐怖独裁之中。

个人数据使用中利益的冲突及其协调

余筱兰*

摘　要： 个人数据使用牵涉诸多利益，引发利益冲突时，从私法上寻求协调路径是本文的目的。个人数据利益冲突表现为利益主体的多样性、利益内容的丰富性。本文从权利配置、义务责任配置以及公共利益保护三个维度展开探索：对个人数据上的自然人、数据控制人对应我国《民法典》相关规定配置相应权利；对处于优势地位的数据控制人对应我国《民法典》相关规定配置义务与责任；基于正义的理念及民法社会本位对个人本位的限制的法律精神，对公共利益保护予以确定。

关键词： 个人数据；利益冲突；正义论；冲突协调

一、个人数据价值导致利益冲突

利益冲突的实质是价值冲突。价值是一种主观认识，是主体对客体的需求。同一客体，因为主体的认识不同，而体现出不同的价值。如，同一件衣服，有的人看重它的保暖价值，有的人看重它的美观价值。利益附着于价值之上，价值冲突外在表征为利益冲突。个人数据利益冲突的实质是

---

　　* 余筱兰，安徽师范大学法学院副教授、法学博士、硕士生导师，研究方向为民法学基础理论，数据、著作权的私法治理。
　　本文为安徽省哲学社会科学规划基金青年项目"数据财产权：私法视角下数据财富保护模式研究"（编号：AHSKQ2018D06）阶段性成果，亦为2019年安徽省高校优秀拔尖人才支持计划一般项目（编号：gxyq2019005）研究成果。

个人数据价值冲突。

　　个人数据是指能够识别自然人特征或联合其他数据能够识别自然人特征的数据。个人数据蕴含着丰富的潜在价值，已成为核心资源、数据平台的依托性资源、大数据分析不可或缺的基础性资源，成为数字经济发展的支撑。搜集数据已成为一种谋生手段，控制了更多的数据，便掌握了更多的无形资产、更多的财富，数据被称为"21世纪的石油"。数据是信息社会的一种特殊资源，是与物质、能源并列的基础性资源，但数据的获得与物质、能源的获得所依赖的工具和途径不同，它依赖互联网来存储、传输、接收和利用。早在2014年，习近平总书记就在中央网络安全和信息化领导小组第一次会议上指出，大数据等信息资源日益成为重要的生产要素和社会财富。通过数据平台的应用，人们的生产和生活成本大大降低；通过数据分析，将数据与实体经济相融合，促进实体经济发展，形成新的经济增长点，已成为近年来我国各省市拉动经济增长的新途径。个人数据的使用价值被充分挖掘，用于创造财富。

　　大数据时代是信息社会的高级阶段。从20世纪70年代人们读到丹尼尔·贝尔的《后工业社会的来临》一书开始，信息社会的概念迅速引起西方国家的热烈讨论。信息社会是人类社会继农业社会、工业社会之后的第三次社会变革，而大数据、人工智能的应用是信息社会经历了信息化和互联网之后的又一次信息革命。从"信息成为社会资源"到"数据成为社会资源"，反映的均是信息社会一种新型的财富的出现，即数据成为财富。数据被认为是新的石油，因为它通过微信和脸书等社交平台创造了巨大利润，同时它也以广告形式为百度和谷歌等网站带来巨大收益。在大数据时代，从财富形式的角度看，区分"信息"和"数据"的意义不大。尽管从情报学的角度来说，数据是一种原始的记录，本身不具有任何意义，而信息是对数据进行加工后的描述，是"相互关联的数据"，但随着大数据概念的提出，数据已经不仅仅是一种记录，它不仅包括数字，还包括文字、图片、影像等。从法学保护角度来说，"信息"与"数据"的概念几乎可以互换。美国、日本、韩国、欧盟等国家或地区的数据保护立法，均没有在"信息"与"数据"的概念上过于纠缠。在信息社会的高级阶段，即大数据应用成为信息开发和利用的主要手段的阶段，用"数据"取代"信息"来描述新型的财富形式，更符合时代特征。例如，欧盟的《通用数据保护条例》中用的是"data"而不是"information"；在美国，近几年各州相关立法均采用"data"。我们已经从信息技术时代步入数据技术时代，用数据创造财富，实现经济增长是未来经济发展的核心。

数据有着巨大价值，数据主体对数据价值的不同认识，表现为对数据的不同利益。为了控制更多的数据，获得更多的利益，不同的数据主体之间拉开了数据大战。数据大战的本质是数据利益冲突，数据利益冲突的实质是数据价值的冲突。

二、个人数据使用中利益冲突的体现

个人数据上存在多种利益形态，不同利益主体有着不同的利益诉求。不同的利益诉求发生碰撞，引起利益冲突。不同主体因使用个人数据而拉开的数据大战，是利益冲突之战。

（一）体现为诸多利益主体

利益主体是指享有利益的民事主体。个人数据进入流通环节后，其主体并不是单一的。在个人数据上存在数据生产者、数据收集者、数据用户（数据使用者）三大基本主体。同时，数据流通和使用受相关职能部门监督，这类数据主体可被称为数据监管者。

数据主体是个非常复杂的概念，从数据来源出发，可将数据主体分为四类：数据源主体、数据控制者、数据用户和数据监督者。数据源主体是指数据生产者，是提供自身数据的最初数据来源人；数据控制者是指收集和使用数据的网络服务商、数据经纪人等数据企业；数据用户是数据流通终端的数据使用者；数据监督者是对数据控制者挖掘数据价值和使用数据进行监督的职能部门。数据生产者对数据拥有数据人格利益和数据财产利益。数据人格利益是数据生产者基于自身人格利益，如隐私利益而享有的数据利益；数据财产利益是数据生产者基于自身数据的商业价值产生的经济利益。数据控制者收集数据主要有三种方式：一是经数据源主体同意，主动向其收集；二是在本企业经营业务中收集；三是在社会公开场所收集。网络运营商、数据经纪人等数据控制者通过合法途径收集数据，付出劳动挖掘数据经济价值，生成目标产品，对数据享有财产利益。政府主管部门为公共利益服务使用数据或对数据流通进行监管，成为数据主体。

（二）体现为诸多利益内容

数据利益内容，是指数据利益的内涵形态。个人数据利益冲突在内容上体现为个人利益与公共利益的冲突、合法利益与非法利益的冲突、人格利益与财产利益的冲突。

1.个人利益与公共利益的冲突

个人利益是指民事主体（包括自然人、法人、非法人组织）追求的私人利益，如自然人的人格利益、企业的财产利益。公共利益，尽管是一个模糊的概念[①]，但它代表着特定结构的社会总体应追求的利益，如全民追求的绿色环保利益，又如作为自然人的数据主体对其自身数据有隐私权和信息控制权，但国家为了疫情防控需要而要求必要的个人数据公开，公布感染病毒的自然人的相关信息，这在实践上被称为人格保护与数据自由的冲突。数据保护，要求实现个人利益与公共利益的平衡。数据利益冲突在此视角下表现为私权利保障与公权力行使之间的冲突。就数据上的私权利而言，其表现为权利主体对其人格利益和财产利益的合法诉求。数据不仅仅产生人格利益，也产生财产利益，作为私权利保护的内容，其边界是公共利益，这也是公权力行使的最大外围。这种冲突表现为政府主管部门为了服务社会而占用个人数据，数据企业接受政府主管部门的监管实质上是公权力的行使与私权利的保护的交叉。

2.合法利益与非法利益的冲突

合法利益是指符合一个国家法律规范的利益，非法利益是指违反国家法律规范的利益。如数据交易实务中，合法的数据交易与非法的数据交易同时存在。我国大数据交易所发展举步维艰，受到非法数据交易市场的严重侵蚀，这种合法数据利益与非法数据利益之间的矛盾是当下个人数据利

---

① 梁上上：《公共利益与利益衡量》，载《社会科学文摘》2017年第1期，第77页。

益保护亟待解决的尖锐矛盾。我国目前立法尚未放开个人数据买卖，仅仅允许对通过合法途径取得并作处理后的数据进行交易。

3.人格利益与财产利益的冲突

在个人数据使用过程中，人格利益是指基于人格尊严和人格自由而享有的利益。个人数据体现数据源主体的个人信息特征，在私法上表现为主体的人格利益。人格利益受保护是宪法的要求，也是民法的要求。在个人数据使用过程中，数据源主体的人格利益是其作为人享有人格尊严和人格自由的基本价值要求。在这一过程中，法人和非法人组织作为数据收集者或数据使用者存在。根据传统人格权理论，法人和非法人组织不享有一般人格权，只享有三项具体人格权，即名称权、荣誉权和名誉权。鉴于现有民法学理论并未规定有关数据的具体人格权，因此，从理论上推理，法人和非法人组织不享有数据人格利益，仅享有数据财产利益。在数据使用过程中，数据财产利益是指数据主体因使用数据而应获得的经济收益。无论是自然人还是法人、非法人组织，均因数据增值实现商业价值而享有财产利益。数据上的人格利益与财产利益发生冲突，源于自然人的人格尊严保护与数据收集者或使用者财产利益追求的不和谐。数据收集者和使用者将其汇聚的数据作为商业资源，用以追求利润最大化，在这个过程中存在侵犯自然人人格利益的风险，如为追求经济利益而倒卖个人信息。

三、个人数据利益冲突协调的选择依据

在进行利益冲突协调时，应基于正义论的指引。正义是社会价值的最高目标。作为一种理论，正义最早可以追溯到古希腊时期。作为哲学概念，正义是对社会政治制度及人的社会活动的评价，在道德层面起到协调作用。正义观与哲学的理性观融合后形成了政治哲学，可见，最初的正义是通过政治哲学进行解释的。古希腊时期，柏拉图提出的正义论是国家正义论，他认为国家是正义的基础，没有国家就没有必要讨论正义，他勾勒了一幅体现正义的理想国蓝图。亚里士多德从政治学角度解释正义，他认

为正义是政治学上的善，正义存在于平等的秩序中，体现为分配公正[①]。亚里士多德和柏拉图均认为国家的存在是探讨何为正义的基础条件。到了文艺复兴时期，卢梭否认了柏拉图和亚里士多德的国家正义论，提出社会契约论，他认为国家是不公正的根源和基础，应当建立新的社会契约，实现社会正义与平等，社会秩序是一切权利的基础。在卢梭之后，研究正义论的主要代表有康德和边沁。康德认为正义主要是指道德正义，尽管他也承认政治正义。边沁认为正义应是功利性正义，正义是指符合大多数人的最大幸福。到了20世纪，罗尔斯在前人研究正义的基础上进行修正并形成了正义理论体系，他从社会结构角度解释何为正义，认为正义应体现为社会公正。罗尔斯认为，正义即公平，正义是评价社会制度的标准，正义的客体是社会结构，即用正义来分配公民的基本权利和义务，用正义来划分社会关系中错综复杂的利益。

在亚里士多德看来，正义的客体是人的行为。随着时代发展，到了近现代，在以罗尔斯为代表的西方思想家看来，正义是评价社会制度的道德标准，正义的对象是社会结构，应该用正义来衡量社会资源分配的公平与否，用正义分配权利和义务，用正义划分冲突的利益。罗尔斯将这种正义称为"作为公平的正义"。在罗尔斯看来，正义首先要求平等自由，其次是机会的公正平等，同时又强调差别的正当性，在此基础上平等地分配权利和义务，以及因为社会合作而产生的利益冲突，实现公平的正义和社会结构的公平。他认为正义是社会最基本的善，它要求自由、机会、财富、自尊被平等地分配和尊重。正义的内涵之关键在于"社会资源的合理占有和公正分配"。利益是价值判断的结果，有价值的利益是指正义的利益。法律追求的是价值。价值，是从主体的需求满足角度去衡量的，它追求的是社会应然性，符合主体目的性。法律价值"是指法律所具有的、对人们有意义的、可以满足人们需要的功能与属性"。价值的衡量尺度是社会主体的应当性需求的满足。正义的判断标准就是从社会价值的评判角度出发的。

---

① 马金凤、毛春洲：《西方正义论的发展脉络梳理》，载《人民论坛》2016年第25期，第196—197页。

资源具有社会性，在资源有限的社会里，如何合理分配资源，就取决于是否"正义"。社会是个体的集合，社会正义最终落脚于对个体所需的肯定，这是对人的价值平等的尊重。当个人需求与社会价值导向、社会普遍遵从的规范相契合时，个人需求被认为是正当的、善的，是正义的，是可以寻求法律保护的。社会规范应是大多数人意志的升华，善是多数人意志具备的共同特征，个人善的集合上升为社会规范，成为评判正义的尺度。当个人的利益诉求符合正义标准时，才需要思考其利益。数据上利益的冲突是因为多元利益之间产生了矛盾，其协调方法便是利益的价值判断，即正义与非正义之辨明，由此出发，进行利益衡量。

实现个人数据使用中的利益平衡，是缓和数据利益冲突的根本。数据上的利益存在不合规可能，法律不应对此类利益予以保护。协调数据上的利益冲突，需要从利益的价值层面进行判断，符合正义性的利益才是法律应予以保护的利益。正义的利益经过法律的保护，便上升为权利。但是在不同的社会制度，不同的意识形态，正义的判断标准不尽相同。在我国，正义应具有尊重人格和自由的内涵、社会服务功能的内涵以及禁止剥夺他人正当利益的内涵。

四、个人数据使用中利益冲突协调的具体路径

（一）权利的配置

通过权利配置实现和解是解决利益冲突的最佳路径。给不同主体配置权利，应遵循正义论中的维护人格尊严与自由的理念。

1.数据源主体的权利

个人数据是反映自然人特征或与其他数据结合反映自然人特征的数据，应给产生个人数据的自然人配置个人数据权利以保护其在个人数据上的人格利益和财产利益。个人数据权利是自然人享有的关于个人数据、个人信息保护的权利集。我国《民法典》将个人信息作为利益而非一项具体人格权予以保护。个人数据分为私密性数据和非私密性数据。私密性数据表现为敏感信息，是指关涉个人隐私、具有高度隐秘性，如予以公开会对

主体造成重大影响的人格性信息，如性生活记录、病例记录。私密性数据不应被公开，不应具有商业价值，产生人格利益。除敏感信息之外的信息可统称为非私密性数据，非私密性数据可被公开甚至用于商业，具有商业价值，不仅会产生人格利益还会产生财产利益，但这种财产利益并不能脱离个人数据的人格权属性。作为个人数据产生者的自然人对其数据享有决定权、查询权、更正权、补充权、封锁权、删除权和保密权，这些权利共同构成个人数据权利体系中的子权利①。个人数据权利是一项民事权利，而非一项具体的人格权。个人数据权利应被定义为：个人数据的提供者对自身数据如何使用、是否授权他人使用享有自我控制的权利，具体来说，是指个人对能够体现其身份、财富状况等自身信息的数据享有的积极权利和消极权利。如决定是否使用的权利，限制他人未经授权使用其个人数据的权利。自我控制的权利是指个人对其自身数据是否授权他人使用以及使用程度有自我决定的权利，如对其个人数据是否允许他人使用、有偿使用或无偿使用的决定权，以及权利被侵犯后是否请求救济的决定权。

2. 数据控制者的权利配置

数据控制者基于数据源主体的同意，对个人数据进行匿名化处理之后，通过数据分析产生了可使用的数据。对这类数据，数据控制者享有哪些权利以及权利的边界是什么？对于这个问题，近几年学界和实务界展开了激烈的争论，有新型财产权说、企业所有权说、知识产权说等。在数据控制者之间科学合理地分配数据权能，构建企业数据权利体系，无论对于个人数据使用规则的理论发展还是实践指导来说都十分必要。

数据控制者对其通过合法途径收集的个人数据享有财产利益，在符合正义论的利益衡量方法指引下，此类财产利益上升为数据财产权利，其本质是指数据控制者对其合法收集的数据享有占有、使用（包括加工处理）、收益和处分权能。数据控制者对数据的收集必须建立在合法基础上，获得数据原始主体的同意是前提；在合法收集数据之后实际控制数据，对数据享有处理决定权，便是对数据的占有、使用、收益和处分权。数据控制者

---

① 余筱兰：《信息权在我国民法典编纂中的立法遵从》，载《法学杂志》2017年第4期，第26—27页。

对数据的占有，分为绝对占有和相对占有：绝对占有是指对不属于原始主体个人信息的数据，而是从公共领域收集的数据进行加工处理之后的数据享有绝对占有权，其他人如要获得该类数据需要经过数据控制人的同意；相对占有是指数据控制人对经原始数据主体同意而获得的数据进行加工处理之后产生的数据享有占有权，第三人如需使用需要同时获得数据控制人和数据源主体的许可。数据控制者的使用权，是指在符合法律规定的数据收集目的、范围和使用方式的前提下，出于运营或对外经营的需要而对数据享有使用的权利；收益权，是指数据控制者以营利为目的出售数据获得收益的权利；处分权，是指数据控制者可以对其占有的数据进行处分，如转让数据。

在给数据控制者配置权利时，应考虑数据控制者的权利边界，即公共利益。当为了维护公共利益需要让渡一定的个人利益时，数据控制人不得反对，其可能丧失收益和处分权能，但依然享有占有、使用权能。数据控制者如因故意或过失导致第三人对外侵权的，应当对第三人的行为承担连带责任。

3.其他数据主体的权利

在个人数据使用中，数据合法流通并被使用，其基础是获得个人数据源主体的同意，在其授权之后，其他主体的利益才有实现的可能性。其他数据主体是指个人数据源主体和数据控制人之外的数据主体，包括数据监管人和数据用户。数据监管人的权利是指作为数据监管主体的职能部门在数据监管工作中享有的数据权利。政府既是数据管理者也是数据利用者。政府部门掌握了相当多的个人数据，这些个人数据包括可被公开的和禁止公开的，可被公开的又可分为有偿公开的和免费公开的。政府对其掌握的涉及个人隐私的数据在未经数据源主体同意的情况下不得公开，更不可交易。同时，作为数据监管人的政府部门享有数据使用监督权。

此外，数据用户的权利也需要配置。数据用户是个人数据终端使用者，其对数据的权利来源于上游主体，即数据控制人的转让。数据用户对个人数据享有的是财产权，从权能角度分析，数据用户享有使用权，表现为访问权、下载权、合理使用权。作为由数据控制人授权使用数据的主体，数据终端用户不享有对数据的绝对占有权，也不可擅自处分数据，更不可未经数据控制人同意利用该数据获利。

（二）义务与责任的配置

正义论要求尊重善的理论，禁止剥夺他人正当利益。该理念在民法中通过诚信原则予以实现。诚信原则要求利益主体双方在表达利益诉求时，呈现的是正义的利益，不欺骗和蒙蔽他人。实现个人数据利益的平衡，在配置相应主体权利时，也应配置义务以及对义务不履行时应承担的民事责任。由于个人数据使用中，数据控制人处于明显的强者地位，所以对产生数据的自然人应履行必要的义务并对自身不当行为承担必要的责任。义务与责任配置是对数据控制人的行为限制，实现数据源主体人格尊严和数据服务提供者数据利用的平衡，即数据上的自然人主体的人格保护和数据使用者使用数据的自由之间的利益平衡。个人数据人格利益包括隐私利益和一般信息利益。数据使用者对数据源主体隐私性数据的泄露会侵害其隐私利益，另外，个人数据的公共管理价值以及财富价值也成为不当收集、处理、利用和传输个人数据的重要原因。义务与责任是对权利行使的限制，是鼓励数据共享，促进数据自由流通的保障。促进数据自由流通是推动数字经济发展的必然要求。

从行为限制角度分析，数据控制人的义务包括适度使用义务、安全保障义务、公共利益维护义务，数据控制人的责任包括侵权责任和违约责任。

适度使用义务是正义论尊重他人人格与自由的善的理念的要求。适度使用个人数据的义务是指数据控制人在使用个人数据时，应遵循合理使用与必要使用原则，禁止过度使用。《民法典》第1035条规定："处理个人信息的，应当遵循合法、正当、必要原则，不得过度处理，……"据此，数据控制者在征得被收集者同意之后，应合法、正当、必要地使用个人数据，不得将其数据用于非法目的，不得泄露、出售可识别个人特征的数据。数据控制人的适度使用义务对应的是个人数据权利人的个人信息自决权。

安全保障义务是指数据控制人对开放流通中的数据尽到合理管理人的职责，可参照实体环境下公共场所对消费者安全保障义务的规定。《民法典》第1198条规定了宾馆等实体空间经营者的安全保障义务，将该条款移植到数据经营领域有其合理性。安全保障义务立法的目的是规制经营者的服务义务，随着大数据的发展，网络空间成为重要的经营场所，经营者在虚拟环境中的安全保障义务与实体空间经营者类似，将《民法典》第1198条的适用范围扩大至网络空间符合立法目的，也是保护数据权利人数据安全的要求。关于虚拟环境下经营者的安全保障义务，2018年《电子商务法》第38条第2款明确规定："对关系消费者生命健康的商品或者服务，电子商务平台经营者对平台内经营者的资质资格未尽到审核义务，或者对消费者未尽到安全保障义务，造成消费者损害的，应当承相应的责任。"

公共利益维护义务是指数据控制人在使用个人数据时，应将公共利益置于私人利益之上，这是正义论社会服务理念的要求，也是民法上利益位阶原则的要求。数据使用中的公共利益是指不特定人享有的利益，如为了促进数据自由流通，推动数据经济发展，数据控制人不得擅自垄断收集的数据，阻碍数据共享。

不履行义务，应承受相应的后果。数据控制人如果没有尽到应尽的义务，应按照侵权责任和违约责任予以惩罚和救济补偿。关于侵权责任，参照《民法典》侵权责任编中网络侵权责任制度的规定，按照特殊侵权主体来处理，数据控制人承担过错责任，在没有尽到安全保障义务的情况下，对受害人承担侵权责任。《民法典》第1194条概括规定了网络侵权责任，第1198条规定了安全保障义务责任人责任。尽管现有法律对数据控制人的侵权责任没有明确规定，但上述两条规定为个人数据使用中数据控制人承担侵权责任提供了参考。数据控制人不履行相应义务，造成他人损害的，应承担侵权责任，因第三人行为造成他人损害的，由第三人承担侵权责任。数据控制人没有尽到适度使用义务、安全保障义务，以及维护公共利益义务的，应承担相应的补充责任。《民法典》没有规定数据交易合同，数据交易参照使用一般的买卖合同的相关规定。数据是财产，数据财产受法律保护，这在《民法典》第127条已明确规定，数据成为交易对象已成为不争的事实。因数据交易合同产生的违约责任，按照一般的买卖合同违约责任处理。如数据流通使用是采用免费使用或授权许可协议的方式进行，则属于数据使用合同和数据服务合同，对于此类合同的法律性质，理论和学术界争议很多，并无一致看法。《民法典》合同编通则的相关规定，为数据使用合同和数据服务合同的违约责任承担提供了依据。

（三）公共利益的考量

正义论要求制度的设计应有社会服务的理念，正义的最高标准是实现社会公平。利益衡量之后受保护的利益应是正义的，利益衡量的基准或者说参照标准是利益的层级。利益是一个十分复杂的概念，但可以归结为两类：个人利益和公共利益。个人利益是指具体事件中的当事人的切身利益；公共利益是一个模糊的概念，但其核心含义是指符合全社会和谐发展的利益。利益位阶原则要求，在不同层级利益存在冲突时，上位利益优先于下位利益，人格利益优先于财产利益[①]。据此，公共利益与个人利益冲突时，公共利益优于个人利益。在民法中，公序良俗原则体现的个人利益和社会利益的平衡，是社会本位对个人本位的限制，要求个人权利的配置不得损害公共利益。自然人主体对个人数据享有个人信息权利，这个权利是一个权利集合，内部包含丰富的子权利，同时，此权利集合的外延不得越过数据自由流通的边界，即数据源主体的权利界限止于他人正当地自由使用数据。从所有权和使用权角度来分析，它是数据所有者的数据信息自决权和数据使用者的数据使用权之间的利益平衡。数据使用者的权利包括信息知情权、查阅权和复制权等。数据使用者使用的数据是合法流通的数据，该类数据是控制者（数据服务提供者）对个人数据正当性收集的结果。对此类数据进行整合或大数据分析之后，可能会得出关乎社会公众切身利益的公共利益信息，包括教育、医疗、环境等。

在个人数据利益冲突的和解中，政府对数据企业的数据收集、处理、利用和传输行为进行监督，以维护公共利益。在公共利益和数据企业利益

[①] 王利明：《民法上的利益位阶及其考量》，载《法学家》2014年第1期，第79页。

发生冲突的时候，公共利益优先。政府作为社会公共利益的管理者，对数据有利用权，但不得损害数据源主体的正当权利，同时政府有数据监督权，政府对数据从业者和其他数据利用者使用个人数据的行为，应尽到监督者的职责，确保数据在自由流通的同时能够安全流动。

危险接受的处理困局与破解路径

——围绕货拉拉女生跳车事件而展开

余秋莉*

摘　要：危险接受本质上涉及的是责任归属问题，即行为人与被害人共同进入危险领域所产生的危害结果的责任究竟该归属到哪一方的行为上。在过失归责中应吸收客观归责理论，形成"客观过失—危害结果的客观归属—主观过失"的判断构造。由于客观注意义务是法规范对社会整体的一般性要求，不因被害人的危险接受行为而被免除，因此判断的重点在于过失构造的后两环，即危害结果的客观归属与主观过失。对于前者，应根据被害人与行为人双方行为的共动方式（竞合型危险接受、合作型危险接受与参与型危险接受）分类别判断；对于后者，判断的关键在于能否适用信赖原则阻却行为人的主观预见。如此，通过"客观过失""危害结果的客观归属"与"主观过失"这三个阶段的层层检验，只有排除了每一层的归责阻却事由，才能将危险接受中的危害结果归责于行为人。

关键词：危险接受；过失归责；客观过失；主观过失；客观归属

一、问题的提出

刑法中的被害人危险接受，又称自冒风险、自陷风险，是指被害人认识到风险存在仍自愿同行为人一起冒险行事，致使自己的法益遭受损害的情形。在古老法谚所提倡的"不要谴责被害人"的理念下，司法实践往往

---

* 余秋莉，安徽师范大学法学院讲师、法学博士，研究方向为比较刑法学。

只重视对行为人的定罪处罚而忽略了被害人的作用。随着犯罪学理论的发展进步，被害人渐渐从单纯的受害者形象演变成了犯罪的互动者形象。犯罪学家认为，被害人与犯罪人之间是"互补的合作者"，被害人在很多场合"影响并塑造了犯罪人"，在所有的犯罪案件中，除所谓无被害人的犯罪，必然存在犯罪人、被害人及双方的相互作用①。如今，刑事归责要打破单一的行为人视角而形成考虑被害人作用的"行为人—被害人"二元视角，已成为学界的共识。在这种二元视角下，被害人自陷风险行为就成为在刑事归责中需要考虑的重要因素。由于"危险接受基本上是就过失犯罪而言"的②，因此本文限于过失犯罪领域讨论。

"我们生活在一个风险社会，冒险既迫不得已，也出于需要"③。实践中经常发生各种由被害人自陷风险行为引起危害结果的案件，在这些案件中如何评价行为人的刑事责任成为问题所在。以"货拉拉女生跳车事件"④为例，在该案中，乘车女生因与搬家公司司机发生过言语冲突而对司机产生不满和惧怕，同时发现司机在夜晚偏离正常路线后担心司机实施不轨行为，从而擅自跳下货车导致死亡结果的发生。那么货车司机是否应对跳车女生的死亡承担刑事责任？显然，女生跳车行为是典型的被害人危险接受的行为，这种危险接受行为会对行为人的刑事归责产生怎样的影响？本文拟带着这一问题展开讨论。

二、危险接受的处理困局

对于危险接受的归责问题，学界提出的观点和解决方案不下十种。各观点可谓分歧丛生，其中有一点是存在根本性对立的：一类是从否定客观不法的角度适用危险接受阻却归责，另一类是从否定主观不法的角度适用危险接受阻却归责。前者的代表性理论是被害人承诺论、被害人自我答责论、共犯理论，后者的代表性理论是信赖原则论等。本文认为，仅用一方

① 郭建安：《犯罪被害人学》，北京大学出版社 1997 年版，第 19、129 页。

② 张明楷：《刑法学中危险接受的法理》，载《法学研究》2012 年第 5 期，第 174 页。

③ 汪传才：《自冒风险规则：死亡抑或再生？》，载《比较法研究》2009 年第 5 期，第 16 页。

④ 《警方通报"货拉拉女生跳车事件"：涉事司机被批捕》，https://baijiahao.baidu.com/s?id=1693187054320681085&wfr=spider&for=pc。

思路解决问题存在片面性与局限性，以下就以当前的代表性理论为对象检视之。

（一）被害人承诺论的检视

此说主张被害人自陷风险问题都可以适用被害人承诺论解决，至于为何可适用被害人承诺论解决，根据理由的不同又可分为"行为说"与"结果说"。

"行为说"认为，被害人承诺的成立只需要有被害人对危险行为的认识与容认即可，行为人对危害结果的认识和容认并不是被害人承诺的必要条件。所以当被害人对于自陷风险行为有充分的认识与容认时即可成立被害人承诺，如日本学者田中优辉主张，同意的本质是同意者免除行为者对禁止规范的遵守，承认法益主体能够允许他人对自己实施侵害行为的根据在于，自我决定权的实现的位阶高于法益的价值。于是，在危险接受的案件中，被害人容许、甘受危险行为的实行就能够否定行为的不法，即使该行为发生了侵害结果，行为人也是不可罚的①。"结果说"承认被害人对危害结果的认识与容认是成立被害人承诺必不可少的要件，但即便如此，仍认为被害人容认了行为的危险就意味着容认了行为的危害结果，从而可将危险接受作为被害人承诺延长线上的问题处理，这样的观点被称为"准同意说"②。

"行为说"其实是认为，被害人承诺与自陷风险都是尊重被害人自我决定权的行为，所以可以等同视之。那么危险接受也可以同被害人承诺一样，通过尊重被害人的自我决定权阻却归责。但实际上，被害人承诺中被害人对结果的认识与容认是必不可缺的，只有容认了结果才能认为被害人放弃了法益③。而是否放弃了法益对于阻却不法是极为重要的，因为被害人承诺出罪的理由在于因被害人放弃了法益而欠缺了刑法保护的必要性，

---

① 田中優輝：「被害者による危険の引受けについて」，http://hdl.handle.net/2433/157408。

② 林幹人：『刑法総論』，東京大学出版会2000年版，第180—182页。

③ 曹菲：《治疗行为正当化根据研究——德日的经验与我国的借鉴》，载《刑事法评论》2011年第2期，第244页。

如果被害人本人没有放弃法益，那么被害人的法益就始终应被依法保护，被害人自陷风险就不能通过欠缺法益保护必要性原理成为违法阻却事由。"结果说"的问题在于，对行为的认识与容认不能看作对结果的认识与容认。要成立被害人承诺，必须要有本人对危害结果的现实的认识与容认，这一要件不能根据对危险行为的认识与容认而得出，否则就是"否认了危险接受的现象"①。而且，被害人承诺是因为尊重被害人放弃法益的自我决定而阻却违法，放弃法益的前提是被害人能够认识到具体的危害结果并且容认该危害结果的发生。否则，如果被害人连将容认怎样的危害结果都无法确定，又如何谈得上放弃法益呢？

（二）被害人自我答责论的检视

该观点认为在自由的法秩序社会中，管辖着风险的法益主体优先负有防止风险现实化的义务，违背了该义务致使风险被现实化的就应由风险管辖主体承担责任。因此，属于被害人风险管辖领域内的危害结果就应该由被害人答责。根据该理论，无论是自我危害化行为还是他者危害化行为②，都是法益主体主动将自己暴露在危险之中的行为，违反了风险管辖义务，因此应该由法益主体对危害结果负责。根据该理论，对于危险接受中的自我危害化行为，可以很容易地根据"被害人自我负责地接受风险，那么就截断了其他行为人对该风险的管辖"③的原则排除行为人的责任。但是对于他者危害化行为，大多数学者都对被害人自我答责理论的适用作出了一定限制。例如有学者设定的自我答责的必要条件之一是，被害人在风险创设中必须决定性地共同发挥作用，其行为需要满足单独正犯或者共同正犯的标准。日本学者盐谷毅教授也认为，在危险接受中通常只有当被害人处于正犯地位时才能由被害人自我答责。在自我危害化情形中作为正犯的被

---

① 张明楷：《刑法学中危险接受的法理》，载《法学研究》2012年第5期，第175页。

② 自我危害化，即被害人实施使自己的法益陷入危险的行为，行为人参与其中，因此引起法益侵害结果的情形；他人的危害化，指被害人虽然认识到行为人实施的危险行为具有侵害自己法益的危险，仍允许行为人实施该行为，因此导致法益侵害结果发生的情形。参见江溯：《日本刑法上的被害人危险接受理论及其借鉴》，载《甘肃政法学院学报》2012年第6期，第86页。

③ 庄劲：《被害人危险接受理论之反思》，载《法商研究》2017年第2期，第56页。

害人具有答责性，而在他者危害化情形中，通常处于正犯地位的是支配着危险的行为人，被害人因处于共犯地位而不具有答责性，除非被害人像间接正犯那样对事态整体掌握了"主动权"①。

风险管辖原则成立的前提是法益主体能够控制、支配风险，只有能够控制、支配风险才能肯定法益主体的风险管辖义务。但是，无论是风险行为的实行者还是风险行为的参与者，在风险现实化之际都是无法控制风险的。例如，醉酒驾车的驾驶员因反应不及时、操作不当而发生了交通事故，对于事故的发生并不是醉酒驾驶员在行为时能够避免的。因此，处于风险中的人在风险现实化之际是欠缺风险控制能力的，否则有风险控制能力而不避免结果发生就成为故意犯而不是过失犯了。同时，也不能将单纯开启风险的行为作为判断拥有风险控制能力的根据，因为这种观点会推导出所有参与风险的行为人都有风险控制能力，从而造成任何人都应对自己的损害结果承担责任的局面。

（三）共犯论的检视

共犯论的基本思路是：在过失共动的危险接受场合，如果能够认定被害人成立正犯，那么行为人作为过失共犯就不可罚；反之，如果能够认定行为人成立正犯，那么通常就不能否定行为人的过失罪责。持此主张的张明楷教授首先区分了自我危害化与他者危害化两种危险接受类型，认为在自我危害化类型中被害人支配着危害结果的发生因而处于正犯地位，行为人处于共犯地位，由于被害人的正犯行为不符合任何犯罪条件，那么根据共犯从属性理论，作为共犯的行为人也不构成任何犯罪。在他者危害化的场合，通常情形下是行为人支配着危害结果的发生，因而行为人是正犯，被害人是共犯，此时不能否定行为人成立犯罪。但是如果当被害人通过强制行为或者优越知识支配着因果进程时，那么就可以认为被害人处于间接正犯的地位，这种情形下行为人的行为就不构成犯罪②。

共犯论被质疑，有人认为不能将被害人与行为人作为一个犯罪共同体

---

① 塩谷毅：『被害者の承諾と自己答責性』，法律文化社2004年版，第369页。

② 庄劲：《被害人危险接受理论之反思》，载《法商研究》2017年第2期，第60页。

对待。因为共犯论解决的是两个以上的行为人是否构成共同犯罪以及如何承担刑事责任的问题，而在危险接受中的被害人无论如何都不构成犯罪，只成立行为人的单独犯罪，运用共犯论解决危险接受问题是荒谬的①。但其实，这里的共犯论只是借用共同犯罪中分析各行为人对结果的贡献作用的判断方法，类比判断被害人与行为人对危害结果的贡献作用，被害人不构成犯罪并不意味着不能将被害人与行为人作为一个犯罪共同体考察各自对犯罪结果的贡献作用。共犯论可能面临的问题是，如果被害人与行为人均对危害结果起到了支配作用，那么行为人是否构成过失犯罪呢？对此，根据盐谷毅教授自我答责下的共犯论，由于作为法益主体的被害人对自己的法益负有第一管辖责任，所以对于该危害结果应由被害人自我答责，因此排除了行为人的过失责任②；但根据张明楷教授的危险支配论下的共犯论，支配危险行为的参与人都是正犯，正犯不能通过共犯从属性免除责任，因此行为人构成过失犯罪③。由此可见，两种共犯论在此问题上会得出截然相反的结论。这其实是由规范立场的不同引发的问题，前者采用的是被害人的规范立场，而后者采用的是行为人的规范立场。对此，后文再作进一步检视。

（四）信赖原则论的检视

该观点的基本思路是：将被害人的危险接受作为判断信赖原则成立与否的重要因素，同时又将信赖原则作为行为人是否具有主观预见可能性的一般判断原则，于是被害人的危险接受就通过信赖原则影响到行为人的主观预见可能性。深町晋也教授是这一观点的主要倡导者，他认为，在危险减少的要素被提高到一定的经验规则的情况下很少会发生结果，在信赖这样的经验规则的情况下，只要在具体的情况下打破经验规则的事实是不可预见的，就不能承认行为人具有处罚所必要的高度的预见可能性，只要被害人会保护自己利益的经验规则存在，行为人就能信赖在没有特别事由的

① 庄劲：《被害人危险接受理论之反思》，载《法商研究》2017年第2期，第60页。
② 盐谷毅：『被害者の承諾と自己答責性』，法律文化社2004年版，第369页。
③ 张明楷：《刑法学中危险接受的法理》，载《法学研究》2012年第5期，第179页。

情况下，当自己的法益发生危险时被害人会采取行动保护自己的法益①。在这一观点下，被害人对危险的认识是必要的，因为只有被害人认识到了危险才能信赖被害人会采取结果回避措施，如果没有危险的认识或者仅有危险的认识可能性，就不存在被害人发动保护自己利益本能的契机。

不过，信赖原则的成立条件向来严苛，并不是只要有被害人危险接受行为就能够成立。通说认为还需要存在明确的分工、信赖具有相当性、被信赖者具有实质的控制权限等条件，即使采取宽松的标准也至少需要存在实质的信赖关系。即使认为在危险接受的情形下可以适用信赖原则阻却归责，但也并不意味着只有适用信赖原则才能阻却责任，如果可以在客观归责阶段阻却责任那就没有必要在主观归责阶段适用信赖原则。

综览上述观点，可以说各学说基本上都承认危险接受为被害人的一种自由选择，具有影响行为人过失成立的作用，只是在为危险接受如何能阻却过失犯的成立寻找不同的根据罢了。被害人承诺论、被害人自我答责论与共犯论是从否定客观不法的角度寻找根据，而信赖原则论则是从否定主观不法的角度寻找根据，这些理论因为自身的局限在应对危险接受问题上都存在掣肘。其实，否定客观不法的路径与否定主观不法的路径并不是对立关系而是互补关系，不能将两者完全割裂开来，只不过究竟该如何沟通、联系两者阻却责任尚需深入探讨。

三、危险接受阻却归责的破解路径

危险接受所要解决的是过失犯的归责问题。传统的过失论②如旧过失论、新过失论、新新过失论等均认识到了注意义务的重要性，但忽视了危害结果的客观归属判断问题。客观归责论者认为，只有当结果属于行为人的作品时才能将结果归责于行为人③。所以在判断行为人是否对危害结果的发生承担过失责任时，危害结果的客观归属判断是不可或缺的。如果不能将危害结果客观地归属于行为人的行为，就意味着不能让行为人对危害

---

① 深町晋也：「危険引受けについて」，『本郷法政紀要』2000年第1期，第127页。
② 这里所谓的传统的过失论是相对于客观归责论而言的，无关观点的新旧、时间的前后。
③ 冯军：《刑法问题的规范理解》，北京大学出版社2009年版，第129页。

结果的发生承担过失责任。因此，应在传统的过失判断中加入"危害结果的客观归属判断"环节，形成"客观过失—危害结果的客观归属—主观过失"的过失判断构造。这三个环节是没有前者即没有后者，任何一环都可独立阻却过失归责的关系，因此要判断危险接受对过失归责的影响，就需要分别从这三环节入手分析。

（一）危险接受与客观过失

"客观过失"要判断的是行为人有无违反客观注意义务，此为整个过失犯判断的起点。在行为人与被害人共动的案件中，如果被害人自陷风险的行为能够免去行为人的客观注意义务，那么行为人的过失责任就当然能够被阻却。问题的关键是，行为人的客观注意义务能因被害人的自陷风险行为而被免除吗？

从我国刑事判例来看，对于被害人自陷风险的行为，无论是自我危害化还是他者危害化的情形，基本上都检讨了被告人有无违背客观的注意义务。典型的被害人自我危害化的案例有"赌气跳车案"[1]"逃避追捕坠楼案"[2]"拼酒致酒精中毒案"[3]等，即使被害人自我危害化地发生了死亡结果，司法机关仍然因为被告人违背了注意义务而追究了被告人的刑事责任。典型的他者危害化案件有"醉酒驾驶翻入水塘案"[4]"无证醉酒驾驶撞车案"[5]等，司法机关也同样追究了行为人违反注意义务的过失责任。

当然，如果行为人未违反任何注意义务肯定不承担过失责任，但如果

① "赌气跳车案"基本案情：同乘的被害人与正在驾驶的被告人激烈争吵后赌气跳车，后经抢救无效死亡。参见甘肃省武威市中级人民法院（2018）甘06刑终53号刑事附带民事判决书。

② "逃避追捕坠楼案"基本案情：被害人为逃避门外警察追捕，请求被告人协助自己从高楼窗户下坠逃跑，结果坠楼而亡。参见新疆生产建设兵团第十二师中级人民法院（2018）兵11刑终5号刑事裁定书。

③ "拼酒致酒精中毒案"基本案情：被害人与被告人等在拼酒过程中饮酒过度，导致酒精中毒身亡。参见湖南省宁乡县人民法院（2014）宁刑初字第00610号刑事判决书。

④ "醉酒驾驶翻入水塘案"基本案情：两名被害人明知被告人醉酒驾驶仍然乘坐其车，结果车辆翻入道路西侧的水塘内，导致被害人死亡。参见安徽省灵璧县人民法院（2013）灵刑初字第00482号刑事判决书。

⑤ "无证醉酒驾驶撞车案"基本案情：被害人明知道被告无证醉酒开车仍然冒险乘坐该车，结果因车祸身亡。参见安徽省阜南县人民法院（2015）南刑初字第00247号刑事判决书。

有违反注意义务的行为，且行为人的过失行为与被害人的自陷风险行为共动地导致危害结果的发生，此种情形下就不能完全撇开行为人的行为而只看被害人的行为，而是需要判断双方行为对危害结果的作用大小，这说明被害人自陷风险行为并不能当然免除行为人的注意义务。

（二）危险接受与危害结果的客观归属

在行为人行为与被害人行为共动导致危害结果发生的案件中，如果判明了行为人存在过失行为，那么接下来需要判断的则是能否将危害结果归属到行为人的过失行为。本文依据行为人与被害人双方行为的共动方式，将被害人危险接受分为以下三种类型分别讨论。

1.竞合型危险接受的归属判断

竞合型危险接受是指行为人行为与被害人行为竞合地导致了危害结果。这里"竞合"的概念可参照"竞合过失"的定义，所谓"竞合过失"，是指"不具有共同注意义务的复数行为人各自违反自己的注意义务，共同产生同一危害结果的复合过失形式"[1]。由此可以看出，"竞合"就是不具有共同注意义务的各主体的行为分别独立地作用于结果。典型的如体育竞技活动中双方行为竞合地造成了伤亡事故、道路交通中双方违规驾驶导致了交通事故等。在此种类型的危险接受中，通常行为人与被害人双方都对结果的发生起到了作用，所以既可能将结果归属于行为人行为，也可能将其归属于被害人行为。那么如何判断危害结果的客观归属呢？

从我国的相关规定来看，竞合过失情形下如要启动刑事责任至少要求行为人的行为对结果的发生负有"同等作用"（同等责任）。例如，2000年最高人民法院发布的《关于审理交通肇事刑事案件具体应用法律若干问题的解释》第1条明确规定，判断交通肇事者的行为是否构成犯罪需"在分清事故责任的基础上"进行[2]。该司法解释第2条第1款则根据结果的严重

---

① 张亚平：《竞合过失下刑事责任的分配》，载《中国刑事法杂志》2006年第4期，第25页。

② 《关于审理交通肇事刑事案件具体应用法律若干问题的解释》第1条："从事交通运输人员或者非交通运输人员，违反交通运输管理法规发生重大交通事故，在分清事故责任的基础上，对于构成犯罪的，依照刑法第一百三十三条的规定定罪处罚。"

程度对肇事者的犯罪成立规定了不同要求：死亡1人或者重伤3人以上，行为人需负事故全部或者主要责任；死亡3人以上，需负事故同等责任。第2条第2款则规定了肇事者的过错对其犯罪成立的影响：在酒后或吸食毒品后、无驾驶资格等情形下驾驶机动车导致交通事故，致1人以上重伤、负事故全部或者主要责任的，肇事者即可构成犯罪。由此可见，在交通事故中只有在肇事者的行为对结果的发生负有"同等作用"及其以上作用时才构成交通肇事罪。交通事故属于典型的多方行为竞合地导致危害结果发生的情形，要求在交通事故的责任认定中行为人的行为负有"同等及其以上的作用"（本文称为"重要作用"）才构成犯罪，那么在其他竞合情形下也应要求行为人的行为对危害结果的发生起到了重要作用。因此，在竞合过失下应根据"重要作用说"来判断危害结果的客观归属。

2.合作型危险接受的归属判断

合作型危险接受是指具有共同注意义务的行为人与被害人形成一个共同体共同地导致了危害结果的发生。在此种类型的危险接受中，行为人与被害人因负有共同的注意义务而形成一个"你中有我、我中有你"的危险共同体，双方互相利用对方的行为作为自己行为的延长线，既然是有意利用他人行为那么就可以将他人行为规范地评价为自己的行为[1]。所以各行为主体对由危险共同体行为导致的危害结果负责，并不是对他人行为负责而是对自己行为负责。因此，只要行为人与被害人形成了一个过失共同体，那么无论是行为人还是被害人都应对过失共同体所造成的危害结果负全责。

对于共同体的认定，本文赞成通说主张的"共同注意义务说"。该说认为，各共同行为者基于相互利用、补充的关系形成回避结果发生的共同的注意义务。具有共同注意义务的各行为者不仅有防止自己过失行为的义务，亦有防止他人过失行为的义务。由于注意义务的本质为能力维持规范，共同注意义务就是共同维持能力规范，这种共同维持包括两种类型：一种是能力分担型，即任何一方的行为对于遵守规范的能力维持都是不可

---

① 余秋莉：《过失共同犯罪的"共同性"探究及其应对》，载《刑事法评论》2017年第1期，第154页。

欠缺的，大家需要将能力结合在一起才能共同具备规范遵守能力。典型的例子如划船队中大家各拿一只船桨协作划船，登山队中大家共同拉一条绳子协作登山，医疗团队中大家分工协作实施手术。二是能力共享型，即各行为主体都独立具有维持遵守规范的能力，由于大家形成了一个危险共同体而彼此分享对方的规范维持能力。典型的如在教练车中驾驶员与教练都具有刹车能力。如果一方的能力对另一方维持规范能力没有任何影响，那么就不能认为该行为主体间能形成危险共同体。对于由危险共同体造成的危害结果，各行为主体都应对该结果负全责。因此，如果行为人与被害人之间因负有共同注意义务而形成了危险共同体的话，那么危害结果就应归属于这个共同体，共同体中每一个主体都是结果的归属者。

3.参与型危险接受的归属判断

参与型危险接受是指由行为人或者被害人一方的行为导致了危害结果，另一方单纯地参与到该行为中的情形。既可以是行为人参与到被害人的危险行为中，也可以是被害人参与到行为人的危险行为中。在参与型危险接受中，导致危害结果的行为只有一个，自然也只能将结果归属到一个行为上（通常为实行行为，但存在他人支配的情况除外）。例如乘客自愿乘坐他人危险驾驶的车辆，患者自愿接受没有医疗资质的行为人的诊疗，被害人自愿吸食毒品而行为人提供注射器等情形。在这些参与型的危险接受中，参与者的行为至多只能说是引发危害结果的条件行为，但不能认为是引发危害结果的原因行为。虽然参与者在主动参与到危险行为或者主动开启危险的因果流程上具有一定的过错，但是实施危险行为的决定权始终在实行行为一方，实行行为者完全可以拒绝被害人参与或者拒绝被害人开启因果流程。所以，实行行为者是行为实施的最终决定者，而且也是行为实施的支配者，危害结果只能归属到实行行为者一方而不能归属到参与的一方。不过，被害人的过错参与行为虽不影响行为人的定罪，但会影响行为人的量刑。

因此，在危险接受情形下，当行为人为危险行为的单纯参与者时（被害人自我危害化类型），不能将危害结果归属于行为人行为，只有当行为人是危险行为的实行者时（他者危害化类型），才有将危害结果归属于行

为人行为的可能。在后一种情形下，危害结果的客观归属判断与一般情形
中的判断没有本质区别，都是判断能否将危害结果看作行为人的作品，能
否将危害结果归属到行为人的行为上。对于结果的客观归属判断标准，如
上所述，本文采用"重要作用说"，即只有当行为人的实行行为对危害结
果的发生起到了重要作用时，才能将危害结果归属于行为人的行为。

（三）危险接受与主观过失

注意义务是客观的，但是义务的履行能力却是主观的，因此与客观过
失相对应地存在着主观过失。而主观过失中与危险接受密切关联的是行为
人的结果预见能力问题：如果被害人的危险接受行为能够影响行为人的预
见能力，那么就可能阻却行为人的主观过失。前述信赖原则论即认为，被
害人的危险接受行为促使行为人信赖被害人会自我保护，从而降低了行为
人的结果预见可能性，因此使行为人欠缺处罚所必要的高度的预见可能
性。简言之，危险接受通过信赖原则这一中间桥梁阻却了行为人的主观预
见，进而阻却了行为人的主观过失责任。

但问题的关键是，在危险接受中可以适用信赖原则吗？传统观点认
为，信赖原则只能在诸如交通、医疗等具有社会相当性且存在具体的分
工与明确的安全操作规则的领域适用，而且一般来说，如果行为人自身
有违反注意义务的行为就得排除信赖原则的适用。因为如果不对信赖原
则的适用范围加以限制，就会导致该原则的滥用从而减损对社会公益的
维护。但是这种限制观点是否具有合理性却值得深思。社会生活本质上
是一种社会交往活动，在这种交往活动中与他人发生互动关系是不可避
免的，为了使交往活动顺利、高效地进行，就有必要限制参与交往活动
各方的责任。而信赖原则是建立在信赖关系基础上的责任限制原则，它
的中心思想是人们相互之间对于他人遵守共同规则采取适当行动的信
赖[1]。因此，只要行为人之间或者行为人与被害人之间存在实质的信赖关
系，就不影响信赖原则的适用。危险接受中危害结果是由行为人与被害
人的互动行为所导致的，只要双方之间对这种互动行为存在实质的信赖

---

[1] 张小虎：《注意义务阻却事由之探究》，载《求是学刊》2004年第3期，第75页。

关系就存在信赖原则的适用余地①。

客观注意义务是法规范对社会整体的一般性要求，通常不会因被害人的危险接受行为而被免除，因此判断的重点在于过失构造的后两环，即危害结果的客观归属与主观过失。对于前者，应根据被害人与行为人双方行为的共动方式（竞合型危险接受、合作型危险接受与参与型危险接受）分类别进行判断；对于后者，判断的关键在于能否适用信赖原则阻却行为人的主观预见。如此，通过"客观过失""危害结果的客观归属"与"主观过失"这三个阶段的层层检验，只有排除了每一层的阻却归责，才能使行为人对被害人的自陷风险行为承担过失责任。

四、结论

回到文首"货拉拉女生跳车事件"，货车司机在发现女生准备跳车时未予制止，当女生从车窗坠落时也未紧急刹车，显然未尽到安全驾驶的客观注意义务，但是能否将女生的死亡结果归属到货车司机身上呢？这就需要判断货车司机的行为是否足以令普通女性跳车。如果在其他女性看来货车司机的行为确实威胁到了自身安全，唯有跳车保护自己，那么就可以认定货车司机的行为对于女生的跳车行为起到了重要作用，从而可将结果归属到货车司机身上。本案中，女生搬家的车程不过十几分钟，且双方未有任何肢体冲突，货车司机也未曾作出猥亵动作或表达出伤害的意向，虽然事前双方有过言语冲突且货车司机晚上行车偏航，但难以认为这会使一个成年的、有危险预见能力的女性跳车，所以货车司机的行为虽对事件的发生有推动作用但尚未达到重要作用的程度。换言之，本案货车司机尽管有过错但尚不足以成立过失致人死亡罪。

---

① 张亚平：《交通犯罪与过失理论的发展——兼谈信赖原则在我国交通肇事罪过失认定中的适用》，载《浙江社会科学》2006年第5期，第98页。

前沿问题聚焦

网络黑灰产态势及刑事治理刍议

周　芬*

摘　要： 新型网络犯罪以互联网为犯罪空间，呈现出平台独立性、产业革命性、技术复杂性等特征，且催生出各类组织严密、分工精细的网络黑灰产，给司法机关查办打击带来全新挑战。从实务视角分析，当前网络黑灰产在技术的加持下快速发展出上、中、下游产业链条，刑事实务打击中面临着技术手段不精、立法相对迟滞、司法标准不一等诸多障碍。然而，网络空间立法体系并非完全束手无措，现有法律规范结合共犯、罪数、构成要件限缩等理论可以在一定程度上架构起针对网络黑灰产的刑事司法认定规则。同时，融合技术理念、司法效率和社会职能，将有助于探索社会共治网络黑灰产的有效路径。

关键词： 网络犯罪；网络黑灰产；技术中立；法益；概括印证

一、新型网络犯罪及网络黑灰产

（一）网络犯罪及其演化

关于计算机或者网络的犯罪，虽然不同时期曾有"计算机犯罪""网络犯罪""数字技术犯罪""电子犯罪"等多种称呼，但均以"通信网络"为主要载体，故以现有通用的"网络犯罪"指代与计算机和通信网络相关

＊周芬，浙江省宁波市人民检察院第一检察部副主任、法学硕士，研究方向为中国刑法学。

的犯罪相对可取。网络犯罪是指在网络环境下，利用信息与通信技术或者滥用其技术优势地位所实施的威胁网络安全、侵害法律所保护利益的行为①。有学者提出，在过去20多年，我国网络犯罪经历了由计算机犯罪到网络犯罪再到网络空间犯罪的三次样态转变②。互联网的代际发展使网络犯罪也经历了以互联网为犯罪对象、犯罪工具和犯罪空间的三个阶段。第一阶段多表现为非法侵入或破坏计算机信息系统犯罪；第二阶段多表现为利用计算机实施侵财犯罪、侵犯个人信息犯罪等；第三阶段网络空间作为整个犯罪空间，其犯罪模式更加多元化、多变化、复合化，难以用几个罪名来简单概括，应该说其全方位体现出对网络公共安全、管理秩序、人身和财产等法益的侵害，故又被称为新型网络犯罪。

（二）网络黑灰产概念辨析

新型网络犯罪形态呈现出多元化特征，且随着技术迭代升级，已归集发展成一个又一个的网络黑灰产业群。有学者提出，网络黑灰产是以虚拟网络空间为场所，以中立性技术为依靠，以谋取不正当利益为动机，以非犯罪技术或行为为表象，以实施违法犯罪行为为实质的社会分工组织形式③。该定义根据犯罪动机和犯罪目的，实质性地界定了一个技术或者手段行为是否触犯刑法构成犯罪，从刑事规制的视角分析有着积极的意义。司法实务中也有观点认为，网络黑灰产是指利用网络开展违法犯罪活动的行为，包括电信诈骗、钓鱼网站、木马病毒、黑客勒索等黑色、灰色产业链④。该定义更像是一种务实的归纳。

网络产业模式发展变化较快，想要及时、有效、完整地评价纷繁复杂的网络现实比较困难。在现代汉语中，黑色产业通常是指非法产业，灰色产业通常是指不完全符合法规或者不正常、不透明的产业。综合两者可以

---

① 刘军：《网络犯罪治理刑事政策研究》，知识产权出版社2017年版，第19页。

② 皮勇：《网络黑灰产刑法规制实证研究》，载《国家检察官学院学报》2021年第1期，第18页。

③ 刘宪权：《网络黑灰产上游犯罪的刑法规制》，载《国家检察官学院学报》2021年第1期，第4页。

④ 王金城、李燕萍：《"黑灰产"背景下打击信用卡信息犯罪的实践与思考》，载《中国检察官》2020年第9期，第37页。

认为，黑灰产业是指非法或非完全合法的产业。本文探讨的网络黑灰产，是指在网络空间中，以技术或者平台为支撑，以实施或者协助实施逃避法律监管、犯罪等行为为主要活动，进而形成的有组织、有分工、规模化的产业链条或产业整体。

（三）网络黑灰产特点分析

1.组织分工精细，产业链条复杂

网络黑灰产内部组织严密、分工明确、反侦察意识强，有专人负责研发平台、截取数据、引导流量、资金支持等。可以说不同的网络犯罪环节均存在黑灰产，且已发展出上、中、下游产业链条盘根错节的产业群。上游环节有专业组织提供"挂马"等技术工具，中游环节有专业组织获取用户信息、进行数据清洗，下游变现环节有专业组织负责广告结算、平台运营等。越来越多的黑灰产以公司化、集团化模式运营，利用各类合法优质平台进行宣传，迷惑性极强，各种灰黑产助推更多网络不法分子实现"无痕化"犯罪。

2.以非接触式为主，不受空间地域限制

传统犯罪中，犯罪人与被害人之间多是正面接触、直接联系的，但网络是一个开放性、交互性的平台，各类网络黑灰产实施或者协助实施的违法犯罪行为基本上无须正面接触被害人即可达到不法目的。因此，主体通常相对隐蔽，网络用户难以辨识数据符号背后的犯罪面孔，加大了侦查难度。4G、5G网络的发展及移动终端设备的普及，更使得各种网络黑灰产不再受制于平台、行业、地域，信息交互无时无刻不在进行，藏匿其中的违法犯罪无孔不入，如黑灰产可轻易利用一些国外加密聊天软件进行违法交易，通过租借境外服务器进行远程攻击或流量劫持等。跨地域性影响了案件管辖，近几年司法中逐步放宽对网络犯罪地的理解，就是为了堵上逃避打击的各个"隐形门"。

3.行为方式多样化，危害结果多元化

网络黑灰产的作案手段具有高度智能化、技术化等特征，新型平台、技术手段等不断翻新迭代。"跑分""嗅探""爬虫""网络劫持"等各种方

式层出不穷，网络造谣、网络诈骗、网络盗窃、跨境网络赌博、网络色情、网络洗钱等各种犯罪行为充斥着网络的隐秘角落。一些犯罪单次行为就能引起较严重的损害结果；一些犯罪短期看单次行为危险性低，但其长期累积会对人民群众的合法权益和社会安全稳定造成严重的危害。此外，还有一些行为看似提供"中立"的技术支持，实则是鼓励或放任不法分子用于犯罪，危害巨大。

二、网络黑灰产实务观察

根据南都大数据研究院、南都新业态法治研究中心和阿里巴巴集团安全部联合发布的《2018网络黑灰产治理研究报告》，网络黑灰产可分为技术类黑灰产、源头性黑灰产、平台类黑灰产以及实施各类违法犯罪行为的黑灰产。百度时代网络技术（北京）有限公司和公安部第三研究所网络安全法律研究中心联合发布的《2020网络黑灰产犯罪研究报告》将当前网络黑灰产分为内容秩序威胁型黑灰产、数据流量威胁型黑灰产、技术威胁型黑灰产、暗网四类。笔者结合行业分类及司法实务打击现状，将当前比较盛行的网络黑灰产分为以下五类。

（一）提供非法App等技术支持的软件黑灰产

当前，一些技术黑灰产围绕电信网络诈骗等各类犯罪团伙需求，"量身定制"各类虚假交友、刷单、购物、理财App。如可以随意更改数据的外汇交易等诈骗App，可以非法获取手机通讯录和短信内容的裸聊敲诈App等，或者为App提供认证服务，成为诈骗犯罪的重要"助攻"。据了解，2020年7月，浙江宁波警方抓获一个专门为境外多个裸聊敲诈、网络诈骗团伙开发App软件的犯罪团伙，经过对涉案APK开发平台上服务器数据的分析，发现该团伙共制作开发百余款涉诈、涉黄、涉赌类App软件。

（二）提供通信工具、网络账号平台的账号黑灰产

提供通信工具、网络账号平台的账号黑灰产一般涉及上游、中游和下游的密切合作。上游通常与运营商内部人员勾结，提供未投入市场、未激

活的"空号卡";中游负责管理"猫池""卡池",连通运营商服务器用以注册账号、收发验证码,并在接码平台销售谋利;下游将账户用于实施电信诈骗、刷信誉、"薅羊毛"等违法犯罪行为。具体流程如图1所示。

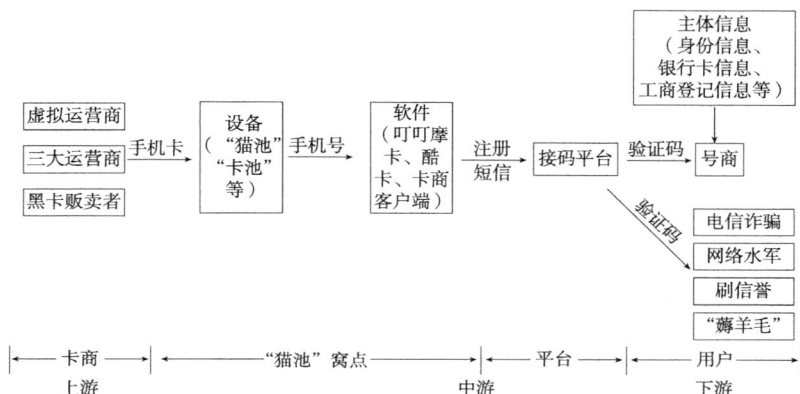

图1 账号黑灰产上、中、下游合作示意

(三)利用流量劫持等提供吸粉引流服务的推广黑灰产

笔者曾办理过一个推广黑灰产案件:行为人在运营商核心链路设备上假设恶意代码,对上网用户访问网站的原始JS地址数据进行篡改,导致用户在访问网站过程中被强制弹出广告链接。行为人通过上述流量劫持方式短期内赚取广告推广费用上千万元,影响了千万用户。此外,全国各地还频见SEO优化推广、回退劫持、木马劫持、路由器劫持、无感刷单等各种非法推广黑灰产。

(四)以"爬虫""撞库"等获取个人信息的数据黑灰产

数据黑灰产主要表现为通过黑客入侵或批量"撞库"等方式,从数据服务商处非法爬取数据出售给中间商,再由中间商进行数据清洗和验证后出售给他人。这些数据大多被运用于暴力催收、电信网络诈骗等犯罪。另有一些团伙通过研发"爬虫"软件,并与企业内部人员合作,从后台非法抓取企业商业秘密、客户个人信息等用于谋利。数据黑灰产具体流程如图2所示。

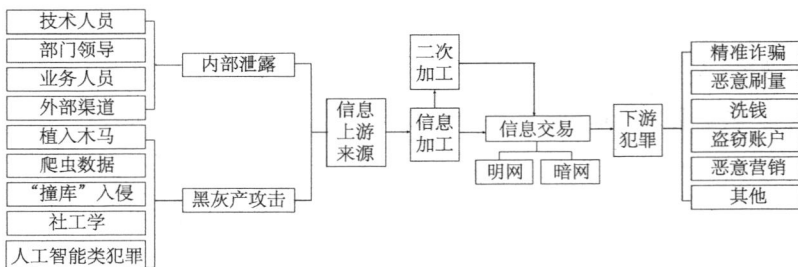

图2　数据黑灰产流程

（五）用"多聊""跑分"提供资金服务的结算黑灰产

在移动支付越来越普及的当下，违法犯罪活动也开始利用该项技术，因而催生出一些结算黑灰产。2020年底，浙江富阳警方破获一起为赌博网站提供资金结算的"跑分"平台案。某团伙成立公司，对接各小型支付平台，并大量发展下游"码商"，在各网络购物平台注册店铺，利用虚假交易的代付二维码，为境外赌博网站提供资金结算服务，半年间涉案资金近亿元。另有一些团伙研发即时通信软件，对接棋牌游戏平台，提供登录接口，放任赌博人员在App上创建群组，为棋牌赌博提供资金结算服务。

三、网络黑灰产的刑事治理

（一）现有规制障碍

1."技术中立"理念在一定程度上掣肘对网络黑灰产的规制

1984年，美国联邦最高法院在"环球电影制片公司诉索尼案"中确立了"技术中立"原则，即某项产品或者技术被用于合法用途还是非法用途，并非产品或者技术的提供者所能预料和控制的，因而不能因为产品或技术成为侵权工具而要求提供者为他人的侵权行为负责。这一原则后被应用于网络犯罪案件中，尤其在"快播案"中被引用且引起广泛讨论。在网络化的大背景下，网络中立帮助行为被认为是中立帮助行为的一种重要表现形式。通常认为，技术中立行为主体在客观上从事的是业务行为，主观上不但缺乏与实行行为人的通谋，而且不存在促进实行行为的意思，难以被归入共同犯罪之中①。此外，随着网络与信息技术的发展，"无犯意的技术中立行为不可罚"这一观点成为打击网络黑灰产路上的理念障碍。

2.传统共犯认定标准难以直接适用于网络黑灰产

共同犯罪要求有共同故意及部分共同行为。意思联络是共同故意的关键，但网络共犯在意思联络的内容和方式上对传统共犯理论提出了挑战。网络黑灰产中技术环节的隐蔽性导致技术服务主体与实行犯之间的犯意联络趋于模糊化，既无法确知对方身份，更无法全面了解对方的犯罪行为，主观上难以厘清双方的犯意联络，客观上也无法将双方数字符号间的配合想当然认定为帮助行为，导致难以按照传统犯罪逻辑将网络黑灰产认定为共犯或帮助犯。

3.现有罪名逻辑关系与标准并未统一

在共犯认定存在障碍的情况下，近年来我国相继规定了拒不履行信息网络安全管理义务罪、非法利用信息网络罪和帮助信息网络犯罪活动罪等，从立法层面规制各种新型网络犯罪。但实践中拒不履行信息网络安全管理义务罪案例数量极少，且存在类似情节分别被判处非法利用信息网络罪、帮助信息网络犯罪活动罪的情况，还有的案例一审认定为构成开设赌场罪的共犯，二审改判为帮助信息网络犯罪活动罪。上述情况反映出，网络黑灰产技术环节刑事规制中对于是否认定共犯、不认定共犯的情况下定何种罪存在认定标准不一、构成要件弹性大、罪名适用率不高等现象。

（二）对于网络黑灰产的刑事认定分析

1.关于技术中立的思考及刑事认定逻辑

我们身处后工业文明向信息文明转换的社会，没有绝对中立的技术，就像持刀杀人行为，不能因为认定刀是中立的，就放弃追诉持刀者的故意杀人罪，故刑事犯罪中并无所谓"中立说"。无论是法益侵害说还是规范违反说，均认可刑法的目的是保护法益。分析某类行为构成何罪，关键在

---

① 赵运锋:《帮助信息网络犯罪活动罪的立法依据与法理分析》,载《上海政法学院学报》2017年第1期,第21页。

于全面解析其侵犯了何种法益，所定罪名能否全面覆盖、充分评价已经被侵犯的法益。从现有的刑法罪名体系来看，网络黑灰产可能构成诈骗罪、盗窃罪、侵犯公民个人信息罪等共同犯罪，也可能单独被认定为破坏计算机信息系统罪、帮助信息网络犯罪活动罪等。准确厘清罪名的逻辑在于：先区分技术行为与正犯行为是否构成共同犯罪，再结合具体构成要件辨析罪名，最后讨论罪数竞合问题。

2. 关于共同犯罪的认定

相比于传统共同犯罪的一对一模式，网络黑灰产犯罪呈现出更多"一对多、多对多"的帮助模式，共犯认定中两个典型的障碍是"明知"与"被帮助对象因罪量因素不构成犯罪"。首先，针对"明知"，笔者认为可借鉴毒品犯罪的证明模式，适当调整对于网络犯罪中帮助犯明知的解释，应包括"知道或应当知道"[①]。尤其针对专业技术提供者，其对于技术的充分了解导致其必然知道该项技术的使用领域及用途，因此对于明显被应用于网络犯罪的技术应推定其明知帮助对象系进行违法犯罪行为。当然，还要注意对不同技术人员的明知的认定应存在一定梯度，如对局部、边缘技术人员的明知要求要高于完整、核心技术人员。其次，关于被帮助对象的行为未完成，或者虽完成但因情节、罪量的因素未构成犯罪的情况。共犯论的核心是能否认定共犯行为共同或者间接引起了法益侵害、危险的共犯的因果性问题。若作为被帮助对象的正犯行为未产生法益侵害或危险的结果，那么就无从讨论因果关系，更没有认定共同犯罪的空间，而应根据要件看其是否构成帮助信息网络犯罪活动罪等。

3. 关于罪名辨析及限缩解释

《刑法》第 285 条至第 287 条之二规定了七种网络犯罪，不可否认的是，实务中对于这七种犯罪存在构成要件与边界认识不一、罪名选择困难的情况。如对于流量劫持行为是"控制""获取"还是"破坏"，从判例和学术探讨来看均未充分达成共识；有学者提出破坏计算机信息系统罪出现口袋化趋势；有学者从实质预备犯、帮助犯正犯化等角度解读非法利用信

---

① 陈娟、陈红霞、张爽：《网络技术灰黑产刑法规制初探》，载《中国检察官》2019 年第 3 期，第 13 页。

息网络罪、帮助信息网络犯罪活动罪等①。关于前述罪名的辨析，笔者认为应注意以下几个方面：首先，应明确前述罪名均被规定在刑法第六章第一节扰乱公共秩序罪中，故我们在判断时应以侵犯公共秩序的法益为前提；其次，不同罪状用语存在双重理解，需要我们对刑法条文进行克制的文义解释，如不过度解读"造成计算机信息系统不能正常运行"（《刑法》第286条）；再次，要秉持实质正当的原则，如"拒不改正"（《刑法》第286条之一）应结合主客观方面要求综合确定，如果超出了行为人的管理能力，或者改正的工作量巨大导致改正过程时间长，或其能力不足以完全改正，即使发生法定后果，也不应认定为拒不执行改正措施②；最后，网络黑灰产犯罪情节多样，要结合判例进行类型化归纳，尤其注意辨析"获取""控制""破坏"之间的界限，对于"情节严重"进行限缩解释，减少同案不同判的可能。

4. 关于数罪和一罪

《刑法》第286条之一、第287条之一、第287条之二等均规定"同时构成其他犯罪的，依照处罚较重的规定定罪处罚"，这表示网络黑灰产行为在同时触犯前述七种罪名与构成其他犯罪共犯的情况下，应当按照想象竞合从一重处的原则处理。鉴于前述七种罪名量刑较轻，所以以其他犯罪的共犯处罚的情况会更多。《刑法》第287条规定："利用计算机实施金融诈骗、盗窃、贪污、挪用公款、窃取国家秘密或者其他犯罪的，依照本法有关规定定罪处罚。"该规定引起了一定争议，有观点认为该条就是明确指向认定共犯或者说直接认定正犯，不再考虑认定七种网络犯罪。笔者认为，既然《刑法》第287条是提示性规定，那么就仍然要在现有刑法逻辑内予以定性，如通过干扰计算机系统窃取财物的行为，按照想象竞合从一重处的原则，若盗窃财物数量不高，则仍有可能判定其构成破坏计算机信息系统罪。

---

① 喻海松：《网络犯罪的立法扩张与司法适用》，载《法律适用》2016年第9期，第2—10页。

② 周光权：《网络服务商的刑事责任范围》，载《中国法律评论》2015年第2期，第178页。

四、关于治理网络黑灰产的其他思考

（一）关于立法体系化

德国学者哈耶克指出，立法者的任务并非建立特定的秩序，而是在现有条件下合理促成秩序的自生自发形成与重构。当前，关于网络空间犯罪的刑事立法体系主要由侵犯计算机信息系统犯罪（《刑法》第285条、第286条）、妨害信息网络管理秩序犯罪（《刑法》第286条之一、第287条之一、第287条之二）、侵犯公民个人信息犯罪（《刑法》第253条之一）、传统犯罪网络化四个方面组成。其在法律规范的适用上的确面临界限不够清晰、标准尚未统一等困境，但通过对规范进行合理的解释，可以一定程度上解决法律适用的困境，较多的网络犯罪行为仍然未超出传统犯罪的立法或解释"张力"。

当然，教义学解释方法不是解决网络黑灰产犯罪法律适用的"万能钥匙"，法律适用困境还是应该从源头上解决。正如卢梭所说，因地制宜地确保自然关系与法律在每一点上的协调一致是国家体制长期巩固的根本保障。在规制网络黑灰产中，刑事立法或司法同样应该考虑法律体系的协调一致和系统化，只有将刑事立法与其他立法相兼容，主动寻求不同部门法之间的协同互动，才可能实现立法的体系化，最终引导司法实现秩序统一。如《网络安全法》中对于公民的网络权利、运营商义务、数据安全标准等进行了细化规定，应当将其吸纳进相关刑事立法，或者作为司法办案认定相应情节的参考标准。除此之外，司法适用中亦应主动援引行业相关法规，对技术环节的全面评价，是客观、全面评价网络黑灰产的前提。

（二）关于司法效率边界

我国刑法当前采取"定性＋定量"的立法模式，较多罪名设置了"数额较大""情节严重"等量化标准，在证明标准上采用"犯罪事实清楚，证据确实、充分"的客观标准和"排除合理怀疑"的主观标准。这可以说是一种相当高的刑事证明标准。不同于传统犯罪较少的证据数量和较窄的证明范围，网络黑灰产实施犯罪通常属于连续犯，违法事实极其复杂，对象成千上万，且因其具有隐蔽性和非接触性导致取证难度大，电子数据不易提取和保存，主观性证据的证明力又普遍较弱，若严格一一核实后再进行主客观印证证明，将耗费大量人力、物力，且对案件诉讼效率造成较大影响，与打击网络黑灰产的现实需求形成矛盾。

有观点认为，需要建构一套完整的简易证明机制，具体来说，消减网络犯罪证明负担的方法包括法律扩张解释、证明责任移转与证明标准降格等，网络犯罪的非证据证明方法则分为依赖推定、司法认知等[①]。事实上，相关司法实践中也不乏修正证明标准的尝试，如最高法、最高检联合发布的《关于办理侵犯公民个人信息刑事案件适用法律若干问题的解释》规定："对批量公民个人信息的条数，根据查获的数量直接认定，但是有证据证明信息不真实或者重复的除外。"实现公平正义一直都是司法的重要课题，具体到网络黑灰产案件的办理，笔者认为可以区分情况采用不同的标准：在定性方面，仍然适用客观＋主观的具体印证标准；在定量方面，面对计量对象海量化的案件，可以考虑以概括印证取代具体印证。这样既坚守了司法证据标准底线，又在一定程度上提升了司法效率。

（三）关于社会共治

网络犯罪是一个犯罪学命题，但更是一个社会治理现代化命题。司法不是万能的，治理网络黑灰产是一项复杂的社会系统工程，需要社会各界共同参与、共同防御、共治共享。一方面，作为前端的通信运营商与金融机构，应加大防御力度，确保备案数据的真实性和及时性，做到实名注册和核对认证，杜绝出现"空号卡"或以银行卡为主的"四件套"被贩卖利用的情况；另一方面，要强化行业、监管部门与司法机关的深度合作，携手共同打击网络黑灰产，如腾讯公司与公安部联合推广的"麒麟伪基站实时检测系统"，在遏制"伪基站"、切断诈骗犯罪的信息流方面发挥了重要作用，就是不错的合作尝试。此外，可考虑运用大数据思维提升国家治理现代化水平，建立大数据辅助科学决策和社会治理的机制，利用平台提高

---

① 刘品新：《网络犯罪证明简化论》，载《中国刑事法杂志》2017年第6期，第24页。

对网络风险因素的预判、感知、分析、防范能力，从源头上遏制网络犯罪。

五、结语

有人说网络空间是一个新的宇宙、一个平行于现实的世界，一个虚拟的空间、心智的疆域，以及纯粹信息的王国。但对于网络的期许并不表示我们允许其存在一丝法外之地。党的十九大提出，到2035年基本建成法治国家、法治政府、法治社会；《法治社会建设实施纲要（2020—2025年）》强调依法治理网络空间，推动现有法律法规延伸适用到网络空间。我国关于网络犯罪的立法和刑事政策从无到有、从分散到成体系，体现了长足的进步。面对日新月异的新型网络犯罪及其黑灰产的新特点、新挑战，一方面我们应时时关注最新犯罪动向及技术趋势，另一方面应坚持立法原理研究，加快厘清各罪之间的逻辑关系，秉持谦抑性原则严格划定犯罪圈，将新型网络犯罪的各种形态纳入刑法解释的范围，切实规制包括网络灰黑产在内的各类新型网络犯罪。

认罪认罚案件的量刑困境与突破路径

彭心韵*

摘　要：认罪认罚从宽制度作为一项重大的刑事诉讼改革，具有提高诉讼效率、优化司法资源配置的程序价值。然而，若推行"认罪认罚"必然"从宽"，一味强调诉讼效率，将导致程序法与实体法的冲突，不利于刑罚正义的实现。本文认为认罪认罚案件量刑从宽幅度不宜过大，而应当坚持以责任刑为上限，预防刑仅发挥调节作用。本文通过对预防刑理论的反思，结合认罪认罚从宽制度与责任主义原则之间固有属性之背离进行分析，提出应当以罪责原则为核心，划定认罪认罚案件的从宽幅度，并提出解决司法悖论的突破路径。

关键词：认罪认罚；责任主义；从宽幅度；事实协商

一、前言

我国2018年修订《刑事诉讼法》时新增之第十五条认罪认罚从宽制度①，不仅可能冲击我国诸多刑事诉讼基本原则，而且可能影响我国刑事实体法以及刑法基本原则的贯彻。虽然认罪认罚从宽制度以法律条文的形式得以确立，但是该制度的运作基础在于控辩双方合意的达成，而合意的达成显然无法依靠法律规范实现。因此，认罪认罚从宽制度的核心不再是

---

* 彭心韵，南京大学法学院助理研究员，法学博士，研究方向为比较刑法学。

① 根据《刑事诉讼法》第15条的规定，认罪认罚从宽制度是指"犯罪嫌疑人、被告人自愿如实供述自己的罪行，承认指控的犯罪事实，愿意接受处罚的，可以依法从宽处理"的制度。

单纯指示司法机关如何运转之司法规范，而应当是引导控辩双方达成合意的行为规范。这种从"职权主义"到"当事人主义"，从"法定"到"合意"，从"司法准则"到"行为规范"的转变，已然引起学术界及实务界的广泛关注。

从教义学的角度进行分析，认罪认罚从宽制度兼具程序法和实体法两方面的内涵。一方面，"认罪认罚"体现了程序法所追求的效率价值。在保证行为人的自愿性前提下，通过刑事速裁程序对刑事案件进行程序分流，以实现提高诉讼效率的目标。另一方面，"从宽"突出了实体法所要求的从宽处罚量刑情节，是贯彻宽严相济刑事政策的体现。但是，目前学术界主要集中在程序法的面向对认罪认罚制度进行解读，而较少从实体从宽的面向进行探讨，有程序法超前而实体法滞后的嫌疑[1]。然而，离开实体法的支撑，仅从程序法面向推进认罪认罚从宽制度，必然会遇到瓶颈。实体法面向的研究对认罪认罚从宽制度的全面铺开具有重大的意义。被追诉人的行为是否构成犯罪，对认罪认罚的被追诉人的量刑优惠依据及限度何在等都应当是处理认罪认罚案件应当关注的问题。

二、缘起：认罪认罚从宽制度的理想与现实的悖论

学术界对认罪认罚从宽制度的价值已有众多分析，期望该制度的推行能够解决一系列司法难题，如减轻司法负担、提高司法效率、缓解"案多人少"的压力等。理想状态的认罪认罚从宽制度要求法官在尊重事实的基础上，依据检察机关提出的量刑建议，作出符合被追诉人刑事责任的判决。然而，现实却并不总是符合制度设计之初的愿望。

（一）事实交易的不可避免

认罪认罚从宽制度之"认罚"即"愿意接受处罚"，一般包含两种情形：其一，指行为人愿意接受检察官提出的刑罚处罚建议；其二，指的是

---

① 王瑞君：《"认罪从宽"实体法视角的解读及司法适用研究》，载《政治与法律》2016年第5期，第108—117页；赵恒：《论从宽的理论基础与体系类型》，载《宁夏社会科学》2017年第2期，第74—80页；周光权：《论刑法与认罪认罚从宽制度的衔接》，载《清华法学》2019年第3期，第28—41页。

行为人根据自己对法律的理解或者在辩护律师的建议下向检察官提出自己愿意接受的刑罚处罚幅度并获得检察官同意的情形①。可以看出，认罚的重点在于控辩双方合意的达成，这个过程一定包含了协商的因素在内。为避免出现"花钱买刑""权钱交易"等协商权力异化现象，我国对认罪认罚案件的适用做了诸多限制性的规定。如，检察官不得与被追诉人就涉嫌的罪名罪数进行协商，达成合意后证明有罪的标准不得降低。

但是司法实践中，认罪认罚案件中涉及的协商事项，一般避免不了当事人对实体事项的妥协与让步。这是因为对行为人而言，若不能够对犯罪事实进行协商，其与检察官的协商效果仅限于减轻诉累及减轻刑罚，则其认罪认罚的动力会大大降低。因为行为人可以通过申请简易程序或者速裁程序进行审理，从而避免烦琐的证据调查环节而达到减轻诉累的目的，同时我国刑法中的坦白、自首等制度，通常也能起到减轻刑罚的效果。对检察官而言，如果案件的证据质量甚佳，如行为人涉嫌盗窃罪，并在案发现场被人赃并获，检察官有十足的信心认为法院必会将行为人绳之以法，则让其放下身段与行为人进行协商的可能性就大大降低。即通常而言，对于证据越不牢固的案件，检察官越有协商的动力。对法院而言，刑事庭法官的最大负担在于开庭及写判决书，若协商程序并未对此负担提供有效缓解的方式，则对法院来说并无太大诱惑力。即当犯罪事实已经调查清楚时，法官只需解决法条引入及法律效果判断（如量刑）等问题。而量刑问题并不受实务界的重视，法官并不太关心案件的量刑轻重，因此，如果不能够对犯罪事实进行协商，则认罪认罚从宽制度设立的初衷——解决案件负荷问题，使简单案件快速审结，让法官集中精力办理重大案件似乎难以实现。

总而言之，行为人希望"重罪轻判"，检察官对无把握案件的"另有所需"，法院则希望避免烦琐的审判程序，减轻写判决书的负担，这三方目的的实现都指向同一个方向，那就是对案件的犯罪事实进行协商。

---

① 易延友：《刑事诉讼法：规则、原理、应用》，法律出版社2019年版，第540页。

（二）"审判税"的威胁

责任主义原则要求刑罚应当以行为人责任为基础，这一要求必然包括不得因被追诉人拒绝合作，而对其进行报复性审判，也即禁止"审判税"。"审判税"，顾名思义，即针对同一罪行，法院对不认罪认罚的行为人科处比其他行为人更为严厉的刑罚。如果行为人不接受这种与检察官的"讨价还价"，并选择出庭接受审判，随后被判有罪，则一些法官可能会征收"审判税"，这被认为是用来鼓励甚至威胁行为人尽早与检察官达成一致意见，缔结认罪认罚具结书①。

放眼全球，"审判税"问题是适用协商性司法的国家都不可避免要面临的一项挑战。如美国司法实践中的报复性起诉，在行为人行使权利后，检察官恶意追加起诉或变更原起诉罪名为更重之罪，即行为人因为行使法律上之权利，而遭检察官报复或惩罚之情形。又如德国宪法法院曾判决一起案件违反宪法。在该案中，被告人被地方法院的主审法官提议，如果他认罪，则会被判处缓刑两年有期徒刑，若不认罪，可能会被判处四年有期徒刑，并且没有缓刑。德国联邦宪法法院裁定，该刑罚差异不合理，明显的量刑差异会降低被告人认罪的自愿性，同时，过高的量刑折扣也违反了责任主义原则。

为了规避该风险，在实践中，即便要求检察官不能具体告知行为人如果其坚持不认罪，在普通程序中可能会被判处的刑罚，检察官仍然可以通过语言威胁，如"如果坚持不认罪，你可能会不喜欢通过正式庭审所得到的量刑"等方式，继续给行为人施加压力迫使他们认罪认罚。鉴于检察官本身对协商性司法有浓厚的兴趣，故单纯寄希望于检察官的自我控制，并不能成为一种有效的制约措施。

三、风险：认罪认罚案件的量刑困境

通说认为，认罪认罚得以从宽的依据主要在于预防刑的实现，即将行

---

① Ralph J. Henham, "Truth in Plea-Bargaining: Anglo-American Approaches to the Use of Guilty Plea Discounts at the Sentencing Stage", *Anglo-Am. L. Rev.* 29, 2000:5.

为人事后的认罪态度纳入量刑的考量因素之内。预防刑与责任刑共同构成我国刑罚正当化的两大传统理论基础,前者主张"预防犯罪的目的"的刑罚正当化理念;后者要求刑罚与责任相适应,体现"报应的正义性"。即便在辩诉交易盛行的英美法国家,也是将预防刑作为量刑从宽的理论依据。认罪认罚表明行为人人身危险性和再犯可能性降低,这成为当前法官对被告人降低刑罚标准的正当化依据,这也与我国目前学术界倡导的刑法并合主义相契合①。

但是,将此看作认罪认罚得以从宽的正当性依据较为牵强。正如德国学者霍纳尔所言:如果仅仅考虑供述和对指控的接受对查明事实和缩短程序所作出的贡献,并将其作为减轻刑罚的理由,在教义学上必将是失败的。这不符合罪责原则的量刑视角②。

(一) 实体从宽的正当化依据不足

首先,在认罪认罚从宽制度落实之前,我国《刑法》已有自首、坦白等从预防刑目的出发的量刑优惠措施,而认罪认罚的量刑优惠并不包含在先前的刑法体系中。该制度并不严格要求对再犯危险性进行评估,而是认为只要具有认罪认罚的形式,即可赋予行为人一定的量刑优惠,该种从宽量刑之幅度与我国原有的从宽体系并不契合,其制度目的已超出了预防刑的解释限度③。

其次,预防刑与责任刑并不是并驾齐驱的关系,预防刑是在责任刑的基础上对刑罚进行相应调整,调整幅度并不能超出责任刑对应的刑罚限度,亦即预防刑对刑罚的影响是有限度的。量刑的首要决定因素是行为人的责任,预防再犯在量刑中只是次要的考量因素④。刑罚的轻重必须以责任的大小为依据。《刑法》中规定的自首、坦白都只是酌定从宽的量刑情

---

① 张明楷:《新刑法与并合主义》,载《中国社会科学》2000年第1期,第103—106页。

② [德]托马斯·霍纳尔:《检验台上的德国协商模式——在鼠疫和霍乱之间》,刘昶译,载陈光中主编:《公正审判与认罪协商》,法律出版社2018年版,第252—254页。

③ 高童非:《契约模式抑或家长模式?——认罪认罚何以从宽的再反思》,载《中国刑事法杂志》2020年第2期,第140页。

④ 张明楷:《新刑法与合并主义》,载《中国社会科学》2000年第1期,第103—106页。

节，而认罪认罚却是法定的较大幅度的量刑优惠，这与预防刑的本质并不相符①。

虽然学术界尝试将认罪认罚案件的量刑优惠与预防刑理论连接起来，但是不可否认的是，正如有的学者所言，并没有任何证据证明，接受指控的被告人就一定有所悔改。相反，大量的调查研究表明，认罪认罚在很大程度上是律师或者法官对被告人进行劝诱的结果，而非被告人有所悔改的结果②。一言以蔽之，对于被告人在认罪认罚后可以获得高达1/3的量刑优惠，预防刑理论并不足以使这一从宽幅度正当化。

（二）量刑建议权：对审判权的入侵

除少数特殊程序，如简易程序、速裁程序、附条件不起诉制度等，刑事诉讼法对一般案件的审理，原则上均要求以证据调查原则、直接审理原则、自由心证原则、公开原则等为裁判依据。但依照认罪认罚从宽制度的相关规定，认罪认罚案件的参与者是检察官、被告人及其辩护人，并且是在审判前进行协商，故法院并不是协商的主体。法院不能积极、主动地参与协商程序，不能对协商内容产生影响，同时，依据刑事诉讼法的规定，控辩双方的协商结果对法官具有相当程度的约束力。此种将法官排除在协商程序之外，且要求法官受其约束的审判方式，与刑事诉讼传统模式有较大的差异。

正如绝大多数法治国家一样，我国刑事诉讼法以侦查、起诉为设计中心，将刑事诉讼程序主要拆解为侦查、起诉以及审判三大阶段，分别由不同的国家机关主导，遵循无起诉即无审判、审判的内容以起诉为限的不告不理原则。

一方面，检察官是控诉主体，决定侦查案件起诉与否，但这并不意味着检察官决定起诉后，就可将案件交由法官全权处理，自己则袖手旁观。这是因为检察院在我国还具有法律监督职能，因而检察官必须到庭支持公

---

① 周光权：《论刑法与认罪认罚从宽制度的衔接》，载《清华法学》2019年第3期，第36页。
② ［英］麦高伟：《正义与辩诉交易：路在何方》，王贞会译，载《国家检察官学院学报》2008年第5期，第31页。

诉，参与辩论等法定的法庭活动。另一方面，控审分离是法治国家刑事追诉的基本特色。虽然刑事诉讼法为检察官提供了各种参与及影响法院判决的渠道，如申请证据调查、就调查的范围及方法拥有建议权、参与证据证明力的辩论、对犯罪事实及法律适用进行辩论、对量刑范围的意见表达，以及对法院的判决不服、具有抗诉的权利等，但是这并不意味着检察官可以入侵宪法所划定的审判权的范围，应避免出现检察官取代法官行使审判权的现象。

如何在"允许检察官参与、影响刑事诉讼"和"法官保留"之间找到界限，对保证审判权免受侵犯尤为重要。

（三）与责任主义原则的背离

如上所述，认罪认罚得以从宽的正当性依据不能从预防刑着手，而应从责任刑的角度出发寻找正当性。责任刑是上限，预防刑仅发挥调节作用。责任刑，亦称责任主义原则，是从刑事实体法的静态层面进行分析，主张刑罚以责任为基础，无责任则无刑罚。

作为刑法的基本原则之一，责任主义原则强调以责任为刑罚的前提，是阐明责任与刑罚关系的理论基础。而"责任"一词，在法律意义上通常包括以下三种含义：第一，主观层面的责任。责任用以表示承担一定负担的地位，即指承担刑事责任或民事责任者的法律地位。例如，抢劫者承担责任重，违反合同者承担责任轻。第二，客观层面的责任。责任代表负担，指因违法行为而产生的法律上的负担。例如，刑事责任的负担是刑罚，而民事责任的负担是损害赔偿。第三，法律资格层面的责任。责任表示承受负担所需具备的条件，如行为人的年龄或精神状态不具备法律要求的条件时，行为人对其违法行为不承担责任。

责任主义原则要求法官进行量刑时，应当限于对行为人责任的考量，而非行为人的危险性。而认罪认罚是事后的量刑情节，反映行为人人身危险性的降低，强调的是行为人接受改造以及预防再次犯罪的难易程度，关注的是行为人的人身危险性，而不是本次犯罪的违法程度和应负担的刑事责任，因而不可避免地会导致认罪认罚从宽制度与责任主义原则的背道而驰。

1.无责任则无刑罚：禁止事实协商

"无责任则无刑罚"要求刑罚应受责任的限制，刑罚以责任为基础，若不能先确定责任的存在，则不能对行为人科以刑罚。换句话说，该项条件要求对行为人认定犯罪和判处刑罚，都必须以犯罪行为所体现的可谴责性或非难性的有无及其程度为前提条件[①]。该项条件有利于避免法官专擅。

依照德国刑事诉讼法的规定，有罪判决包括罪责宣告和刑罚宣告两部分。罪责宣告不在协商范围之内，其最基本的要求则是针对犯罪事实，即犯罪成立之构成要件，不得协商。该项要求强调，在普通程序和协商程序中，法官都有义务查明案件的客观事实。这个义务是基于责任主义原则的要求，彻底调查客观事实的义务是贯彻责任主义原则必不可少的条件。责任主义原则主张，只有被追诉者"真正"有罪才能使国家实施的刑罚合法化，即必须通过对案件事实的独立调查才能使刑罚正当化。当事人之间的合意并不是刑罚正当化事由。

此外，责任主义原则认为，仅仅有行为人的有罪供述不足以达到查明案件事实的标准。因为基于减刑的诱惑，行为人可能作出虚假的有罪供述。例如，德国法院指出，仅仅将行为人的有罪供述与检察官的案卷材料进行核对是不足以查明案件事实的，要求法官承担查明有罪供述之事实基础的义务。

2.刑罚不得逾越责任的限度：刑罚以责任为基础

责任主义原则的第二个基本要求是刑罚不得逾越责任的限度，以体现责任对判处刑罚的决定性意义。科处刑罚应当考虑行为人的责任。法官依据行为人的犯罪情状，在法定刑范围内选择一定刑罚，以对行为人进行科处，称为量刑。关于刑罚与责任的关系问题，各国刑法因所采目的论的不同而有所区别。如报应刑罚目的论主张刑罚之轻重与犯罪结果的轻重、责任的大小或期待可能性的大小成正比；教育刑罚目的论认为刑罚的科处应以利于行为人社会复归为目的，主张刑罚个别化，认为刑罚轻重与责任大小并不必然成正比；预防刑罚目的论认为科处刑罚时应当考量预防必要

[①] 冯军：《刑法中的责任原则——兼与张明楷教授商榷》，载《中外法学》2012年第1期，第45页。

性，实现预防刑与责任刑的统一①。

虽然我国学术界对责任在量刑中的作用存在幅的理论与点的理论之间的分歧②，但是，学界一致认为无论持何种刑罚目的论，责任的大小为刑罚范围设定了一个基本的界限，刑罚范围不得超越与责任相适应的程度，即对行为人所科处的刑罚不得突破责任的上限和下限。责任不仅是刑罚的前提，更应成为刑罚的标准，即责任轻则刑罚轻，责任重则刑罚重，刑罚不得逾越责任的限度，避免行为人遭受额外的权利侵害。刑罚轻重只有符合责任大小时，行为人依其应负责任的范围，获得相应刑罚，才符合公平正义的基本原则，才能达到促其悔改重新做人的目的，有利于行为人的再社会化。

一言以蔽之，责任主义原则不允许诉讼程序中存在事实协商，刑罚应当以行为人责任为基础。责任主义原则要求定罪量刑应当以责任刑为基础，并对预防刑的适用加以限制，刑罚的轻重应当与责任大小相称。如果仅仅为了加速诉讼程序和减轻案件压力而对行为人从宽量刑，即被判处的刑罚低于行为人应当承担的责任，就违反了责任主义原则。这意味着，不管当事人之间达成何种协议，法官都应当厘清行为人应当承担的责任，即法官有义务主动追求案件的客观事实。案件的判决必须建立在法官独立查明事实的基础之上。行为人作出的有罪供述，即便是在公开的庭审中作出的，也不能够取代法官查明案件事实的义务。当事人之间对事实的协商对法院并没有约束力，法官仍然有义务查明案件事实。法院所肩负的独立审查案件事实的责任，导致任何关于案件事实方面的审前协商都不具有有效性。

---

① 冯军：《刑法中的责任原则——兼与张明楷教授商榷》，载《中外法学》2012年第1期，第53页。

② 幅的理论认为，责任是有一定幅度的，刑罚应当以责任为基础，在责任允许的幅度内，法官可以依据一般预防或者特殊预防的必要性大小来决定刑罚的轻重。点的理论认为，责任是一个点，它本身是没有幅度的，法官不能够逾越责任点来进行刑罚的科处。但是，法官有权在责任点的基准之上，将一般预防和特别预防的必要性纳入考量。参见张明楷：《责任主义与量刑原理——以点的理论为中心》，载《法学研究》2010年第5期，第130、133页。

四、应对：规避风险的路径

认罪认罚从宽制度被视为法院为控制数量庞大的刑事被告人而主动边缘化其审判职能的一种选择，是为合理分配国家诉讼资源，追求诉讼经济，以牺牲行为人部分程序权利而构建出来的制度[①]。但是节约时间和资源并不足以使从宽处理认罪认罚的案件正当化，预防刑的考量也必须在责任刑的限度之内进行，因而只有在符合刑法基本原则之责任主义原则要求的基础上，才能推进认罪认罚从宽制度的适用。针对上文提到的几种风险，笔者认为可以通过以下方式进行规避。

（一）量刑优惠幅度适当限缩

当前我国典型的从宽量刑情节有自首、坦白、立功。自首一般最多可以减少基准刑的40%，而坦白和一般立功通常可以减少基准刑的20%左右[②]。目前我国认罪认罚案件的量刑优惠幅度一般可以高达30%。

认罪认罚案件的从宽幅度越大，越会加剧控辩双方力量的不对等。笔者认为，可以将认罪认罚案件的量刑优惠幅度限制在20%以内。如此一来，一方面可以降低量刑优惠对被追诉人程序选择权的影响，缓解从宽幅度过大给被追诉人带来的心理压力；另一方面也可以避免与以审判为中心的司法改革背道而驰。认罪认罚从宽制度被视为与以审判为中心的制度改革并驾齐驱的制度设计，通过简单案件的分流，促使有限的司法资源被集中用于疑难案件的处理，故从宏观的角度而言，认罪认罚从宽制度的铺开也有益于以审判为中心的制度改革的推进。

以审判为中心与认罪认罚从宽分别是对抗式与合作式诉讼模式的落地制度，并存于法治国家刑事诉讼中。对不认罪的被追诉人适用对抗式诉讼模式，以审判为中心展开程序。对认罪认罚的被追诉人适用合作式诉讼模式，以适用效率导向的特有诉讼程序为主，如速裁程序、简易程序等。可

---

① 张泽涛：《认罪认罚从宽制度立法目的的波动化及其定位回归》，载《法学杂志》2019第10期，第8—13页。

② 徐歌旋：《认罪认罚独立从宽的正当化依据及其限度》，载《中州学刊》2020年第9期，第50页。

见这两种诉讼模式并无优劣之分，二者共存已然是美国、德国等国家的常态。但是不容置疑的是，合作式诉讼模式的良好运行建立在对抗式诉讼模式已构建完全的前提之下。构建完全最直接的评价指标是，若适用对抗式刑事诉讼模式，则最终的判决结果具有较大的不确定性。亦即无法确切地预见某一期望结果是否会发生，而且控辩双方清楚地知道如果失利就要付出沉重的代价，故而双方在存在不确定性和危险性的情况下均愿意通过让步达成协议①。只有在控辩双方旗鼓相当的情况下，控辩双方才可能平等协商。若无平等对抗的可能性时，控辩双方就无形成合意的筹码和动机。

"对于检察官来说，只有在控诉存在一定困难的情况下，他们才会进行辩诉交易；同样，被告人在面临被定罪量刑危险的情况下，才会考虑以有罪答辩换取对自己较为有利的诉讼结果。"②若在控辩双方形成工力悉敌的诉讼结构之前，便贸然推行合作式诉讼模式，则会引发强制妥协的风险，即控方提出要求，辩方被迫屈意顺从。尤其是当合作式诉讼模式下的量刑优惠幅度较大时，就会诱使被追诉人放弃对抗式诉讼模式，而选择合作式诉讼模式。诚然，从个案出发，此种选择无可非议，但若从宏观来看，在对抗式诉讼模式构建完全之前，赋予认罪认罚的被追诉人过多的量刑优惠会导致对抗式诉讼模式的日渐式微，最终导致合作成为唯一选择③。

控制认罪认罚案件的从宽幅度，如限制在20%甚至10%之内，会促使很大一部分被告人作出真正符合内心诉求的程序选择，而非在量刑优惠的不当诱惑下作出被迫的自愿选择。例如，检察机关指控被追诉人走私海洛因100 g，犯走私毒品罪，应处15年有期徒刑，但公安机关在查证毒品数量时涉嫌违法取证，涉嫌违法取证查实的毒品60 g。被追诉人承认走私毒品，但只承认走私海洛因40 g。对此，在对抗式诉讼模式建构完全的情况下，法院在适用非法证据排除规则之后，基于剩余合法证据认定被追诉人走私海洛因40 g，对其判处8~10年有期徒刑。此时，若检察机关与被追诉人协商，表示可以将量刑建议改为11年有期徒刑。在此情况下，有的被追

---

① 张建伟：《认罪认罚从宽处理：中国式辩诉交易？》，载《探索与争鸣》2017年第1期，第72页。
② 张建伟：《认罪认罚从宽处理：中国式辩诉交易？》，载《探索与争鸣》2017年第1期，第72页。
③ 徐歌旋：《认罪认罚独立从宽的正当化依据及其限度》，载《中州学刊》2020年第9期，第52页。

诉人在衡量利弊后，会接受控方提出的方案，也有的被追诉人会坚持非法证据排除的申请，希望能够获得低于控方建议的量刑。但若在对抗式诉讼模式并未建构完全的背景下，非法证据被法院排出的可能性较低，此时，被追诉人面临两种局面：第一，对检察机关的指控提出异议，而法院并未排除非法证据，最终被判处 15 年有期徒刑。第二，同意检察机关的指控及量刑建议，被判处 11 年有期徒刑。可见，在对抗式诉讼模式建构完全之前，第二种方案是被追诉人会作出的理性选择。如果所有被告人都作此选择，就不利于非法证据排除规则等正当程序的推进。相反，若认罪认罚的量刑幅度较小，如被告人的只能获得 15% 的量刑优惠，即检察机关提出的量刑建议为 12 年 6 个月的有期徒刑。在此情况下，相信有很大一部分被追诉人会拒绝检察机关的认罪认罚从宽建议，并就证据、量刑等问题与之据理力争。从刑事司法的大环境来看，这会促进正当程序的构建，并实现对抗式诉讼模式的优化。基于以上分析，笔者认为认罪认罚案件的从宽幅度应当进行限缩。

（二）法官的提前介入

检察官在认罪认罚协商程序中起主导作用，并为协商结果尽司法审查之职能[1]，法官一般不直接参与审前的协商程序。但是依据我国《刑事诉讼法》第 201 条的规定，以及检察机关量刑建议精准化的趋势，法院在是否采纳量刑意见方面难以抉择。为了缓解法院与检察机关在权力行使上的冲突，一些实务部门主动进行检法协同办案。检察机关在审前与法院沟通量刑建议，待法院认可后才会继续后续的公诉行为。甚至有的法官出于效率的考量，主动参与到协商程序中，提出被追诉人可获取的量刑优惠幅度，以帮助检察机关快速与被追诉人达成合意，形成实质上的"辩审交易"[2]。对于此现象，不少学者提出了反对的意见。认为法官的提前参与，会给被追诉人造成强烈的心理负担，继而导致被追诉人为了避免法官作出对其不利的报复性判决，而不敢拒绝法官提出的协商条件。笔者认为，让

---

[1] 刘泊宁：《认罪认罚从宽制度中司法承诺之考察》，载《法学》2020 年第 12 期，第 57 页。

[2] 刘泊宁：《认罪认罚从宽制度中司法承诺之考察》，载《法学》2020 年第 12 期，第 57 页。

法官提前参与审前的认罪协商是解决审判权可能被检察机关入侵问题的优选。而有学者担心的风险可以通过程序性保障，比如申请法官回避等方式进行规避。

首先，定罪量刑是宪法赋予法院的特有职权，与其让不具有定罪量刑权限的检察官与被追诉人进行罪与刑的协商，不如直接让法官参与其中。其次，依据《刑事诉讼法》的规定，检察官与被追诉人达成的协议仍需由法官进行审查。若法官不同意检察机关的量刑建议，而另行作出判决，将会导致认罪协议的破裂，引发一系列程序问题，不利于诉讼效率的提升。而法官的提前参与可以降低合意破裂的风险，从而能最大化地实现认罪认罚从宽制度的效率价值。最后，可以以法官是否对判决具备"唯一性"与"决定性"的认定为判断标准，即法官是否对以下事项具有排他性的认定权利：第一，认定与案件有关的各项犯罪事实与犯罪情节；第二，正确地适用犯罪事实该当性之不法构成要件，据此定罪；第三，依据法律规定作出公正的刑罚裁决。判断法官是否具有上述三项排他性的认定权利，不仅可以从形式上进行观察，如法官是否可以"独自"作出判断，还可以从实质上进行判断，即判决的核心内容及其形成心证的过程是否在法官的权限之内。换言之，判决是由法官自由地达到内心确信而作出，还是主要依据其他诉讼参与人（控辩双方）的约定而作出。

法官的提前介入，可以确保在实行认罪认罚程序时，判决的形成，尤其是犯罪事实的认定，仍被保留在法官的决定权限之内，而不被控辩合意取代，继而保障审判权的独立性。

（三）以责任主义原则为量刑基础

认罪认罚从宽制度作为刑事诉讼之一环，不能豁免发现实体真实，以及追诉犯罪的目的。为调和发现实体真实和诉讼经济二者之间的冲突，只有将其适用对象限于案件事实及证据均明确清晰的案件，才能符合责任主义原则的要求。例如，对于犯罪性质轻微以及法律效果亦轻微的案件，若其事实、证据尚不明确，即便能使法院获得有罪判决的心证，也不能适用该程序。因而对于从宽处理认罪认罚案件而言，只有限定其适用范围，才能与责任主义原则相契合。

1. 审检认定之合致性

根据《刑事诉讼法》第201条，对于认罪认罚案件，法官仍有依法调查案件事实的义务，若认为量刑意见明显不当，法院可以依法作出判决。如果法官对系争案件事实与刑罚的认定与检察官有较大出入，意味着检察官的认定结果有高度误判可能性。但是，法官若罔顾检察官与行为人达成的协议而径行作出判决，会引发一系列新的问题，如行为人的有罪供述的证据适用问题等。故为确保认罪认罚从宽制度的结果预期性，要求法官与检察官对于系争案件事实之论罪与刑罚认定结果达成合致性。

为保证合致性的达成，应当建立对认罪认罚具结书进行司法审查的机制，要求检察官披露案件基本事实的认定以及提出的量刑建议之依据。法官应对其进行审查以确定是否符合司法利益和起诉标准。具体来说，法官应当审核以下内容：①行为人认罪的事实；②行为人在哪个阶段表示其打算认罪；③行为人表示悔罪的程度；④行为人与检察官的配合程度；⑤行为人认罪能够节约的司法资源和时间。

倘若法官经审查后，确认检察官提出的指控罪名或者量刑意见不适当，法官不得利用现有证据进行审判，而应当将案件发回检察机关重新开始普通程序的运转。虽说案件的回转会导致诉讼的拖延，也会间接导致司法资源的浪费，但这应当被视为实现行为人利益最优化的必要牺牲。况且若法官径行判决，可能会引发错案或者行为人对司法机关的不信任，进而折损司法机关的权威性。

2. 事实证明之明确性

犯罪事实的准确认定是责任主义原则的必然要求，而犯罪事实认定是法院的法定权利及义务。虽说对于认罪认罚案件，法官仍负有调查案件事实的义务，但是该制度的适用将法官对事实的认定从积极的"唯一性、决定性"的形式，弱化成为消极参与的事后审查模式。此外，即便是事后审查，《刑事诉讼法》规定的法院审查范围也很有限。首先，《刑事诉讼法》要求法院原则上应当采纳检察院指控的罪名和量刑建议（第201条第1款）；其次，只有当量刑建议明显不当，检察院不调整或者调整后的量刑建议仍明显不当时，法院才能依法作出判决（第201条第2款）。"明显"二字的强调，会不可避免地将法院的审查范围降到最低限度。即法院认定的事实即使与协商合意的事实不符，但是只要不是差距离谱，法院也会放弃自己的认定，接受控辩双方合意的约束，此设计几乎将法院的事实认定权限拱手让与检察官，严重损害了法院的审判权，亦背离了责任主义原则的要求。

为实现事实证明之明确性，应当确保法官发挥积极的事实认定的功能。如德国法律要求在开庭审理之前，必须将包含全部证据资料的案卷提交给法官。在庭审中，要求法官通过询问证人等调查手段来检验证据。基于认罪认罚从宽制度提高诉讼效率的考量，检验证据的方式应当区别于普通的烦琐程序。可以吸收德国法律中规定的程序修复手段，如"自我阅读过程""训斥"达成对事证的确认。"自我阅读过程"程序允许法官在审判前或审判中私下阅读文件，当法官保证这样做时，有关文件则可在审判中作为证据使用。"训斥"程序允许主审法官在公开法庭上，依据行为人在侦查笔录中的先前陈述，对其进行质问。当行为人确认陈述正确无误后，先前的供认即成为审判证据。通过这种快速的程序修复来验证行为人有罪供述的真实性，完成对事实证明之明确性的保障。

此外，为确保事实证明之明确性，应当秉持行为人程序利益最优化的前提，赋予行为人撤销合意的权利。虽然有学者指出，基于诉讼效率的考量，应当赋予行为人有限的后悔权[①]，但是笔者认为基于协商结果的重大约束力及其对行为人权益的影响，原则上应当允许行为人在判决作出前随时撤销其与检察官的合意。

3.重罪案件有限适用

从现有规定来看，我国认罪认罚从宽制度并未将重罪案件排除在适用范围之外。最高人民法院、最高人民检察院、公安部、国家安全部、司法部在2016年印发的《关于在部分地区开展刑事案件认罪认罚从宽制度试点

---

① 秦宗文：《认罪认罚案件被追诉人反悔问题研究》，载《内蒙古社会科学》（汉文版）2019年第3期，第125—131页。何静：《认罪认罚案件中被追诉人的反悔权及其限度》，载《东南大学学报》（哲学社会科学版）2019年第4期，第101—108页。

工作的办法》（下文简称《试点办法》）第2条规定："具有下列情形之一的，不适用认罪认罚从宽制度：（一）犯罪嫌疑人、被告人是尚未完全丧失辨认或者控制自己行为能力的精神病人的；（二）未成年犯罪嫌疑人、被告人的法定代理人、辩护人对未成年人认罪认罚有异议的；（三）犯罪嫌疑人、被告人行为不构成犯罪的；（四）其他不宜适用的情形。"从上述规定可以推导出，重罪案件的行为人也可以适用认罪认罚从宽制度。

对此，有学者从贯彻宽严相济刑事政策的角度出发，认为认罪认罚从宽制度是推动宽严相济刑事政策具体化的重要探索，"宽严相济，区别对待"适用于所有刑事案件，因而认罪认罚从宽制度也理应适用于一切刑事案件[①]。也有学者从刑法总则中对自首和坦白从宽的角度进行论证，主张自首或坦白是行为人认罪的前提条件，而"坦白从宽，抗拒从严"适用的案件范围在刑法中并未加以限制，故认罪认罚从宽制度适用的案件范围也不应当有所限制。

犯罪的法律效果，即给予行为人一定的刑事制裁，以平衡其犯罪所造成的损害，并预防其再犯罪，同时符合报复和预防之双重刑罚目的。然而，除单处财产刑之外，刑事制裁均能够对行为人基本权利进行干预，甚至剥夺行为人的生命，基于制裁效果越严重者应当给予更充分的程序保障之原则，不应当允许以诉讼经济为由限制行为人的程序保障。而认罪认罚从宽制度引发的庭审形式化、证据审查的表面化，并不能够满足重罪案件中对行为人的程序保障标准。此外，重罪案件的行为人通常具有较为恶劣的主观属性，在行为人基于利益选择而认罪认罚的情况下，《刑事诉讼法》要求的法定从宽量刑并不能实现刑罚的效果，与责任主义原则相背离。

重罪案件的法律效果对行为人的自由权利影响较大，必须给予行为人充分的程序保障，才符合程序正义的要求。同时，重罪案件的追诉及刑罚的公益目的必然大于诉讼经济。此外，无论重罪、轻罪，都是危害社会的行为，犯罪之不法以及罪责内涵的轻重，基本上与社会大众对于该犯罪行为的容忍度成正比，犯罪越严重者，越难被社会所接受，只有经过正常的公开审判程序，才能合乎刑事诉讼之发现实体真实，实现刑罚之报应及预

① 卢建平：《刑事政策视野中的认罪认罚从宽》，载《中外法学》2017年第4期，第1006—1010页。

防目的。故基于重罪案件的特殊性，我国司法机关在适用该制度时应当更为谨慎。

第一，检察官应当综合评价行为人的犯罪情节以及社会危害性，对于行为人自愿认罪认罚的案件，仍应当对全案证据进行严格审查，只有在构成犯罪的证据确实充分的情况下，才能与行为人签署认罪认罚从宽具结书。这样做一方面可以防止行为人虚假悔罪，以达到从轻量刑的目的；另一方面也可以杜绝行为人因身处不利环境而被迫认罪引发错案。第二，对于重罪案件，即便行为人与检察官达成合意，签署了认罪认罚从宽具结书，仍应当通过普通程序进行审理。在庭审中，不能仅以对相关证据进行确认的方式来定罪量刑，也不能将庭审的核心仅限于对行为人认罪的合法性、自愿性以及真实性进行审查，而仍应当严格核实构成犯罪的客观证据，确保案件的认定达到事实清楚，证据确实、充分的证明标准[①]。对于确无争议且不发挥核心作用的证据，可简要出示进行形式审核。第三，法官在对重罪案件行为人进行量刑时，应当严格把握从宽的幅度。通常而言，从宽的幅度应当低于轻微案件可从宽的幅度。甚至在综合分析全案证据后，为达到刑罚的威慑作用，可对行为人不予从宽量刑。

五、结语

虽然学术界对认罪认罚得以从宽的正当化依据有一定的认可度，如从节约司法资源的角度认为从宽处理相当于给予行为人对等的量刑优惠，或从预防刑的角度强调行为人事后的悔罪态度表明其人身危险性的降低，在量刑时将其作为达成特殊预防效果的考量因素。但是必须强调的是，认罪认罚案件的从宽绝对不能只强调预防刑的作用，而应当坚持责任主义原则的核心地位。即认罪认罚从宽制度的推行只能在案件事实清楚且被追诉人自愿认罪的前提下，针对有限度的量刑优惠进行协商。

认罪认罚从宽制度作为刑事诉讼程序之一环，仍以刑事案件为程序客体，只不过相较于普通程序，认罪认罚从宽制度对于特定实体事项，允许

---

① 廖清顺：《浅谈认罪认罚从宽制度的四个维度——认罪认罚从宽制度问题反思》，载《法律适用》2020年第5期，第103页。

当事人以协商合意的方式进行处分。以协商合意为核心的诉讼程序，其根本用意在于诉讼经济。但是，即使承认认罪认罚从宽制度是追求诉讼经济目的的手段，也应妥善处理此项诉求与刑法的基本原则的冲突。否则，认罪认罚从宽制度不但可能欠缺法理基础，甚至可能沦为检察机关报复性起诉的催化剂。

已满12周岁未满14周岁行为人
刑事追责实体条件探析

雍自元　管宛婷*

摘　要：《刑法》第17条第3款中规定的已满12周岁未满14周岁行为人承担刑事责任的实体条件中，故意杀人和故意伤害罪应指具体行为，而不是罪名。"特别残忍"可以理解为缺乏怜悯，增加被害人痛苦；"致人死亡或者以特别残忍手段致人重伤造成严重残疾"对故意杀人行为也适用。"情节恶劣"具有独立性和综合性，具体表现应考虑犯罪主观方面和客观方面来确定；"情节恶劣"是入罪追责条件而非量刑评价因素。

关键词：刑事追责；实体条件；罪行；结果；情节恶劣

《刑法》第17条第3款规定："已满十二周岁不满十四周岁的人，犯故意杀人、故意伤害罪，致人死亡或者以特别残忍手段致人重伤造成严重残疾，情节恶劣，经最高人民检察院核准追诉的，应当负刑事责任。"该规定落实了罪刑法定、入罪明确的要求。但是，法律规范由抽象语词组成，语词和概念是用来表达感性事物的，可它一经建立，就立即成为一个普遍的尺度而超越于感性事物之上①。语词的抽象性和概括性为理解已满12周岁未满14周岁行为人刑事追责条件增加了难度。目前，理论界对该问题大多是在研究《刑法修正案（十一）》时一笔带过，解析和论证尚不充分。本文拟对已满12周岁未满14周岁行为人刑事追责的实体条件进行深入探

---

* 雍自元,安徽师范大学法学院副教授、法学博士,研究方向为刑法学。

管宛婷,安徽大学法学院本科生。

① 〔美〕彼得·萨伯:《洞穴奇案》,陈福勇、张世泰译,九州出版社2020年版,导读（二）第11页。

讨，抛砖引玉，以引起理论界和实务界的重视。

一、已满12周岁未满14周岁行为人刑事追责的实体条件待释疑

修改后的《刑法》第17条第3款将已满12周岁未满14周岁行为人纳入犯罪主体当中，毫无疑问，这一规定扩大了刑法的处罚范围[①]。但立法者对该年龄段行为人入罪持非常谨慎的态度，对该年龄段行为人承担刑事责任设置了严格的条件。

（一）已满12周岁未满14周岁行为人刑事追责实体条件及其地位

已满12周岁未满14周岁行为人承担刑事责任的条件可以概括为四个方面：①罪行特定性。即实施的是故意杀人、故意伤害行为。②结果严重性。要求致人死亡，或者以特别残忍手段致人重伤造成严重残疾。③情节恶劣性。即主客观方面综合评价要求情节恶劣。④程序严格性。即程序上要求经最高人民检察院核准。在上述条件中，前三个是实体条件，它涵盖了犯罪客观事实和行为人主观心理，决定行为的社会危害性和行为人的人身危险性，因而是决定是否追究该年龄段行为人刑事责任的关键。同时，实体条件也是最高人民检察院进行程序审核时的依托，其重要性不言自明。但是，无论是三个实体条件还是各条件之间的关系，都还存在释义与释疑的必要。

（二）已满12周岁未满14周岁行为人承担刑事责任的实体条件有待厘定

1.罪行条件方面

故意杀人、故意伤害是行为还是罪名？该年龄段的人在实施抢劫、强奸、绑架等行为中伴有故意杀人、故意伤害的行为，是否属于追究刑事责

---

① 刘艳红:《积极预防性刑法观的中国实践发展——以〈刑法修正案（十一）〉为视角的分析》，载《比较法研究》2021年第1期，第64页。

任的范围？如果追究，其法律依据何在？法律拟制为"以故意杀人罪或者故意伤害罪定罪处罚"的行为是否适用该罪行条件？

2.结果条件方面

何为"特别残忍手段"？"特别残忍"有无可供参照的标准？致人死亡，或者以特别残忍手段致人重伤造成严重残疾是否适用于故意杀人？如果适用，其依据何在？

3.情节条件方面

"情节恶劣"的地位如何？它与前两个条件之间的关系怎样？"情节恶劣"的具体表现有哪些？"情节恶劣"是入罪还是量刑评价因素？

这些问题如果不明确，极容易导致司法实践中，涉已满12周岁未满14周岁行为人案件适用标准的混乱，造成类案不类判，破坏法律适用统一性，进而影响立法目的的实现。因此，从法理上对它们加以阐释不仅必要而且必须。

二、"故意杀人、故意伤害罪"的性质与范围

已满12周岁未满14周岁行为人承担刑事责任的第一个条件即为"犯故意杀人、故意伤害罪"。此处的"故意杀人、故意伤害罪"的性质应作如下理解。

（一）"故意杀人、故意伤害罪"不是罪名而是行为

虽然《刑法》第17条第3款将追究已满12周岁未满14周岁行为人刑事责任的罪行条件表述为"故意杀人、故意伤害罪"，但是这并不代表它们是指具体罪名。原因在于，全国人大常委会法工委2002年在《关于已满十四周岁不满十六周岁的人承担刑事责任范围问题的答复意见》中曾经指出："刑法第十七条第二款规定的八种犯罪，是指具体犯罪行为而不是具体罪名。对于刑法第十七条中规定的'犯故意杀人、故意伤害致人重伤或者死亡'，是指只要故意实施了杀人、伤害行为并且造成了致人重伤、死亡后果的，都应负刑事责任。"

基于法律适用统一性的考虑，依据同类解释规则，此处的"故意杀

人、故意伤害罪"应当是指实施故意杀人或者重伤行为，这两种行为不一定非定该两种罪不可①。易言之，只要已满12周岁未满14周岁行为人实施的行为中包含了故意杀人或者故意伤害行为，即具备了追究该年龄段行为人刑事责任的罪行条件。如在绑架、抢劫中故意杀人，按照刑法规定应当认定为绑架罪和抢劫罪，但是，如果是已满12周岁未满14周岁行为人实施的上述行为，是符合追究刑事责任的罪行条件的。

（二）罪行条件应包含刑法拟制为故意杀人罪、故意伤害罪的情形

法律拟制是基于某种政策或意图将基本规定的法律效果适用于该行为或事物②。我国刑法中规定了拟制为故意伤害罪和故意杀人罪的情形。如非法拘禁中使用暴力致人伤残、死亡的，聚众斗殴致人重伤、死亡的，这些情形依法均按照故意伤害罪、故意杀人罪定罪处罚。如果已满12周岁未满14周岁行为人在非法拘禁、聚众斗殴过程中，故意杀人或者故意伤害他人，应该认为也符合追究其刑事责任的罪行条件。原因在于：如前所述，《刑法》第17条第3款中规定的已满12周岁未满14周岁行为人实施"故意杀人、故意伤害罪"指的是具体行为，至于该年龄段的人是否实施了其他行为，并不在考虑之列。

三、"致人死亡或者以特别残忍手段致人重伤造成严重残疾"的理解与适用

"致人死亡或者以特别残忍手段致人重伤造成严重残疾"是已满12周岁未满14周岁行为人承担刑事责任的结果条件。这个条件同样存在尚待厘清之处。

---

① 胡云腾、徐文文：《〈刑法修正案（十一）〉若干问题解读》，载《法治研究》2021年第2期，第62页。

② 刘宪权、李振林：《刑法中的法律拟制与注意规定区分新论》，载《北京社会科学》2014年第3期，第100页。

（一）对"特别残忍手段"的理解

刑法条文中有"特别残忍手段"的立法例①，但对何为"特别残忍手段"并没有明确，司法解释也没有详细界定。司法实践中对"特别残忍手段"的认定存在分歧。在最高人民法院刑事审判参考案例第830号"胡金亭故意杀人案"中，75岁的胡金亭被一审法院认定为故意杀人罪，判处死刑，二审法院认定其故意杀人手段没有达到"特别残忍"，改判无期徒刑。这也反映出司法机关对"特别残忍手段"的理解不一致。

准确界定"特别残忍手段"并不容易。一方面，由于法有限而情无穷，"特别残忍手段"的情形难以完全列举；另一方面，"特别残忍手段"是一个价值判断，评价标准带有道德和伦理色彩，而非明确的法律规范，这也加大了"特别残忍手段"认定的难度。本文认为，对"特别残忍手段"的理解可以从意大利犯罪学家加罗法洛的自然犯罪观中获得启发。加罗法洛指出，人类存着基本的仁慈或怜悯情感，怜悯使人避免任何与社会无益的残忍行为，它限制我们去制造生理痛苦，阻止我们去制造精神痛苦，使我们在看见邻人处于痛苦中时帮助他们②。违背人类怜悯情感的行为就是自然犯罪。怜悯是人之为人的基本要求，是底线中的底线，缺乏怜悯情感的人就是孟子口中的"无恻隐之心，非人也"。据此，"特别残忍手段"是指严重违背人类的善良风俗、伦理底线和恻隐心的手段，是令人发指，让社会公众难以接受的手段。如果已满12周岁未满14周岁行为人以严重违背人类怜悯情感，增加被害人痛苦的方式杀伤他人即可认定为"特别残忍手段"。具体而言，包括焚烧、冷冻、油煎、毒蛇猛兽撕咬、凌迟、剥皮、破坏或者割除被害人的器官、经脉、四肢等手段；以用剧烈腐蚀物毁人容貌、伤人肌体等方式残害被害人等。

---

① 《刑法》第49条第2款规定："审判的时候已满七十五周岁的人，不适用死刑，但以特别残忍手段致人死亡的除外。"《刑法》第234条规定了故意伤害罪，其第2款规定："犯前款罪，致人重伤的，处三年以上十年以下有期徒刑；致人死亡或者以特别残忍手段致人重伤造成严重残疾的，处十年以上有期徒刑、无期徒刑或者死刑。"

② ［意］加罗法洛：《犯罪学》，耿伟、王新译，中国大百科全书出版社1996年版，第34、41页。

（二）"致人死亡或者以特别残忍手段致人重伤造成严重残疾"适用于故意杀人

《刑法》第17条第3款规定："已满十二周岁不满十四周岁的人，犯故意杀人、故意伤害罪，致人死亡或者以特别残忍手段致人重伤造成严重残疾，……应当负刑事责任。"从语词表述上看，"致人死亡或者以特别残忍手段致人重伤造成严重残疾"是否适用于故意杀人并不明确。已有学者认识到，已满12周岁未满14周岁的人，实施故意杀人即使没有致人死亡，但只要以特别残忍手段致人重伤造成严重残疾的，就存在被追究刑事责任的可能[①]，但对缘何得出这一结论，却未作论证。本文认为，该年龄段行为人故意杀人出现且必须出现"致人死亡"或者"以特别残忍手段致人重伤造成严重残疾"中的任一结果，才有可能负刑事责任。

1.从逻辑关系能推演出该结论

《刑法》第17条第3款中规定的"故意杀人"和"故意伤害"之间用顿号连接，从逻辑关系看，二者是不相容析取关系，这种关系的特点是在有多个子命题的情况下，只有一个子命题所表示的事物情况为真[②]。言下之意，"故意杀人"与"故意伤害"两个条件只能满足其一，才构成真值条件。在结果条件中，"致人死亡"与"以特别残忍手段致人重伤造成严重残疾"是用"或者"连接的，二者是相容析取关系，即两个条件仅满足其一，或者两个条件都满足，均可推导出该表达式成立。而法条中，"故意杀人、故意伤害罪"与"致人死亡或者以特别残忍手段致人重伤造成严重残疾"之间为合取关系，即两个条件必须都满足真值才能使该表达式成立。因此"致人死亡或者以特别残忍手段致人重伤造成严重残疾"对故意杀人和故意伤害均适用。易言之，已满12周岁未满14周岁的人故意杀人，无论是致人死亡还是致人严重残疾都符合追究其刑事责任的结果条件。

---

① 彭文华、傅亮:《论〈刑法修正案(十一)〉关于刑事责任年龄的规定》,载《青少年犯罪问题》2021年第1期,第29页。

② 张大松、蒋新苗:《法律逻辑学教程》(第3版),高等教育出版社2013年版,第36页。

2.从文理解释和比较解释的规则能得出该结论

文理解释是对法律条文的字义，包括单词、概念、术语，从文理上所作的解释，表现为对刑法规定的词组，联系句子结构、文字排列和标点符号等进行语法上的分析，从而阐明刑法规定的含义和内容。《刑法》第17条第3款规定的"致人死亡或者以特别残忍手段致人重伤造成严重残疾"并没有和"故意伤害罪"连为一体，而是用逗号隔开，因此，"致人死亡或者以特别残忍手段致人重伤造成严重残疾"并不专属于故意伤害行为，而是也应适用于与故意伤害并列不相容的故意杀人行为。这个结论也可以通过将该条文与相关条文比较后得出。《刑法》第17条第2款规定"已满十四周岁不满十六周岁的人，犯故意杀人、故意伤害致人重伤或者死亡……，应当负刑事责任"。其中"故意伤害"与"致人重伤或者死亡"连为一体，并用顿号与"故意杀人"并列，因而，致人重伤或者死亡只适用于故意伤害行为，不适用于故意杀人行为。不同的文理表达不是立法者的疏漏，而是有意为之，是根据行为人的刑事责任能力不同作出的设置。

3.基于刑法条文的协调性能得出该结论

法条内部的协调是指一个法条内部必须和谐一致①。刑法是按照一定逻辑体系编纂而成的，条文内部及条文之间具有协调性。

首先，从《刑法》第17条第3款本身来看，"致人死亡或者以特别残忍手段致人重伤造成严重残疾"的结果适用于故意伤害行为是毋庸置疑的，举轻以明重，这一结果也应当适用于故意杀人行为，否则会出现"故意伤害以特别残忍手段致人重伤造成严重残疾"和"故意杀人以特别残忍手段致人重伤造成严重残疾"两种情形最低刑事责任年龄倒挂的不合理局面②。即可能导致已满12周岁未满14周岁行为人故意伤害致人死亡或者重伤被害人致其严重残疾需承担刑事责任，但该年龄段行为人故意杀人导致上述结果却不承担刑事责任的悖论。

---

① 张明楷：《增设新罪的原则——对〈刑法修正案十一(草案)〉的修改意见》，载《政法论丛》2020年第6期，第11页。
② 陈志军：《最低刑事责任年龄三元模式的形成与适用》，载《检察日报》2020年12月22日第3版，第2—3页。

其次，从《刑法》第17条中各款的协调性来看，《刑法》第17条第2款规定："已满十四周岁不满十六周岁的人，犯故意杀人、故意伤害致人重伤或者死亡……，应当负刑事责任。"据此，已满14周岁未满16周岁的人只要实施了故意杀人的行为，即使没有造成被害人重伤或者死亡的结果，仍可追究他们的刑事责任。但众所周知，不同的年龄反映的是人辨认和控制能力的大小，进而决定刑事责任能力的有无与程度。从整体上来说，已满12周岁未满14周岁的人辨认和控制能力比已满14周岁未满16周岁的人弱，因而他们承担刑事责任的条件应该比已满14周岁未满16周岁的人承担刑事责任的条件更加严格。体现在结果上，即要求已满12周岁未满14周岁行为人实施故意杀人行为，应导致被害人死亡或者以特别残忍手段致被害人重伤造成其严重残疾才承担刑事责任。以严重结果补强刑事责任能力是犯罪主客观相统一的要求，体现了立法的科学性。

四、对"情节恶劣"的理解

"情节恶劣"是已满12周岁未满14周岁行为人承担刑事责任的程度条件，也是最难把握的条件。12周岁至14周岁情节犯的特点之一便是刑法规范中"情节恶劣"内涵的开放性与模糊性[①]。正因为如此，它很容易被随意框定，泛化适用。

（一）"情节恶劣"具有独立性和综合性

独立性是从它的地位来说的。"情节恶劣"是独立于前两个条件的实体条件，是已满12周岁未满14周岁行为人成立犯罪的构成要件之一。这就意味着：不能以罪行条件和结果条件的符合代替"情节恶劣"条件的审查，否则会导致该条件的虚设。综合性是从其内容上来说的。"情节恶劣"涵盖的范围较广，其评价的内容不能脱离罪行条件和结果条件，它是对犯罪主客观方面的综合评价。易言之，它是对已满12周岁未满14周岁行为人在实施故意杀人、故意伤害行为，导致被害人死亡或者致其重伤造成严

---

① 沈颖尹:《法定最低刑事责任年龄降低与刑事法治理念相契合》，载《人民法院报》2021年1月14日第6版，第1页。

重残疾这一过程中的表现作出的整体评价。

（二）"情节恶劣"的具体表现

从理论上厘定"情节恶劣"同样困难，但结合司法实践，我们至少可以从如下方面考虑"情节恶劣"的具体表现：（1）犯罪动机、目的、原因、犯罪的意念。比如为逞强、泄愤、报复、图财、灭口而蓄意杀伤他人，在被害人失去反抗能力后求饶、逃跑、呼救的过程中仍然执意追杀被害人等，均可认为属于"情节恶劣"。相反，如已满12周岁未满14周岁行为人仅因与对方突发口角纠纷而故意杀害被害人的，该未成年人虽然致人死亡，可以认为其不属于"情节恶劣"①；如被害人存在重大过错，行为人为反抗校园霸凌、家庭暴力或者防卫过当而实施了故意杀人、故意伤害行为，不宜认定为"情节恶劣"。（2）犯罪对象。如果犯罪对象人数多，犯罪对象为年老、年幼、有精神疾病的人及孕妇等弱势群体，或者被害人是行为人的亲属，可以考虑为"情节恶劣"。（3）犯罪工具、犯罪手段、杀伤次数、持续时间。如持枪支、管制刀具或其他凶器杀伤他人；犯罪手段特别残忍；犯罪行为持续的时间长、次数频繁，如用凶器数十次捅刺被害人，故意加重被害人痛苦，都可以认定为"情节恶劣"。（4）当众、当亲人面实施杀害行为，增加双方的痛苦，应认定为"情节恶劣"。（5）伴随其他严重危害社会的行为。如伴随有强奸、绑架、放火、爆炸等严重危害社会的行为，有抛尸、碎尸、藏尸、嫁祸于人或者毁灭现场、恐吓被害人等行为，均属于"情节恶劣"。（6）在共同犯罪中的作用。如已满12周岁未满14周岁行为人是共同故意杀人、故意伤害犯罪中的主犯，可以认定为"情节恶劣"。

（三）"情节恶劣"是入罪条件而非量刑评价因素

有学者认为，《刑法》第17条第3款中的"情节恶劣"并不影响两罪

---

① 周光权：《刑事立法进展与司法展望——〈刑法修正案（十一）〉总置评》，载《法学》2021年第1期，第23页。

的构成要件齐备程度，属于量刑情节①。这种说法有失妥当。众所周知，犯罪—刑事责任—刑罚是顺序不可逆的逻辑链条，是"无之必不然"的必要条件关系。没有定罪追责就谈不上刑罚适用和量刑问题。如前所述，《刑法》第17条第3款中的"情节恶劣"是评判已满12周岁未满14周岁行为人的行为是否该入罪的实体条件之一，是追究该年龄段行为人刑事责任的前提。其功能在于评判行为人的行为是否该入罪追责。当然，情节恶劣的程度可能会影响到量刑的轻重，但不能改变"情节恶劣"作为入罪条件的功能定位，更不能将其与量刑情节混为一谈。明确了这一点，有助于澄清以下三种关系。

一是不能将事后表现视为"情节恶劣"。如已满12周岁未满14周岁的行为人事后有自首、坦白、认罪认罚等从宽量刑情节，我们不能据此否定其在故意杀人、故意伤害时的"情节恶劣"而不追究其刑事责任。相反，如果其事后认罪悔罪态度不好、拒绝赔偿、不配合调查，我们也不能据此认定其行为符合此处的"情节恶劣"而追究其刑事责任。二是不能将"情节恶劣"的时间跨度往前无限追溯。"情节恶劣"仅限于对行为人实施故意杀人、故意伤害行为时的主观心理和客观事实进行的综合评价，而不能将此前行为人打架斗殴、小偷小摸等一贯不良表现作为此处的"情节恶劣"加以考虑。三是不能在定罪与量刑时对"情节恶劣"作重复评价。如满13周岁的人强奸、故意杀人并分尸，如将"强奸""分尸"作为"情节恶劣"的表现，决定追究其刑事责任时，则对其量刑时不能再考虑"强奸""分尸"而对犯罪人适用较重的刑罚。

五、结语

在未成年人违法犯罪的治理上，国家始终将"教育、感化、挽救"的方针以及"教育为主、惩罚为辅"的原则一以贯之②。最高人民法院出台

---

① 戴锦澍：《刑事责任年龄的域外考察与立法现状》，载《人民法院报》2020年12月10日第5版，第2页。

② 刘宪权、石雄：《对刑法修正案调整最低刑事责任年龄的商榷》，载《青少年犯罪问题》2021年第1期，第15页。

的《关于加强新时代未成年人审判工作的意见》再次强调坚持未成年人利益最大化原则，确保未成年人依法得到特殊、优先保护。我国刑法虽然将已满12周岁未满14周岁行为人纳入管辖范围，但与此同时，也为其承担刑事责任设置了严格条件，体现了国家对未成年人的特殊保护。虽然学界对降低刑事责任年龄下限是否合理和必要还存在争议①，但是在《刑法修正案（十一）》对刑事责任年龄下限作个别下调之后，准确适用关于低龄未成年人犯罪的新规定就非常重要②。该条款中无论是"特别残忍手段"还是"情节恶劣"，其外延与内涵均不甚明确③。因此，解析已满12周岁未满14周岁行为人承担刑事责任条件，厘清各条件之间的逻辑关系，对于促进立法完善，助力司法实践，落实立法目的都具有重要的价值。

---

① 如有学者认为，我国目前不应降低未成年人负刑事责任的最低年龄，下降刑事责任年龄的合理性存疑。参见赵秉志：《〈刑法修正案（十一）〉理解与适用》，中国人民大学出版社2021年版，第38—39页。也有学者认为，将最低刑事责任年龄设置在12周岁不仅符合未成年人心理发展规律，同时也与我国目前法治建设、未成年人刑事司法制度构建进程契合。参见沈颖尹：《关于〈刑法〉第十七条的审思与完善——以〈刑法修正案（十一）〉为视角》，载《北方法学》2021年第3期，第151—160页。

② 彭新林：《理性看待刑事责任年龄下限个别下调》，载《民主与法制时报》2021年2月4日第6版，第2页。

③ 刘宪权、陆一敏：《〈刑法修正案（十一）〉的解读与反思》，载《苏州大学学报》（哲学社会科学版）2021年第1期，第40页。

澳大利亚量刑制度及其改革

张家铭[*]

摘　要：刑罚是惩治犯罪的重要手段，正确、合理的量刑关系是影响刑法实效性的重要因素。社会日新月异，各国的量刑制度也随之发生变革，澳大利亚的量刑制度亦然。澳大利亚存在量刑不一致的问题，目前正在进行量刑制度的改革。

关键词：量刑情节；比例原则；期待可能性；改革

澳大利亚曾是英国的殖民地，1901年成为英国的自治领地，1931年独立，但仍是英联邦成员国。因此，澳大利亚的刑罚体系深受英国法的影响。因其是多元文化的移民国家，近些年制定的部分成文法，部分州甚至整个国家的法律体系都具有大陆法系的某些特点。据统计，澳大利亚是犯罪指数较低、安全指数较高的国家。

一、澳大利亚现行量刑制度的渊源

罪刑相适应是量刑制度非常重要的原则。对犯罪人而言，量刑是惩罚犯罪人的依据，刑罚需要表明量刑的合理性、公正性。量刑与刑罚二者密不可分，厘清刑罚的基础及为何施加刑罚是正确量刑的前提。

---
* 张家铭，吉林大学法学博士，主要研究方向为英美刑法。

本文系长春师范大学人文社会科学基金青年项目"国家监察体制下中澳反腐合作机制研究"（编号：［2019］002）阶段性成果。

（一）理论渊源

报应主义和功利主义是刑罚的主要理论基础。

报应主义是传统的刑罚观，也是得到最多支持的刑罚观。但学界对其界定并不是十分明晰，存在诸多流派，较为普遍的观点认为犯罪人应受到刑罚处罚，由此产生的痛苦是犯罪人应承受的。具体而言，报应主义以惩罚罪犯为目的，对经过思考后作出的违法行作出与违法程度相适应的刑罚。功利主义认为刑罚造成的痛苦会超过实施犯罪获得的快乐[①]。从贝卡里亚认为必要的刑罚才是公正的，到边沁提出刑罚是一种必要的恶，从此，刑罚彻底功利化[②]。

报应主义和功利主义最明显的区别是对刑罚实施的关注点不同。报应主义更注重过去，以此来判断刑罚是否适当。功利主义只关注实施刑罚后的未来，它的目标是赔偿、达成和解等，而非刑罚本身。

（二）法律渊源

澳大利亚各州在一定范围内有自己独立的立法权和司法权，量刑的法律依据也在此范围内。因此，各州根据各自的情况发布量刑的法律。在昆士兰州，在遵循普通法原则的同时，也有一些本州的特别规定（法定原则）。

普通法中的量刑原则如下：个案原则，即判决应考量特殊案件中的所有特点；平等原则，即相似的案件判决也应相似；比例原则，即量刑与犯罪行为的严重程度是相适应的；全面性原则，即有多个犯罪行为的犯罪人，法院对其量刑不是简单的若干单独或累积的宣判，而是给出一个合理的数罪并罚[③]。

昆士兰州规定的法定原则如下：昆士兰州的这些原则不适用于16岁以下儿童有关的性犯罪。优先判决犯罪人留在社会，监禁是最后的手段。

---

① 1976年Andrew Von Hirsch提出"Just Deserts"理论，根据罪犯的责任能力与犯罪行为的危害性而处以刑罚。这个理论被认为可以帮助立法和司法消除公众对日益增长的犯罪率而产生的愤怒。

② 陈兴良：《刑法的启蒙》，北京大学出版社2018年版，第89，120—121页。

③ Bagaric M, Edney R, Alexander, *Sentencing in Australia (Sixth edition.)*. Pyrmont. N.S.W: Thomson Reuters Professional Australia Limited, 2018: 24.

二、澳大利亚法律制裁的形式

在澳大利亚，法律制裁的主要形式有十多种，但对犯罪人实施的主要是四种：撤销、释放或保释，罚金，中间制裁，监禁。

监禁是刑罚制度的基石。澳大利亚的监禁率与美国相比非常低，但其监禁刑的运行成本较高。澳大利亚囚犯人数从2015年开始增多，2018年较为平稳，2019年开始下降，从2019年6月到2020年6月，囚犯人数下降了5%，监禁率下降了7%，2021年首次出现全国性的囚犯人数减少。这些变化与刑事政策、经济环境相关，如自2020年3月开始，为防控疫情而采取的各项限制措施，对犯罪活动和司法系统都产生了影响。图1所示为澳大利亚2015—2020年的监禁人数情况[①]。

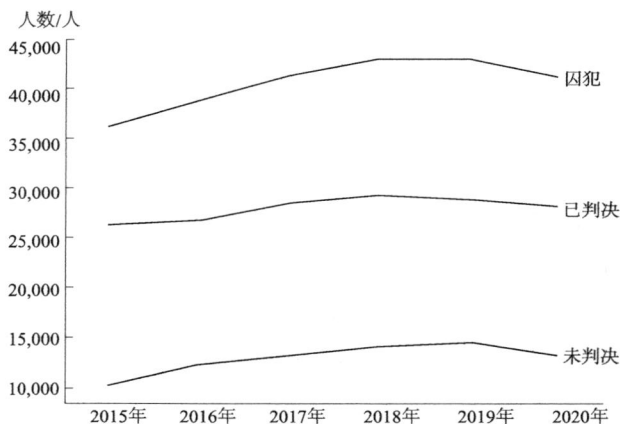

图1　2015—2020年澳大利亚监禁人数

中间制裁比较特殊，是为了解决犯罪行为的严重性不足以实施监禁，处以罚金又不足以惩治这种犯罪行为或者犯罪人没有支付罚金的能力的问题，主要由法庭和立法机关设立，包括社会服务令[②]、拘留、缓刑[③]、强化

[①] Australian Bureau of Statistics, Prisoners in Australia 2020,https://www.abs.govau/statistics/people/crime-and-justice/prisoners-australia/latest-release.

[②] 社会服务令，即强制犯罪人去劳动，一般以项目的形式有针对性地帮助犯罪人恢复正常社会活动。这种方式的使用率非常高，根据澳大利亚统计局2016年的统计,社会服务令的使用频率约是监禁的2倍。

[③] 缓刑在维多利亚州和南威尔士州不适用。

惩戒令。除缓刑外，中间制裁非常突出的特点是有一定的监视功能，在一定程度上限制了自由，但和监禁相比，自由度又明显更高。

罚金刑在澳大利亚实施已久，但在实施中发现，对于高收入的犯罪人处以罚金，并不能对其产生较大的影响，因此，澳大利亚借鉴欧洲部分国家的做法采用弹性罚金，根据犯罪人的日收入决定罚金的数额。除监禁外，其他法律制裁可以在未定罪的情况下实施。

三、澳大利亚现行量刑制度的内容

在澳大利亚现行量刑制度中，量刑情节不是固定、封闭的，而是随着对人类犯罪行为原因研究的深入，新犯罪（如网络犯罪）的出现而变化。据研究统计，大概有200～300个因素与量刑相关[①]。量刑情节并不是集中规定的，其来源多样化，包括法定原则、普通法、法律规定等。

（一）加重情节

1.加重的法定原则

大部分量刑法规中只规定了少量的加重情节，一般需要根据犯罪人的行为轨迹、所处环境、行为后果及对受害人的影响来综合考量。例如，行为人明知或应知对方是孕妇，仍对其实施犯罪行为，造成胎儿死亡或其他严重后果，在量刑时，犯罪人会被加重刑罚。

2.英美法中的加重原则

英美法中，通常没有加重情节就是简单的中立，不会对量刑有影响。但有时却特别重要，尤其是犯罪人没有犯罪记录的情况。在19世纪后半叶，吸收原则是对累犯量刑时适用的主要原则。根据渐失宽和量刑模式[②]，

[①] Shapland J, *Between Conviction and Sentence*, Routledge and Kegan Paul, 1981: 55.

[②] 这一模式认为，应对累犯处罚更严厉，但并不是因为其有前科，而是和首犯相比，他们不值得怜悯。但人们对这个理论也有争议，按照这个逻辑，有前科的犯罪人和没有前科的犯罪人实施同样的犯罪行为，有前科的犯罪人会受到更严厉的刑罚。反对者认为这是对同一犯罪行为评价了2次。如果想反驳上面的观点，那就不是因其行为而惩罚，而是因其坏的品质。在澳大利亚的一些区域,量刑时不仅考量犯罪人的前行为,还考虑犯罪人的声誉及贡献。这与惩罚前行为相左,也有违比例原则。据相关研究,威慑与犯罪受到某种刑罚有一定关系,但与刑罚幅度无关。

减少量刑应考虑首犯或较少的犯罪记录。据此，累犯无法适用减轻情节。在澳大利亚，人们对此持赞同的态度，但认为对有犯罪前科的人适用更严厉的刑罚具有正当性。

人们对前科的观点如下：对犯罪人再犯罪施以更重的刑罚并不是一项原则；前科不会增加所犯罪行的客观严重性，但"报应、威慑、社会保护"显然需要更重的判决；前科不会导致犯罪人因前罪再次被罚；前科可能会剥夺犯罪人的宽大处理（只针对初犯）；前科表明犯罪不是异常行为或会增加道德罪恶感或有危险倾向，会对社会产生不利影响，难以回归文明社会；前科只是让刑罚在合理的范围内加重，已是刑罚上限的则不适用加重。

不仅前科会导致加重刑罚，后罪①也会。后罪不会必然导致刑罚加重，而是要综合考虑当时的情节，但是对其宽大处理是不合理的。

大多数澳大利亚的司法管辖中有法规规定加重情节，这实质上加强了前科对量刑的影响，降低了比例原则的适用范围。那些涉及严重的暴力犯罪及性犯罪的犯罪人，被认为会威胁社会的安全，可被实施不定期监禁。据统计，有前科被监禁的概率是初犯的6倍。

3.人身、财产损害

人身损害能否成为加重情节并不明确。虽然理论上来说，只要对身体伤害的程度超过构罪的最低要求，即属于加重情节，但实际上，法庭并不会这样量刑，而是以"常态"作为标准。如果犯罪行为对被害人的身体伤害超过此罪正常的范围限度，则被视为加重情节。

犯罪行为导致财产损害属于加重情节。这种财产损害不要求有可辨认的受害人②。

4.受害人

针对特定人群（老年人、青少年、出租车司机、警察和司法人员）的犯罪行为属于加重情节。

---

① 后罪指被起诉后判决前实施的犯罪行为。

② Kamay v The Queen [2015] VSCA 296.内幕交易罪中，即使没有可证明的受害人，也假设已经产生财产损害。

相对而言，老年人、青少年属于需要保护的弱势群体，容易受到伤害，造成的负面影响更严重。如在商场对老年人实施盗窃行为，不仅是对其身体、财产的伤害，对老年人在公共场所的安全感也是一种侵害。针对警察的犯罪行为属于加重情节，这既是对这种行为的否定，也是为了降低执法人员的风险。在维多利亚州，伤害紧急服务人员的犯罪行为最低法定刑是6个月监禁。

5.犯罪计划周详

计划周详的犯罪因为难以侦查、调查找到证据起诉，需要耗费大量司法资源。从一般威慑和特别威慑的角度分析，制订周详的犯罪计划的行为人更容易权衡利弊，受到刑期影响，因此，有周详的犯罪计划是加重情节之一。

6.保释期间犯罪

保释期间犯罪意味着犯罪人违反了对法庭的承诺（不再犯罪及其他条件），被告人滥用了附条件自由。保释期间犯罪作为加重情节，其法律基础既有制定法，也有英美法授权。缓刑或服刑期间犯罪作为加重情节的理由同保释期间犯罪加重处罚相似。

7.团伙作案

团伙对独自的受害人实施犯罪行为，意味着主观恶性更大，随机性有可能会使受害人受到严重伤害。

8.违反诚信①的行为

诚信涉及人际关系、互助关系甚至整个社会的信任度，诚信也是法律的基础之一。违反诚信是否作为加重情节需要判断犯罪行为是否发生在这种信任关系的基础上。这种信任关系多种多样，可能是天然的，如孩子与父母之间的信任；可能是法定的，如基于委托照顾老人的保姆与被照顾的老人及其亲属之间的信任；可能是在特定情形下的，如报案人与警察之间的信任。

9.动机

动机影响犯罪人的道德上的罪责，在一定的情形下，会被认定为加重

---

① 在这里法律保护的主要是忠诚、尊重和忠心这些价值。

情节。当行为人有持续违反法律的态度或拒不执行法院命令并因此犯罪，会被加重处罚。

10.犯罪的普遍程度

在澳大利亚，将犯罪的普遍程度作为加重情节的考虑因素已经有一百多年的历史。什么是"普遍程度"？如何来理解"普遍程度"，是经常发生这类犯罪还是这类犯罪的犯罪率在不断增长？实际上，并没有"普遍程度"的概念界定，在相关判例中，也没有对"普遍程度"的具体解释。如果法官认为被控告的罪具有"普遍性"[①]，被告人可以对此提出意见书，不过法官有驳回的权力。

11.代表诉因

当犯罪人涉嫌的犯罪数量太多，时间太久，无法有准确的细节时，选取部分有代表性的罪起诉。此时，代表诉因就是加重量刑的因素，因为被告人的可怜悯性已被剥夺。

（二）减轻情节

大部分减轻情节源于普通法，规定减轻情节的制定法屈指可数。在有多个减轻情节的情况下，在不违反比例原则的前提下，按照吸收原则减轻量刑。普通法的减轻情节适用于澳大利亚所有地区，主要包括以下几种情节。

1.认罪

认罪虽然是减轻情节，但对此也有人持反对意见，认为这与传统的刑罚理论相违背，有可能使无辜的人为了轻判而认罪，有剥夺被告人公平审判权之嫌。认罪不考虑犯罪人的真实态度，也与证明其有罪的证据无关，可以节约司法资源，即使认罪申请被政府拒绝，只要陪审团裁定同样可以减轻量刑。可以通过两种方式减轻量刑：一是法庭决定刑期的百分比，二是法官决定刑罚。

通过认罪来减轻刑罚，除有理由认为主观上应允许低于全部比例外，法官不需要分别处理辩诉利益的客观标准和主观标准。刑事案件的力度只

[①] "普遍性"的认定不需要严格的证据，可以用司法认知来判断。

能支持这样一种推断，即在认罪的决定中，认罪的书面证据说明主观标准发挥的作用微乎其微，其幅度比例一般以请求时间来划分，较早申请则减轻幅度的比例就越大。

2.协助执法机构

犯罪人协助执法机构一般与认罪的减刑比例相似，从功利角度出发，协助执法机构的行为可以发现刑事犯罪，保障社会安全；犯罪人能借此表示自己悔过的态度，脱离犯罪的生活模式，成为守法公民，重回社会；削弱犯罪人之间的信任，更早地发现犯罪并起诉，实质上减少了犯罪时间。这种协助行为与我国的检举立功不同，协助行为的条件更宽松，不需要与被指控的罪有关，甚至包括其他人对自己实施的犯罪。

3.悔过

悔过被描述为对自己所做的事感到遗憾或悲伤。但对其识别很难，有时会被认为是自怜或权宜之计。有人建议通过以下方式认定犯罪人是否为真心悔过：认罪、与警方合作、作出赔偿、道歉、自伤或试图自杀。

4.犯罪中止、自首

犯罪中止和自首都是减轻量刑的情节。自首减轻量刑的比例主要考虑犯罪被发现的可能性；如果没有自首，在法庭上被证明该罪行超越合理怀疑的概率更高。

5.智力和精神障碍

智力和精神障碍在澳大利亚种类众多，无论在犯罪中还是在法庭上，证明犯罪人有智力和精神障碍，都可以作为减刑情节，即使是突然的精神错乱。但是自己诱使发生精神障碍不属于减轻情节。这种行为更多是为了犯罪后减轻自己所受的刑罚，与智力和精神障碍犯罪人刑罚的基础相违背。

6.赌博、药物成瘾和醉酒

减刑可以提高犯罪人回归社会的可能性，醉酒会使犯罪人脱离原本的性格，降低行为的可责性，如果想成为减轻情节，需要犯罪人证明不知道自己醉酒后会有犯罪行为。如果犯罪人为了自己吸毒而贩毒，可以作为减轻情节。

随着赌博的流行，因赌瘾而犯罪成为减轻情节的趋势在上升。有证据证明，赌瘾会扭曲和削弱人的自控能力，以致犯罪，因此可以作为减轻情节。

7.青少年

在一些条件下，青少年是减轻情节的因素，其原因有以下几点：青少年的思想还不成熟，认知能力有限，对犯罪行为的认识不足；更适合"柔性"司法，容易回归社会；进入监狱容易习得犯罪；在犯罪时是儿童。如果是严重的犯罪，减轻刑罚的可能性会降低。

综上所述，在澳大利亚的量刑制度中，对量刑情节的规定比较模糊，缺少明确的加重或减轻的比例。不同的案件类似的情况，在不同的法院，可能会有不同的量刑情节。虽然这在一定程度上避免了机械化，但可能造成惩罚的不公。因此，从量刑制度的目的来看，澳大利亚的量刑制度很少考虑加减刑罚。量刑情节的分析反映了在澳大利亚的刑法制度中，并未完全贯彻比例原则，有时甚至会与其相违背。量刑情节不应仅局限于量刑制度中考虑，而应从刑事法律制度乃至整个法律制度中综合考虑。

（三）量刑指南[①]

在 R v Henry （1999）、Murray v The Queen 案件中，明确量刑指南是为了使法官在量刑时更灵活地运用它，量刑指南只具有指导性，不具有强制性[②]。在新南威尔士，1998 年量刑指南的部分内容在 R v Juristic 案件中第一次被发布[③]，但在 2001 年的 Wong v The Queen 案件中，法院认为，在联邦犯罪案件中适用量刑指南有违宪之嫌。2008 年，西澳上诉法院明确拒绝发布正式的量刑指南，但是在司法实践中，存在大量的附条件适用的非正

---

① 量刑指南对具体的罪名及涉及的减轻或加重的情节等影响量刑的因素进行整合，一般会给出相应的量刑标准的建议。

② Bagaric M, Edney R, Alexander, *Sentencing in Australia (Sixth edition.)*, Pyrmont. N.S.W: Thomson Reuters Professional Australia Limited, 2018: 64.

③ 通过一系列案件丰富量刑指南的内容，如提供危险驾驶造成人员死亡或重伤的具体量刑标准；提供青年犯罪人认罪的武装抢劫的量刑标准；确定入室盗窃减轻或加重刑罚的情节，但没有具体的刑期；如果认罪可以按正常刑期减少 10%～25%。

式的量刑指南。在南澳，虽然没有明确的立法基础，但是在法官的推动下于1989年发布了量刑指南。不过，近年来有避免进一步细化适用量刑指南的趋势。维多利亚州对量刑指南的适用持消极态度，为实施社会矫正令，在2014年首次适用量刑指南[1]。量刑指南的影响力越来越大，特别是在跨管辖区[2]。

（四）大数据与量刑

科技对法律必然会产生影响，在大数据时代，数据和量刑之间有着微妙的联系。统计数据可以为量刑提供参考，对量刑范围有一定的影响，但是在面对一些特殊情况时，其参考作用会减弱，如案件有特殊情况、不是案件管辖区内的数据统计、统计的时间跨度太小等。

数据与量刑的关系主要体现在以下几个方面：①数据分析有利于帮助法官找到确定特别犯罪刑期的突破点；②统计数据的有效性与统计的年限长度成正比；③跨管辖区域的相似案件，其参考性低于同管辖区域内的案件；④除特殊情况，法官一般会在统计数据的幅度内量刑；⑤统计数据有利于确定量刑范围，但不能确定具体的量刑[3]。

简言之，统计数据可以为量刑提供一定的参考，但量刑不应因此而被束缚。

四、澳大利亚量刑制度的改革

澳大利亚现行量刑制度追求难以实现一般威慑、特别威慑、恢复性司法的目标，并由此产生一系列的量刑问题：犯罪的严重性与刑罚的严厉性不能完全匹配；监禁刑运行成本高[4]；量刑不一致；主要依靠自由心证预

---

[1] Bagaric M, Edney R, Alexander, *Sentencing in Australia (Sixth edition.)*, Pyrmont. N.S.W: Thomson Reuters Professional Australia Limited, 2018: 73.

[2] 关于量刑指南的观点主要有两种：一是认为量刑指南旨在加强判决的一致性与透明性；二是认为律师有必要熟悉与承办案件相关的量刑指南。

[3] Bagaric M, Edney R, Alexander, *Sentencing in Australia (Sixth edition.)*, Pyrmont. N.S.W: Thomson Reuters Professional Australia Limited, 2018: 63-64.

[4] 根据澳大利亚统计局的数据，澳大利亚被监禁的犯人有60%以上是因为非暴力犯罪和非性犯罪。监禁的成本每人每年超过8000美元，远高于美国（每人每年1700美元）。

判，缺少科学、明晰的量刑体系或指南；刑法的基本原则不稳，例如，有突破比例原则的倾向等。基于以上问题，回顾澳大利亚量刑制度会发现，其有限制法官在量刑上的自由裁量权的趋势，但措施缺少灵活性，如规定法定最低刑。

（一）改革的目标

刑罚的目的主要是使犯罪行为受到惩罚，增加犯罪成本。对于现代社会而言，量刑成本应尽可能地低，以节约司法资源，使每个犯罪人被发现、逮捕的可能性最大化，减少犯罪。

简言之，量刑改革的目标可以归纳为以下几点：①减少犯罪；②适当地惩罚罪犯；③量刑成本最小化；④量刑不与重要的道德原则相违背。

（二）改革的内容

1.以合理、一致、稳定和透明为改革的指导原则，细化量刑范围

根据现行的量刑制度，法官可以因为悔改给犯罪人减轻5%到40%的刑罚，而不需要阐述做出这样的判断的具体过程。这样做虽然充分尊重了法官的自由裁量权，但过于依赖法官的判断，有一定的随机性，缺少科学的依据。因此，应对量刑情节进行有机整合，明确不同情节加重或减轻刑罚的幅度及根据，法官依此做出具体的量刑，并阐述依据。例如，A实施抢劫行为，有认罪情节，根据A认罪的时间设置相应的减轻刑罚的幅度。如在调查时认罪，减轻50%；在起诉时认罪，减轻30%；在庭审时认罪，减轻15%；在法庭辩论后判决前认罪，减轻5%。

有法官认为，这样侵害了司法的自由裁量权及其独立性①。现行的量刑制度造成了一个不容忽视的问题，即量刑不一致，相似的案件、相似的量刑情节、相似的犯罪人却得到不同的量刑②。为解决这一问题，限制法官在

---

① 二者其实并不冲突，在法律出现真空时，才有自由裁量权的生存空间，在一定意义上，法律是自由裁量权的保障。

② Deckert A, Sarre R, *The Palgrave Handbook of Australian and New Zealand Criminology, Crime and Justice*, Palgrave Macmillan, Cham, 2017: 95–109.

量刑时的自由裁量权势在必行，可以继续推行循证量刑和问题导向量刑。目前已经有两个循证量刑中心，即全球循证量刑研究中心（格里菲斯大学）和循证量刑中心（迪肯大学），法官可参考再犯可能性评估报告来对犯罪人进行量刑。

2. 以被害人为中心，结合新技术采取新措施

按照英美法系的传统，被害人不需要在诉讼中陈述，而在维多利亚州和昆士兰州进行的改革赋予了被害人陈述权。被害人的陈述有利于法官对犯罪人的量刑情节进行更综合的考量，从而更合理地量刑。

引入算法可以在保留自由裁量权的同时，提高量刑的透明度和可预测性，增加新的制裁方式，如居家电子监控、禁止乘坐或驾驶交通工具[1]。借助人工智能使用量刑表和统计信息是现代司法的趋势。人工智能不会遗漏加重或减轻量刑的信息，也不会明确指示法官做出"正确的"判决，而是提供一系列可能的判决[2]。科技的引入是为了帮助法官更科学、合理地量刑，并不是代替法官，因此，没有必要担心借助人工智能量刑，会失去判决中的人性或者"温度"。

澳大利亚已经注意到量刑制度方面存在的一些问题，试图限制法官在量刑上的自由裁量权，引入"三振出局"，规定法定最低刑，但这些规定缺少灵活性，效果不佳，因此，又制定了量刑指南。目前澳大利亚量刑制度的改革趋势是坚持比例原则，通过循证量刑和问题导向量刑来应对存在的以及可能发生的问题。

[1] Nigel S, Dan H, Mirko B, "Can Sentencing Be Enhanced by the Use of Artificial Intelligence", *Criminal Law Journal.* 41,2017: 261–277.

[2] Tata C, *Sentencing A Social Process Re-Thinking Research and Policy.* Palgrave Pivot.Cham, 2020: 119–143.

帮助信息网络犯罪活动罪地域差异实证研究

——以 1124 份判决书为样本

赵春阳*

摘　要：帮助信息网络犯罪活动罪为《刑法修正案（九）》新增的罪名，其在实践应用中存在显著的地域集中特点。通过对北大法宝平台中以该罪名为关键词搜索得到的 1124 份判决书加以实证研究，可以得出，在案件量较为集中的华东地区，本罪判处缓刑的比例更大，判处高额罚金刑的比例同样较高。出现这一现象的原因在于华东地区在量刑时更多地考量了从轻量刑因素和具体的量刑情节。

关键词：帮助信息网络犯罪活动罪；网络共犯；实证研究

随着经济社会的发展，作为一种新兴犯罪形式的网络犯罪，特别是其中较具代表性的电信网络诈骗，近年来呈现高发态势。对此，最高人民法院 2019 年 11 月 19 日发布的《司法大数据专题报告：网络犯罪特点和趋势》中指出，网络犯罪案件量逐年上升，且多发于东南沿海地区，其次为东南部非沿海地区和东北部沿海地区、中部地区，具有显著的地域差异。2021 年 4 月 7 日，最高人民检察院网上发布厅发布消息指出，2020 年全国检察机关起诉涉嫌网络犯罪 14.2 万人，同比上升 47.9%，其中集中体现出网络诈骗、网络赌博多发，犯罪手段不断迭代更新，网络犯罪黑灰产业生态圈逐步发展形成，侵犯公民个人信息成为犯罪中的关键因素，集团化、跨境化特征凸显，犯罪主体呈现"三低"（低年龄、低学历、低收入）特征，

---

* 赵春阳，北京师范大学刑事法律科学研究院博士研究生，研究方向为中国刑法学。

老年人与年轻人更易成为受害对象等七个特征。对此，习近平总书记强调："要坚持以人民为中心，统筹发展和安全，强化系统观念、法治思维，注重源头治理、综合治理，坚持齐抓共管、群防群治，全面落实打防管控各项措施和金融、通信、互联网等行业监管主体责任，加强法律制度建设，加强社会宣传教育防范，推进国际执法合作，坚决遏制此类犯罪多发高发态势，为建设更高水平的平安中国、法治中国作出新的更大的贡献。"[①]

而在日益多发的网络犯罪中，帮助信息网络犯罪活动罪作为《刑法修正案（九）》新增之罪名，从罪名定位而言属于诸多网络犯罪的上游犯罪，其构成要件规制的"技术支持""广告推广""支付结算"三种主要形式[②]均为网络诈骗、网络赌博等主流网络犯罪必经之环节。由此，对该罪加以研究能够在一定程度上反映整体网络犯罪的具体情况。同时，本罪从诞生之初就面临着诸多理论争议，其中，较为核心的争议主要包括本罪是否属于帮助犯的正犯化[③]、构成要件中"明知"的具体含义[④]等。而在实践中，本罪是否与前述网络犯罪的整体趋势一样，呈现地域分布上的集中特征，是否随着地域分布的差别而产生定罪量刑上的差异等，值得进一步研究。本文试图通过实证研究的方式，以现有的判决结果，对上述关于本罪的主要争议问题，以及本罪在司法实践中的具体适用情况加以分析，以求能够为理论界对本罪的进一步探讨和司法实践中规范本罪的适用提供相应的参考。

[①]《习近平对打击治理电信网络诈骗犯罪工作作重要指示》，http://www.gov.cn/xinwen/2021-04/09/content_5598703.htm。

[②]《刑法》第287条之二第1款规定："明知他人利用信息网络实施犯罪，为其犯罪提供互联网接入、服务器托管、网络存储、通讯传输等技术支持，或者提供广告推广、支付结算等帮助，情节严重的，处三年以下有期徒刑或者拘役，并处或者单处罚金。"

[③] 张明楷：《论帮助信息网络犯罪活动罪》，载《政治与法律》2016年第2期，第5页。

[④] 阴建峰、刘雪丹：《帮助信息网络犯罪活动罪的法教义学分析》，载《刑法论丛》2016年第4期，第215页。花岳亮：《帮助信息网络犯罪活动罪中"明知"的理解适用》，载《预防青少年犯罪研究》2016年第2期，第27—35页。

一、帮助信息网络犯罪活动罪司法适用概况

在北大法宝平台，以"帮助信息网络犯罪活动罪"为关键词进行搜索，共计得到判决书1124份[①]，剔除重复内容后共计得到判决书1081份，被告人包括单位和自然人在内共计2131个。为行文方便，本文统一表述为被告人，其中，依照案件具体的审结年份对个案加以统计，可以得出如图1所示的内容。

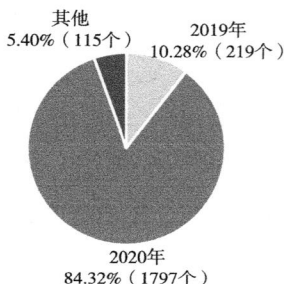

图1　帮助信息网络犯罪活动罪被告人时间分布情况[②]

由图1可以看出，本次统计的主体案件集中于2020年，占比84.32%，案件发生量呈现逐年递增趋势，这一趋势与前述最高人民法院、最高人民检察院发布的消息基本一致。

将我国各省份按照华北、东北、华东、华中、华南、西南、西北七个地域分布加以概括，对上述2131个被告人加以统计，可以得出如图2所示的内容。

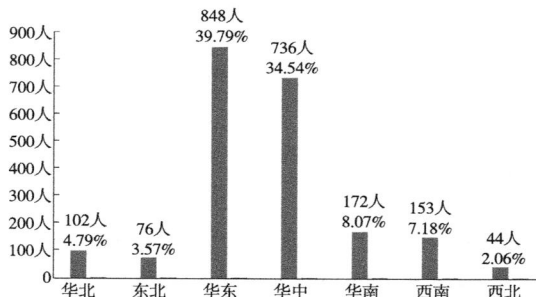

图2　帮助信息网络犯罪活动罪被告人地域分布情况

[①] 搜索日期为2021年1月4日。

[②] 图1中"其他"包括2015—2018年4年，其中2015年共有4名被告人，占比0.19%，2016年共有9名被告人，占比0.42%，2017年共有27名被告人，占比1.27%，2018年共有75名被告人，占比3.52%。

通过图2可以看出，本次统计案例主要集中于华东及华中地区，二者相加占全部被告人的74.33%。而在其他地区中，西北仅占2.06%，为案件发生量最少的地域；东北次之，占3.57%，华北再次之，占4.79%。华南和西南地区案件总量相近，占比分别为8.07%和7.18%。据此可以看出，帮助信息网络犯罪活动罪多发于华东地区和华中地区，呈现出较为显著的地域集中特点。

根据各被告人的具体性质，以自然人、单位、单位主管责任人和直接责任人为标准加以统计，可以得出如表1所示的内容。

表1　帮助信息网络犯罪活动罪被告人性质

被告人性质		频率/人	百分比	有效百分比	累积百分比
有效	自然人	1984	93.10%	93.10%	93.10%
	单位	10	0.47%	0.47%	93.57%
	单位主管责任人和直接责任人	137	6.43%	6.43%	100%
	合计	2131	100%	100%	—

通过表1可以看出，本罪主体以自然人为主，占比93.10%；而在2131个被告人中，仅有10个被告人为单位，可见在司法实践中，单位犯罪并非本罪主要的存在形式。

除去10个被告单位后，对2121个被告人被判处的自由刑类型依照未判处自由刑、缓刑、拘役实刑及有期徒刑实刑进行统计，可以得到各被告人被判处的具体自由刑类型比例分布情况，如图3所示。

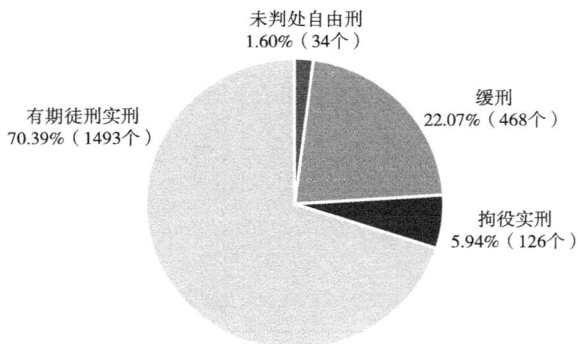

图3　帮助信息网络犯罪活动罪被告人判处自由刑类型

由图3可以看出，在除去单位犯罪的2121个被告人中，共有1493个被告人被判处有期徒刑实刑，占70.39%，126名被告人被判处拘役实刑，占5.94%，468名被告人被判处缓刑，占22.07%，仅有34名被告人未被判处自由刑，占比1.60%。由此可知，当前司法实践对于帮助信息网络犯罪活动罪仍然以判处实刑为主，较少判处缓刑。

此外，将本罪各被告人被判处的罚金刑按照未判处罚金刑、判处罚金刑5000元以下、5000～10000元、10000～20000元、20000～50000元、50000～100000元、100000元以上七个分段进行统计，可以得出如图4所示的内容。

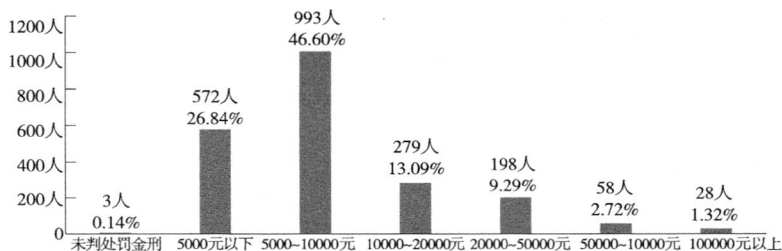

图4 帮助信息网络犯罪活动罪被告人被判处罚金刑情况

由图4可以看出，本次统计的2131个被告人中，仅有3个被告人未被判处罚金刑，仅占0.14%。在判处罚金刑的案件中，罚金的数额集中于5000元以下及5000～10000元，共计达73.44%。

关于本罪各被告人的平均量刑问题，通过对2131个被告人被判处的自由刑和罚金刑加以统计（对自由刑的统计以有期徒刑为准，将被判处缓刑的被告人被判处的刑期减半，被判处拘役的被告人则按照判决刑期计算；罚金刑的统计单位为元），可以得出如表2所示的内容。

表2 帮助信息网络犯罪活动罪被告人平均量刑情况（N=2131）

量刑情况	全距	极小值	极大值	均值	标准差	方差	中值
处断自由刑/月	36	0	36	10.003	5.3171	28.272	9
处断罚金刑/元	980000	0	980000	16260.32	41343.232	1709262820.033	8000

由表2可以看出，本罪2131个被告人被判处的平均自由刑为10个月，最高自由刑为36个月，中值为9个月；平均罚金刑为16260.32元，最高罚

金刑为980000元，中值为8000元。

在具体的量刑情节上，2019年发布的《最高人民法院 最高人民检察院关于办理非法利用信息网络、帮助信息网络犯罪活动等刑事案件适用法律若干问题的解释》第十二条提出了七种具体的认定"情节严重"的情形[①]，其中，"提供资金"在实践中被认定的极少，在本文统计的2131个被告人中仅有13个被告人被认定存在此项情节，因而不对其进行详细分析。正犯行为是否情节严重，以及行为人两年内是否"曾因非法利用信息网络、帮助信息网络犯罪活动、危害计算机信息系统安全受过行政处罚，又帮助信息网络犯罪活动"这两种情形同样由于判决书中难以明确体现而并未具体分析。因而，在本罪的具体情节上，此次研究仅对帮助对象数量、违法所得数额和支付结算数额这三个能够直接体现于判决书中的数据进行了统计分析，得出表3和表4所示的内容。

表3　帮助信息网络犯罪活动罪被告人帮助对象数量

被告人帮助对象数		频率	百分比	有效百分比	累积百分比
有效	3人及以下	1356	63.63%	82.63%	82.63%
	4～10人	152	7.13%	9.26%	91.89%
	11～100人	132	6.20%	8.05%	99.94%
	100人以上	1	0.05%	0.06%	100%
	合计	1641	77.01%	100%	—
缺失		490	22.99%	—	—
合计		2131	100%	—	—

表4　帮助信息网络犯罪活动罪违法所得数额及支付结算数额

	违法所得数额/元	支付结算数额/元
均值	123448.76	133811761.02

①《最高人民法院 最高人民检察院关于办理非法利用信息网络、帮助信息网络犯罪活动等刑事案件适用法律若干问题的解释》第12条第1款规定:"明知他人利用信息网络实施犯罪，为其犯罪提供帮助，具有下列情形之一的，应当认定为刑法第二百八十七条之二第一款规定的'情节严重':(一)为三个以上对象提供帮助的;(二)支付结算金额二十万元以上的;(三)以投放广告等方式提供资金五万元以上的;(四)违法所得一万元以上的;(五)二年内曾因非法利用信息网络、帮助信息网络犯罪活动、危害计算机信息系统安全受过行政处罚，又帮助信息网络犯罪活动的;(六)被帮助对象实施的犯罪造成严重后果的;(七)其他情节严重的情形。"

续　表

	违法所得数额/元	支付结算数额/元
均值的标准差	19449.027	113427878.4
中值	10000	314995
众数	2000	0
极小值	0	0
极大值	13400000	219535921972

由表3可以看出，在2131个被告人中，仅有1641个被告人在其判决书中被明确认定了帮助对象数量，其中帮助对象数量为3人及以下的在有效统计中占82.63%，在全部被告人中占63.63%。由此可以看出，在实践中多数行为人的帮助对象数量较少，与部分论者所指出的，本罪往往呈现大量"一对多"的帮助形式不相符合①。

由表4可以看出，本罪支付结算数额均值极大，远超司法解释规定的20万元的入罪门槛，但其中值仅为314995元，可见在支付结算这一情节上，高额数据拉高了均值，使均值统计结果偏离了实际情况。违法所得数额的中值恰好为司法解释规定的入罪门槛10000元，众数则为2000元。可见，在本次统计的数据样本中，存在大量的违法所得数额低于入罪标准的情况。此类行为人往往因为其他情节达到了入罪标准而被判处刑罚。同时，与支付结算数额相似的是，违法所得数额同样出现了均值受高额数据影响的情况，这一情况也可以由二者的均值标准差较高体现出来。

基于上述统计数据，可以看出，帮助信息网络犯罪活动罪在量刑上呈现出以有期徒刑和小额罚金刑为主的趋势；在具体的量刑情节上，则呈现出帮助对象数量、支付结算数额、违法所得数额整体低于预期水平的特点；在地域分布上，本罪被告人呈现出显著的集中趋势，华东和华中地区的被告人占总数的比例接近三分之二。其中，地域的集中分布是本罪较为明显的特征。基于这一特征，可以提出如下问题：首先，一般而言，在犯罪较为集中的地区，对此类犯罪加以严格处刑从而实现对此类犯罪的严厉打击和控制是刑事政策的惯常表现，那么，本罪案件较为集中的华东和华

---

① 胡云腾：《谈〈刑法修正案（九）〉的理论与实践创新》，载《中国审判》2015年第20期，第27页。

中地区在刑罚处断上较之其他地区是否更为严苛？其次，作为本罪案件量较为集中的地区，华东和华中地区在对行为人加以定罪量刑的各个要件的认定上是否与其他地区存在差别？由此，就有必要进一步基于地域差异对上述数据进行对比分析。

二、帮助信息网络犯罪活动罪地域差异分析

要对本罪在地域上的适用差异进行分析，就先要对本罪的地域适用整体情况加以描述，并对其中可能产生的问题予以进一步的具体分析。对此，可以比照前文，依照处断自由刑种类、处断罚金刑范围，以及处断自由刑和罚金刑的具体数值加以统计分析。

首先，依照地域对各被告人被判处的自由刑类型进行分析，可以得出如图5所示的内容。

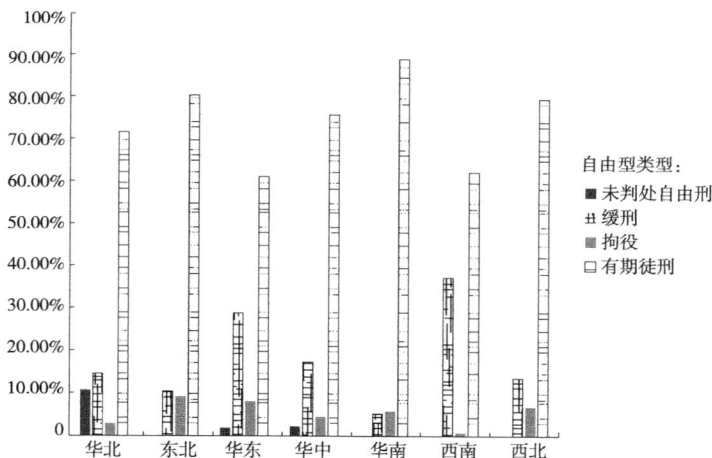

图5 不同地域被告人自由刑类型

由图5可以看出，未被判处自由刑的被告人主要集中于华北、华东及华中地区，其中华北地区未被判处自由刑的被告人所占比例显著高于其他地区。在缓刑的处断上，华东和西南地区被判处缓刑的被告人比例显著高于其他地区，而华南地区仅判处9个被告人缓刑，是所有地区中惟一一个缓刑占比低于拘役占比的地区，缓刑判决比例最低。在拘役的处断上，东北和华东地区判处拘役的比例较高，西南地区仅判处1个被告人拘役，占

比0.30%，是拘役判处数量最少、占比最低的地域。在有期徒刑的处断上，华东和西南地区由于被判处缓刑的被告人比例较高而被判处有期徒刑的被告人比例显著低于其他地区，东北和华南地区判处有期徒刑的比例超过80.00%，占比较高，而华北、华中、西北地区判处有期徒刑的比例相近。总体而言，华东地区在案件量较大的基础上，判处缓刑的比例仍然显著高于除西南地区外的其他地区，是在刑罚类型方面处断最为轻缓的地区。而华南地区的自由刑处断则集中于有期徒刑，较少判处其他刑罚类型，是各地区中刑罚类型处断较为严苛的地区。

这一自由刑种类的适用结果显然与"案件量越多，则刑罚处断越严苛"的假设相背离。作为本次统计中案件量最多的地域，华东地区在自由刑种类的适用上最为轻缓，而华中地区则与其他地区差异不大，最严苛的华南地区虽然是本次统计的案件量中占比第三高的地区，但其比例仅为8.07%，并非案件多发的地区。由此，在本罪的自由刑种类处断上，并未体现出严苛程度随案件数量提升而提升的趋势。导致这一结果产生的原因可能是多方面的，有必要进一步加以分析。

根据地域类别对各被告人被判处的罚金刑类型加以统计，可以得出如图6所示的内容。

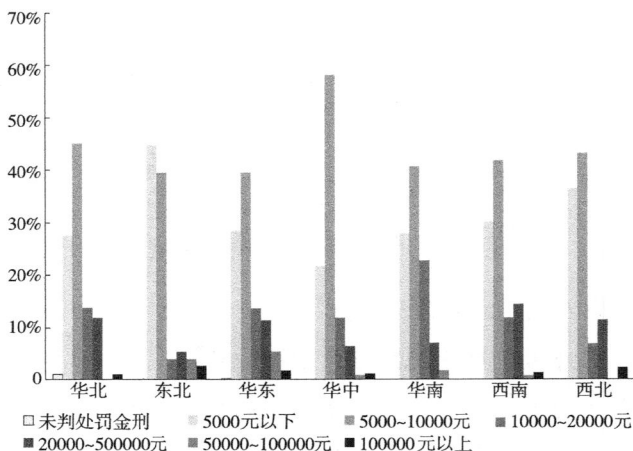

图6　帮助信息网络犯罪活动罪被告人罚金刑类型与审结地域交叉统计

由图6可以看出，罚金刑的地域分布较为均衡。其中，未被判处罚金刑的三个案例集中于华北和华东地区。判处罚金5000元以下的，东北地区所占比例为44.70%，明显高于其他地区，而华中地区则为21.60%，明显低于其他地区。判处罚金5000~10000元的，华中地区的比例明显高于其他地区，占比58.30%，华北、西北次之，但与其他地区差距较小。而在高于10000元的高额罚金刑范围内，东北地区四个档次占比较为平均，而华南地区则明显集中于10000~20000元范围内，华东、华南和西南地区判处10000元以上罚金刑的比例高于其他地区，其中华东、华南地区占比均超过30%，西南地区占比为28.20%。总体而言，在罚金刑类型的处断上，华东、华南和西南地区处断10000元以上罚金刑的比例较高，而东北、华中、西北地区处断低数额罚金刑（10000元以下）的比例均在80%左右，总体上倾向于处断低数额罚金刑。这一罚金刑的趋势分布和地区经济发展状况基本相符合，其中，经济较不发达的东北、西北地区判处5000元以下罚金刑比例较高，经济发展水平处于中游的华中地区判处5000~10000元罚金刑比例较高、经济较为发达的华东、华北、华南地区判处10000元以上高额罚金刑比例较高。

此外，通过对各被告人被判处自由刑及罚金刑在地域分布上的均值加以比较分析，可以得出如表5所示的内容。

表5　各地区判处的自由刑及罚金刑均值统计

		处断自由刑/月	处断罚金刑/元
华北 （N=102）	均值	10.480	21970.590
	标准差	6.290	96687.560
	中值	10.000	10000.000
东北 （N=76）	均值	12.520	18552.630
	标准差	5.671	56037.462
	中值	13.000	5000.000
华东 （N=848）	均值	9.719	19602.590
	标准差	5.452	42911.162
	中值	8.000	10000.000

		处断自由刑/月	处断罚金刑/元
华中 （N=736）	均值	9.781	13043.810
	标准差	5.134	31502.100
	中值	9.000	8000.000
华南 （N=172）	均值	10.680	11566.860
	标准差	5.055	11788.333
	中值	10.000	7500.000
西南 （N=153）	均值	9.552	14728.760
	标准差	4.223	25626.876
	中值	9.000	8000.000
西北 （N=44）	均值	12.659	12125.000
	标准差	5.185	22965.375
	中值	12.000	5000.000
总计 （N=2131）	均值	10.003	16260.320
	标准差	5.317	41343.232
	中值	9.000	8000.000

由表5可以看出，在判处自由刑上，西南地区平均判处自由刑时间最短，为9.552月；而案件量较大的华东和华中地区次之，分别为9.719月和9.781月；东北和西北地区则较长，分别为12.520月及12.659月。其中，西南地区的标准差同样为最低，可以看出西南地区在处断自由刑时间上与其他地区相比最为集中。而在罚金刑的处断上，最高的为华北地区，是唯一一个平均判处罚金刑数额超过20000元的地区；数额最低的是华南地区，两者之间的均值差距超过10000元，可见各地区判处的罚金刑数额存在较大差距。

总体而言，帮助信息网络犯罪活动罪各被告人被判处刑罚的地域分布特征如下：在自由刑方面，西南及华东地区判处缓刑比例较高，且平均自由刑时间较短，较为轻缓，东北地区则较为严苛；在罚金刑方面，华北地区高额罚金刑占比较高，且平均罚金刑数额较大，较为严苛，东北地区虽然平均罚金刑数额较高，但判处低额罚金刑的比例同样较高，中值仅为5000元，可见其罚金刑处断总体较为轻缓，与西北、华南地区同样为判处罚金刑较为轻缓的地区。

对于这一差异，可以基于各地域被告人具体定罪和量刑情节上的差别加以分析。

三、帮助信息网络犯罪活动罪地域间量刑影响因素差异分析

对于上述具体地域差异产生的原因，可以通过对各地域可能影响定罪量刑的具体因素的分析加以探究。由此，本次研究将可能影响定罪量刑的部分因素，依照审结年份，行为人身份（主犯或从犯），行为人性质（自然人、单位、单位主管责任人或直接责任人），正犯行为类型（包括网络诈骗、网络赌博、侵犯公民个人信息、传播淫秽色情信息、破坏计算机信息系统、其他），是否与正犯行为人存在意思联络，行为人的具体网络帮助行为（技术支持、广告推广、支付结算及其他网络帮助行为），自首、坦白、立功、认罪认罚、积极退赃、其他从宽量刑情节，累犯，以及其他从重量刑情节加以区分，并将其作为变量，以案件量较多的华东、华中地区与其他地区进行比较，对在刑罚类型处断中占主体地位的有期徒刑和缓刑两种刑罚进行二元 logistic 回归分析，得出如表6所示的内容[1]。

表6 帮助信息网络犯罪活动罪处断有期徒刑或缓刑二元 logistic 地域差异统计

		B	S.E.	Wals	df	Sig.	Exp (B)
其他地区	技术支持	−5.465	1.397	15.304	1	0.000	0.004
	广告推广	−5.596	1.397	16.038	1	0.000	0.004
	支付结算	−5.656	1.411	16.070	1	0.000	0.003
	其他网络帮助行为	−3.685	1.721	4.584	1	0.032	0.025
	积极退赃	−1.617	0.286	31.968	1	0.000	0.199
	常量	−367.729	446.376	.679	1	0.410	0.000

---

① 为节约篇幅，表中仅列出 sig.<0.05 的数据。

		B	S.E.	Wals	df	Sig.	Exp (B)
华东	行为人身份	−1.030	0.271	14.458	1	0.000	0.357
	是否与正犯行为人存在意思联络	−0.458	0.217	4.462	1	0.035	0.633
	其他网络帮助行为	1.592	0.720	4.896	1	0.027	4.915
	自首	−1.168	0.354	10.907	1	0.001	0.311
华东	积极退赃	−1.134	0.181	39.194	1	0.000	0.322
	累犯	1.182	0.568	4.325	1	0.038	3.260
	常量	−229.323	265.111	0.748	1	0.387	0.000
华中	行为人身份	−1.634	0.302	29.291	1	0.000	0.195
	正犯行为类型	−0.678	0.290	5.461	1	0.019	0.507
	自首	−0.909	0.378	5.775	1	0.016	0.403
	认罪认罚	−0.814	0.400	4.131	1	0.042	0.443
	积极退赃	−1.345	0.231	33.922	1	0.000	0.261

由表6可以看出，在对缓刑和有期徒刑的处断上，各地区之间的主要影响因素存在差异。其中，相较于其他地区和华中地区，华东地区处断有期徒刑的影响因素最多，且除累犯和其他网络帮助行为外，其余影响因素的B值均为负数，这是减轻的量刑因素。这一结果表明，相较于其他地区，华东地区在处断有期徒刑和缓刑的过程中更多地考量了行为人是否为从犯、是否与正犯行为人存在意思联络、是否自首等情节。但是当行为人的行为类型为其他网络帮助行为时，华东地区处断有期徒刑的概率升高，这一点与其他地区中该类型行为人处断缓刑的概率升高相反。而华中地区除了考量行为人身份、自首和积极退赃外，还将认罪认罚作为是否判处缓刑的依据之一，这体现了不同地区之间对量刑因素的认识差异。但华中地区考量的因素总体而言比华东地区少，这也许是导致其处断有期徒刑的比例高于华东地区的原因之一。

在以帮助对象数、违法所得数额（万元）和支付结算数额（万元）为自变量，以多元线性回归的方式分析上述要素对各地区罚金刑处断的不同影响，可以得出如表7所示的内容。

表7 帮助信息网络犯罪活动罪处断罚金刑线性回归分析地域差异统计

地域	模型	非标准化系数		标准系数	t	Sig.	共线性统计量	
		B	标准误差	试用版			容差	VIF
其他地区	1	（常量）22896.238	10476.600	—	2.185	0.030	—	—
		帮助对象数 −591.163	764.355	−0.047	−0.773	0.440	0.988	1.012
		违法所得数额/万元 592.083	90.410	0.406	6.549	0.000	0.967	1.034
		支付结算数额/万元 0.000	0.022	0.000	0.007	0.994	0.999	1.001
华东	1	（常量）5213.280	3890.594	—	1.340	0.181	—	—
		帮助对象数 638.028	188.446	0.126	3.386	0.001	0.997	1.003
		违法所得数额/万元 376.975	35.501	0.397	10.619	0.000	0.989	1.011
		支付结算数额/万元 4.045	0.423	0.373	9.563	0.000	0.909	1.100
华中	1	（常量）−2028.390	2143.489	—	−.946	0.345	—	—
		帮助对象数 69.673	105.820	0.030	0.658	0.511	0.993	1.007
		违法所得数额/万元 1019.787	116.086	0.408	8.785	0.000	0.939	1.065
		支付结算数额/万元 0.448	0.188	0.110	2.378	0.018	0.951	1.052

由表7可以看出，统计的三项数据均对华东地区处断罚金刑造成了显著影响，华中地区在处断罚金刑的过程中并未考虑帮助对象数这一量刑情节。与此相对的，其他地区则仅有违法所得数额这一因素对其处断罚金刑造成了显著影响。其中特别是华东地区，所选择的三个自变量均显著且B值均为正数，意味着随着帮助对象数、违法所得数额和支付结算数额的提高，该地区处断罚金刑的数额有所提高。这一结论表明，相较于其他地区和华中地区，华东地区在处断罚金刑时考量的内容更为全面。

　　总体而言，处断自由刑种类较为倾向于缓刑、处断罚金刑数额整体分布较为均衡、高数额罚金刑占比较高的华东地区，其在处断刑罚的考量范围上更为全面，影响其刑罚裁量的要素较其他地区而言更多，这一特点可能与华东地区整体经济与社会发展状况较好，司法体系较为完善，同时本罪的案件量较大，法官对于此类犯罪的实务操作经验较为丰富，因而司法实践中能更好地对刑法和相关司法解释规定的量刑情节加以综合适用有关。而华中地区作为同样案件量较大的地区，其自由刑种类和罚金刑处断上所考量的要素总体而言比华东地区少，这导致其在自由刑处断和罚金刑处断上均与其他地区更为接近，并未体现出案件量集中的地区所应呈现的处罚特点。

四、结语

　　通过对上述1124份判决书的分析，可以得出如下结论：帮助信息网络犯罪活动罪在司法实践中整体呈现出较明显的地域集中性特点，其中华东和华中地区本罪的案件量较大。作为本罪案件量最大的华东地区，其呈现出缓刑占比较高，且罚金刑数额整体较高的特点。导致这一特点产生的主要原因在于该地区在量刑中考虑的具体情节较之其他地区而言更多，体现出面对轻刑事犯罪时刑罚轻缓化和非监禁化，以及对于盈利型犯罪加大经济处罚力度的特点，量刑更为合理，值得其他地区学习。

域外判例评析

横滨市立大学附属医院过失伤害案

余秋莉*

一、基本信息

国别/地区：日本

案例类别：刑事案例

案例名称：横滨市立大学附属医院过失伤害案

裁判时间：2007年

审判法院：日本最高裁判所

争议焦点：患者同一性确认义务的履行问题

二、案件事实

横滨市立大学附属医院第一外科将预定进行心脏手术的男性患者X（74岁）和预定进行肺手术的男性患者Y（84岁）错误地调换实施了手术，致两名患者受伤。在此次事件中，病房的护士A将两名患者从病房搬出来交接给手术室时，没有明确将患者的名字告诉手术室的护士B，B也没有确认就接收了两名患者的病历，致使两名患者被错误地搬进手术室。本事件中护士、麻醉医生、执刀医生各2人合计6人受到业务上过失伤害罪的指控。

---

* 余秋莉，安徽师范大学法学院讲师、法学博士，研究方向为比较刑法学。

三、裁判概要

第一审判决6名被告人中5人成立业务上过失伤害罪，其中判处：护士B禁锢1年，缓刑3年；其他被告人罚金30万日元至50万日元不等；心脏手术室的麻醉师C无罪。

第二审肯定了C的过失责任，处以罚金25万日元；判处其他被告人罚金50万日元。

最高裁判所驳回了麻醉师C的上告，肯定了C的过失责任。

四、争议评析

麻醉师C是否履行了患者同一性的确认义务？

第一审认为麻醉师C已履行注意义务，无过失责任。理由：C在实施麻醉之前，根据麻醉科的惯例，通过呼叫患者的姓氏、打招呼的方式进行了确认，在麻醉导入后发现患者的病状、体貌特征和术前诊察时有所不同，曾多次请求在场的上级麻醉师和心脏病患者的主治医师进行确认，但众人都认为与术前诊察时不同是因为麻醉的作用，由此认为C已尽了注意义务。此外，第一审认为主治医生有义务对患者的同一性进行确认，此案中肺手术室的执刀医生F作为主治医生未尽到确认义务，构成业务上过失伤害罪。心脏手术室的执刀医生E非主治医生，一般情形下不对患者的同一性负有确认的义务。但是在本案中，执刀医生E已经发现了患者与术前检查时存在显著变化，在此种特殊情形下就有义务去确认患者的身份，但执刀医生E未予确认就实施了手术，从而给患者造成了伤害，负有过失责任。

第二审肯定了麻醉师C的过失责任。理由：麻醉导入前确认患者同一性，仅仅通过呼叫患者姓氏的方式是不够的，在麻醉导入后C虽然对患者身份提出了疑问，但仅仅这样也不能说是充分履行了注意义务。另外，不论是否兼任主治医生，执刀医生作为手术的最高且最终责任者，在手术开始前即麻醉导入前，负有患者的同一性确认义务，因此执刀医生E、F均构成业务上过失伤害罪。对此判决结果，只有麻醉师C提出了上告。

最高裁判所驳回了麻醉师C的上告，肯定了C的过失责任。理由：①虽然C在麻醉导入前呼叫了患者的姓氏，并用打招呼等方式确认了患者身份，但由于患者在手术前陷入极度的不安和紧张状态，或者受病情和服药的影响意识不清，所以有可能没有注意到被叫错姓氏，或者误认为是麻醉师叫错而没有指出。因此，即使上述呼叫方法历来就是医院的惯例，也不得不说其作为确认患者同一性的手段是不够充分的，还应同时采取确认患者外观特征等其他方法。②C在麻醉导入后，根据观察患者的外观特征和患者的身体检查结果，对患者的同一性产生了怀疑，虽然通过向其他相关人员提出疑问的方式进行了一定程度上的确认，但没有采取切实的确认措施，在这一点上应该说是有过失的。

hiQLabs 诉 Linkedin 不公平竞争案

余筱兰*

一、基本信息

国别/地区：美国

案例类别：民事案例

案例名称：hiQLabs 诉 Linkedin 不公平竞争案

裁判时间：2019 年

审判法院：美国联邦第九巡回法院

争议焦点：未经权利人同意，抓取其公开数据是否合法

二、案件事实

hiQLabs（下文简称"hiQ"）是以数据分析为运营模式的公司，主要依赖于抓取 Linkedin（领英）的公开数据，进行大数据分析，为企业提供服务。2017 年 5 月，Linkedin 向 hiQ 发函，要求其停止数据抓取行为，并以技术手段阻止 hiQ 继续获取数据。次月，hiQ 向加州北部地区法院提起诉讼，指控 Linkedin 违反了加州不公平竞争法。2017 年 8 月，法院发出临时禁令，要求 Linkedin 24 小时内移除任何妨碍 hiQ 获取其公开数据的技术障碍。hiQ 在起诉书中除了指控 Linkedin 违反不公平竞争法，还指出 Linkedin

---

* 余筱兰，安徽师范大学法学院副教授、法学博士、硕士生导师，研究方向为民法学基础理论，数据、著作权的私法治理。

的行为违反了美国加州宪法中关于保护言论自由的规定、违反了"允诺禁反言"原则。

三、裁判概要

第一审法院为加州北区联邦地区法院。2017年8月，加州北区联邦地区法院基于公共利益的考虑，作出了有利于hiQ的裁决，裁定Linkedin不得禁止hiQ抓取（访问、复制或使用）其公开数据，也不得设置技术障碍禁止hiQ抓取其公开数据，如果Linkedin已经采取了禁止措施，应当在本裁决生效后的24小时内移除。第一审法院驳回了hiQ其他诉求。

第二审法院为美国联邦第九巡回法院。2019年9月9日，美国联邦第九巡回法院作出上诉判决，维持加州北区联邦地区法院的裁决。

四、争议评析

未经权利人同意抓取其公开数据是否合法？

hiQ依据加州不公平竞争法指控Linkedin的行为属于不公平竞争行为：第一，Linkedin滥用其在职业社交网络服务市场的支配地位，获得在其他市场上不正当的竞争优势。hiQ用证据证明Linkedin之所以会禁止数据抓取，是因为它企图用垄断的数亿用户的数据从事与hiQ相同的数据分析业务，排挤hiQ数据分析的商业活动，其行为违反了加州商业及专业法；第二，Linkedin的行为违反了"必需设施原则"，该原则禁止具有垄断地位或试图垄断的企业拒绝将其控制的必要设施向其竞争对手开放。对此，Linkedin认为其终止hiQ获取其用户数据是为了保护用户的隐私。双方各执一词，一审法院从公共利益角度考虑，支持了hiQ的主张，认为公开数据被抓取并不违反美国任何法律，相反，通过数据共享和利用，可以促进数据经济发展。二审法院维持了这一裁决。

五、案件反思

第一，抓取公开数据是否合法？抓取公开数据俗称数据爬虫，该行为是否合法？显然，本案两审法院均采取肯定的态度。但对于同样的问题，在不同的国家有不同的处理。在我国，新浪微博诉脉脉案中，脉脉平台抓取使用新浪微博用户信息的行为被法院认定为非法的。其根本原因在于美国与我国在个人数据保护方面的立法不同。美国法律规定个人信息的开发、使用仅需通知用户，无须获得用户同意；而我国采取严格立法，凡是涉及个人信息的收集、使用的，必须获得被收集人的同意。

第二，数据垄断是否应当被禁止？此问题的核心是如何平衡个人利益与公共利益。本案中，Linkedin 禁止 hiQ 抓取其公开数据，并采取了技术措施，其行为被法院裁定为违反了不公平竞争法，法院基于公共利益考虑，要求 Linkedin 撤销该禁止行为。Linkedin 禁止数据被抓取的行为，在学术界和实务界被称为数据垄断行为。数据垄断是否应当被禁止，这是目前法学界研讨的前沿性问题。类似的案件国内外均有发生，如 Facebook 滥用市场支配地位收集用户数据案、菜鸟顺丰数据之争、抖音诉腾讯不正当竞争案等。

大陆制罐案

张世明[*]

一、基本信息

国别/地区：欧盟

案例类别：经济法案例

案例名称：大陆制罐案

裁判时间：1973年

审判法院：欧洲法院

争议焦点：企业并购是否构成滥用市场支配地位

二、案件事实

美国大陆制罐公司总公司设在纽约市，是世界上最大的金属罐制造公司，被称为"金属罐之王"。20世纪70年代，大陆制罐公司在欧洲大力拓展业务，在这一过程中遭遇欧洲经济共同体竞争法的限制。1969年，大陆制罐公司获得德国最大的包装和金属容器生产商施尔马巴赫-卢贝卡制造股份公司85.8%的股权。翌年，大陆制罐公司又在美国特拉华州成立了欧洲包装公司，后者在比利时设立办事处。不久后，欧洲包装公司在其母公司的资金帮助下，取得比荷卢经济联盟最大的包装材料生产商托马森-德赖弗·费布利法有限公司91.7%的股份，将其在相关市场唯一的竞争对手

---

* 张世明,中国人民大学法学院教授、法学博士、博士生导师,研究方向为经济法、法律史等。

收入囊中。欧洲经济共同体委员会启动调查程序，最终认定，大陆制罐公司至少在肉食包装的轻金属罐市场、鱼类包装用轻金属罐市场以及玻璃瓶金属盖市场三个市场上具有支配地位，而且还缺乏其他产品作为替代品。其通过控制德国公司，在共同市场上密集地行使了支配性地位，再收购竞争对手公司的股份，因而获得该公司所持有的独占专利技术，取消了对这一领域的竞争，成为欧洲经济共同体制罐业的准垄断者，是一种与共同市场相冲突的行为，涉嫌违反了《欧洲经济共同体条约》（又称《罗马条约》）第86条的滥用市场主导地位的禁令。欧洲经济共同体委员会指出，不仅要考虑到由于兼并而使大陆制罐公司在德国和比荷卢经济联盟控制的市场份额，而且要考虑由于其规模和经济、财务、技术的重要性，该公司较其竞争者所享有的优势。所有这些因素使该公司能凌驾于竞争之上而独立行动，使其至少在德国（保存肉、鱼等）轻容器市场以及金属容器市场上拥有支配力量。大陆制罐公司不服欧洲经济共同体委员会的决定，上诉于欧洲法院。

三、争议评析

大陆制罐案是《欧洲经济共同体条约》第86条首次正式用于解释支配企业合并问题的案例，是欧盟企业合并管制史上的一个里程碑。自此以降，欧洲经济共同体委员会开始在三个关键领域判定《欧洲经济共同体条约》第86条是否适用于某一合并：相关市场的定义、支配地位的存在及支配地位的滥用。

欧洲经济共同体竞争法的主管部门欧洲经济共同体委员会的权威将倾向于关注市场上大的、有实力的公司之间的并购控制。他们不仅关注其企业行为，还关注对市场结构影响的可能，尤其是对聚合程度的影响（市场力量的提高）。并购可能产生特别的产品市场和地域市场，他们更愿意在企业合并对市场竞争进程可能产生消极影响前而不是发生后将其制止。如果将《欧洲煤钢共同体条约》第65条、第66条与《欧洲经济共同体条约》第85条、第86条进行比较，就会发现第65条和第85条有相当类似的范围。从广义上讲，两者均禁止限制贸易的协定。但是，第66条和第86条则不尽相同。第66条提供最高权力机构（现为欧盟委员会）事先授权裁决，不论是通过兼并、收购股权和资产还是其他手段，超过一定阈值的交易将带来共同市场的企业"集中"。与此相反，这在《欧洲经济共同体条约》第86条关注视域之外。与《欧洲煤钢共同体条约》不同，《欧洲经济共同体条约》缺乏专门条款适用于企业合并。基于第85条第2款中彻底的无效后果以及历史的和体系的考虑，即《欧洲经济共同体条约》并没有接受《欧洲煤钢共同体条约》第66条第1—6款所包含的合并控制，大多数观点认为第85条不包含康采恩化和完全合并。这些条款中关于企业集中控制阙焉弗详，在当时整个欧洲经济共同体竞争法中亦没有专门针对控制企业集中的规定。考虑到当时欧洲的经济思想，合并控制被《欧洲经济共同体条约》置之度外就不足为怪了。从法律产生史的角度审视，欧洲经济共同体全力以赴的主要目标之一，就是急于通过扩大欧洲市场的经济体使得实现规模化成为可能。并购（尤其是跨国并购）在当时被认为是欧洲一体化过程的必要部分，能够使欧洲工业适应共同市场的新空间维度，有效抗衡美国的企业竞争。在此背景下，欧洲共同体对经济复苏的渴望殷殷甚切，因集中而造成的垄断问题对经济的影响没有大到可以足够引起特别重视的程度，各成员国显然不希望将任何可能抑制这种发展的规定载入条约。

1966年，欧洲委员会在《关于兼并案件的备忘录》中指出："由具有支配地位的企业参加的企业集中，是通过企业间协议，还是通过并购与其具有竞争关系的企业达成的并不重要。条约第86条就可以应用。它适用于具有相同经济效果的集中、合并而不管它们的法律形式。"任何具有垄断一个市场效果的集中都应当被看作第86条意义上的支配地位的不当利用。这是欧洲委员会在文件中第一次认可《欧洲经济共同体条约》第86条可以用于规制企业间的合并行为，当然，这只是欧洲委员会的一种政策宣示，并不具有法律上的效力。欧洲委员会在备忘录中认为，《欧洲经济共同体条约》第85条并不适合规制企业合并行为。按照欧洲委员会的观点，卡特尔是指相互独立的企业之间就一定的市场行为所达成的协议，而企业集中是指几个企业永久地放弃其经济上的独立性，集中到单一的经济管理之下。卡特尔关于企业活动形成了一种义务，而企业集中造成了企业内部结构的一种修正。卡特尔活动限制企业间的竞争，总的来讲需要禁止；而企业集中有助于改善产业结构，通常是需要加以促进的。如果将二者同归于《欧洲经济共同体条约》第85条，就会造成或者对企业集中控制过严，或者导致对卡特尔规制过松的后果。共同体委员会在大陆制罐案这一共同体历史上最重要的合并案中指出，合并可能属于第86条的范畴，假如合并是由已拥有优势市场地位的企业实施的，或者这些企业通过合并取得更强的市场力量，以致在共同体或其中大部分地区消除任何进一步实际或潜在的竞争，那么这种合并应予禁止。从共同体委员会的意见来看，将某些企业的合并视为滥用市场支配地位，似乎与美国的《克莱顿法》第7节稍有差别。

《欧洲经济共同体条约》第85条、第86条两个条文存在明显的差异。首先，其宗旨和适用范围是相互排斥的。第85条禁止的是两个或多个企业间的协议或一致行动，而第86条则主要禁止单个企业对其支配地位的滥用。在执行第85条时，证明存在相关协议或一致行动实为重要。在执行第86条时，必须确认相关市场是共同市场的重要部分，最重要的是精确限定相关的产品市场或地域市场的范围。第85条尽管也要求对相关市场进行认定，但最重要的是当事人行为的目的或结果。其次，第85条第2款规定，违反该条的协议，行为无效，而第86条本身则无对应的款项。不过，第86条在成员国法院具有直接执行效力，因而，有关滥用行为可由国内法院判定无效，不予执行。此外，当事人还可以向成员国法院申请损害赔偿和发布禁令，而第85条则缺乏这样的救济手段。再次，第86条所禁止的滥用行为，其本身具有违法性，必须禁止，不存在除外或豁免。而第85条第1款所禁止的行为，如果符合第3款所规定的条件，或符合成批豁免的条件，则该禁止不适用。在实践中，豁免的范围相当广泛。最后，违反第85条的行为会对竞争产生限制，而支配地位的滥用，则可能并未对竞争结构和市场运行产生实际影响。因此，一些企业要达到协议的目标，可采取并购的方式避开第85条的限制。他们可能通过并购，在特殊产品或地域市场中提高他们联合企业的市场力量，从而缩小竞争的范围。

两个条文的联系在于：（1）欧洲法院强调，对这两个条文进行解释时，应注意二者的联系，对其中一条的解释不能损害另一条所追求的目标。（2）委员会适用这两个条文时，有同样的程序性权力，可以处以同样的处罚。（3）两个条文都要求，被指控的行为必须"影响了成员国之间的贸易"。这一条件在两个条文各自的具体情况中可能又有差别。（4）第86条（a）至（d）中所列举的滥用行为与第85条所禁止的协议或一致行动有相同或类似之处。只有第85条（c）（划分市场或供应来源），是第86条中所没有的，因为要划分市场至少要有两个企业参与。另外，这两个条文所列举的行为不是穷尽列举，因而在实践中往往存在着一些交叉。

上诉人大陆制罐公司坚持认为，条约仅仅只是禁止产生了有害于竞争效果或者有害于消费者和其他竞争者效果的行为，并不禁止经营者具有市场支配地位。委员会的决定基于对《欧洲经济共同体条约》第86条的误读，试图控制企业合并，从而僭越职权。这种企图违反条约的意图，不管是从第86条文字上进行解释，或者是从《欧洲经济共同体条约》和成员国的国家法律规定方面加以考稽、比较，这一点彰彰甚明。第86条列举滥用支配地位的例子证实了这一结论，表明条约仅指对市场造成影响的行为，将对消费者或贸易伙伴造成影响。此外，第86条显示，只有经济力量的使用与支配地位联系在一起，当滥用行为是影响的构成手段时，才可以被视为滥用这种地位。但是，收购并不应该被包含在市场行为当中。通过合并加强支配地位等企业结构措施，并不等同于条约第86条中所说的滥用此种地位，二者不能混为一谈。只有当经营者的经济实力与滥用效果结合在一起时，才应当予以禁止。经营者如果仅仅只是加强了其市场支配地位，没有实施滥用行为，则未违反条约规定，委员会的决定缺乏法律依据。

条约第86条第1款规定："任何滥用的一个或多个具有市场支配地位的经营者，在共同市场或在相当大的一部分市场，不得成为不符合共同市场的到目前为止可能影响成员国间的贸易者。"在这里，本条并没有规定所谓的"滥用"仅仅是指可能直接影响市场的不利于生产或销售、购买者或消费者的企业行为，即垄断行为，还是包括可以对市场竞争产生影响的企业的结构的变更，即形成垄断状态。欧洲法院认为，为了回答这一问题，就必须查究第86条的精神和措辞总体方案设计，以及条约的体系和目标。《欧洲煤钢共同体条约》和《欧洲经济共同体条约》是两个不同的条约，对二者加以比较无助于本案的解决。第86条是共同体在竞争领域的政策的共同规则的一部分。该政策是基于条约第3条（f）提出的。据此，共同体的活动应包括建立一个确保在共同市场竞争不被扭曲的制度。上诉人关于这一规定仅包含一般宣示而没有法律效力的主张，忽略了这一事实，即第3条考虑的追求目标，这被规定为共同体的工作所不可缺少的。特别是在（f）中提到的目的，条约在若干规定中作了更详细的规定来解释，参酌这一目的至关重要。但是，如果第3条（f）规定了建立一种确保在共同市场竞争不被扭曲的制度，那么举轻明重，竞争不能被消除更是理所当然。这一要求非常重要，否则条约的众多规定将是毫无意义的。此外，它还对应于该条约第2条的规定。据此，共同体的任务是推动整个共同体经济活动和谐发展。因此，条约允许在一定的条件下约束竞争，但由于需要协调条约的多元目标，此规定受第2条和第3条的限制。超越这一限制就涉及竞争的弱化、与共同市场的目标冲突的风险。为保障条约第2、3条确立的原则和目标，第85条和第90条制定了适用于企业的一般规则。第85条涉及企业间协议、企业联合组织的决定和联合一致的做法，而第86条涉及一个或若干企业单方活动。第85条和第86条相辅相成，寻求在不同层次上实现同一目的，即维护内部市场的有效竞争。在无明确规定时，不能推定条约在第85条禁止经营者限制而没有消除竞争的某些普通协调的决定，而在第86条允许企业合并成一个有机的联合体后形成实际上阻梗任何重要的竞争机会的这样一种支配地位。这样的不同法律处理可能危及共同市场正常运转的违反。如果是为了避免第85条禁令，这就足以建立起企业之间这样的密切关系，避开了第85条的禁令进入第86条的范围，然后，与共同市场的基本原则相悖，该市场的很大一部分区域会被允许。甚至在限制竞争被允许的情况中，条约努力维持市场的现实或潜在的竞争，被明确载于《欧洲经济共同体条约》第85条第3款（b）项。第86条不包含相同的明文规定，但这可以通过事实上占支配地位的制度来解释，它不同于《欧洲经济共同体条约》第85条第3款，不承认禁止任何豁免。这样的制度遵守条约的基本目标的义务，特别是第3条（f）的义务，来自这些目标的强制力。在任何情况下，都不能将《欧洲经济共同体条约》第85条和第86条解释为相互矛盾的，因为它们服务于实现相同的目的。根据这些考虑，第86条规定的条件应解释为：支配地位被滥用才属于禁止的范围。该条规定一些滥用行为被禁止，但仅仅列举典型情况，并非对条约所禁止的支配地位滥用穷举无遗。仔细分析第86条第2款（c）和（d），该规定并不特别针对可能导致直接损害消费者的活动，而且适用于条约第3条（f）中提到的损害有效竞争的市场结构的影响。因此，倘若处于支配地位的企业以这样一种方式增强了这种地位，并且以此而显著束缚了竞争的进行，以致企业在市场上保持生存需要取决于唯占支配地位者之鼻息是仰时，滥用就可能不期而至。这是《欧洲经济共同体条约》第86条的意义和范围，上诉人提出的质疑支配地位与滥用之间存在联系的因果问题，不足为据。如果有上述的影响，不论其实现这一目的的手段与程序如何，企业地位的强化可能造成滥用，并被该条约第86条所禁止。区别涉及企业结构措施和影响市场措施无关紧要，因为任何改变结构的措施，如果增加企业的规模和经济力量，都可能影响市场的条件。

此外，委员会的决定是基于下述理论：占支配地位的企业或企业集团获得在竞争对手公司的多数控股，可能在某些情况下就是这种地位的滥用。在此种情况下，按照委员会的观点，如果占支配地位的企业通过合并加强此地位，那么它在共同市场大部分地区中实际上排除了有关商品的现实的或潜在的竞争。如果企业占据支配地位，通过改变供给结构而严重危害消费者在市场的行动自由，条约的目标会被规避，在这样的情况下，几乎所有的竞争者被淘汰的情况必然存在，这就被视为滥用。消除所有竞争的如此狭窄的前提，在所有情况下不需要存在。但是，法院认为，委员会基于如此消除竞争的决定，必须陈述充分的理由，至少要证明：竞争如此受到实质影响，其余的竞争者可能不再有足够的抗衡力量。

目的决定方向与手段。无论从哪个意义上讲，欧洲共同体诸条约并非详细的蓝图，而只是规定了笼统的大纲。为了实现统一欧洲经济的宏伟目标，欧洲共同体诸条约在前文和本文两部分，均以非常概括的方式规定了欧洲共同体的目标。例如,《欧洲经济共同体条约》第2条对欧洲经济共同体的目的作了如下规定:共同体的使命是"通过设立共同市场和使成员国的经济政策逐渐接近,促进整个共同体经济活动的和谐发展、持续均衡扩大、加强安定,迅速提高生活水平,以及使成员国间的关系更加密切。"欧洲法院在解释欧洲共同体诸条约或欧洲共同体机关制定的法令时,大多倚重于目的论的解释方法,以一种自由的解释风格积极致力于一体化进程的推进。欧洲法院最常使用的这种方法,一般认为是最适合于解释欧洲共同体法的利器。法哲学家施塔姆勒引证了一句话:"一旦有人适用一部法典的一个条文,他就是在适用整个法典。"根据西方著名的原则,"如果废除一个法律的意义,法律本身也就废除了",应更多地依赖于制定法的目的和根据,而不是其语词意义。目的解释在由菲利普·黑克创立的形式上,被认为目的是优先于依据法定的标准、评价和优先行为来解决利益冲突的方法。自目的法学和利益法学顺利进军以来,目的解释法替代"字面解释"而大显身手。所谓目的论的解释,是指在解释某条文或条款时,以制定该条文或条款的目的或目标为基础进行解释的方法。对于目的解释法在欧洲法院法律解释活动中的重要地位,在欧洲法院任职的法官在其论著中时有论列。曾在欧洲法院任职长达18年之久的皮斯卡托尔与其说重视文意解释法,毋宁说重视目的解释法,在其经典著作《关于欧洲整合的法律》中,他曾如是言:目的解释法建立在为共同体所设定的目标之上。与流行的观点不同,这一方法并不简单地只是众多方法之一。考虑到法律规则在本质上都有一定目的,目的解释法在各种法律解释中都应是决定性的解释标准。这一情况在确立建设目标而非制定实体规则的条约中表现尤甚。因此,目的解释法在欧共体法院的司法实践中运用尤多。另一名欧洲法院法官卡科里斯也曾指出:欧洲法院经常使用目的解释法,寻求通过法律的目的来理解其含义。欧洲法院在解释法律时必须援引欧洲人民的信仰和共同价值观,采用有利于促进欧洲一体化之最终目标的规则。1973年的大陆制罐案堪称使用目的解释法的典型。恰如欧洲法院前任法官艾弗林剀切所言:"在评价法院的判例法时,必须认识到共同体的竞争规则是为了共同体的核心目标——开放成员国的市场——而制定的。"在本案中,法院在原则问题上力挺委员会，指出：对第86条的解释要结合《罗马条约》的精神，并兼顾第85条、第86条适用上的连续性。两个条文均以保障竞争不被扭曲为意旨归依，如果第85条对限制竞争的协议等尚且予以禁止，而第86条却允许支配企业通过合并来消弭竞争，则显乖正理。第86条不仅适用于直接损害消费者的行为，而且适用于通过损害市场结构而间接损害消费者的行为。如果个别企业在市场上有足够强大的市场地位，则该地位的加强将令其他企业对其产生依赖性，其市场份额的增长此时本身就可能构成滥用，不必证明支配地位的存在和它的滥用之间的联系。

大谷良雄委员会对这一决定的妥当性提出异议，认为欧洲法院在该案中对《欧洲经济共同体条约》第86条的解释是有问题的。委员会错误解释了第86条，并主张将合并规则引入《欧洲经济共同体条约》之中。关于此种合并规则，《欧洲煤钢共同体条约》中已有明文规定，但《欧洲经济共同体条约》中尚无明文规定。欧洲法院不采用与《欧洲煤钢共同体条约》的规定相比较的解释方法，而是除了援用第86条的精神、整个结构及措辞之外，还根据本条的制度及目的解释该条。因此，欧洲法院虽也参照了《欧洲经济同体条约》第2条及第3条的原则及目的等，但结果以不同于原告人的主张的理由撤销了委员会的决定，同时又支持了委员会对第86条的"扩大"解释。

共同继承中存款债权的分割问题

张素凤　　王明翌*

一、基本信息

国别/地区：日本

案例类别：民事案例

案例名称：遗产分割案

裁判时间：2016年

审判法院：日本最高法院

争议问题：共同继承的存款债权是否因继承开始而当然分割，不成为遗产分割的对象

二、案件事实

被继承人A于2012年3月死亡，A的法定继承人仅有X和Y两人，他们各自的法定继承份额为1/2。被继承人死亡时，拥有不动产（价值合计约258万日元）与存款债权（合计4000万日元以上）。针对是否将该存款债权作为遗产分割的对象，X与Y之间不存在合意。另外，在被继承人A生前，继承人Y从A处获得了约5500万日元的赠与（一审及二审均认定构成"特别受益"）。

---

*张素凤,安徽师范大学法学院副教授、博士、硕士生导师,研究方向为劳动与社会保障法学。
王明翌,安徽师范大学法学院硕士研究生,研究方向为民商法学。

三、裁判概要

本案一审和二审法院均认为存款债权作为可分债权，存款人的死亡导致法定继承人依据法定继承份额而对其加以当然分割，但因为继承人之间未达成合意，不得依据遗产分割程序而将其作为分割的对象。所以本案中，仅前述不动产可以作为继承人可继承的遗产。同时，鉴于继承人Y属于"超过受益者"（即其受赠的份额超过继承份额），其继承份额应为0，该不动产由原告X取得。对于X分割存款债权的诉讼请求，两审法院均予以驳回。

最高裁判所认为，共同继承的存款债权并不因继承开始而同时、当然地导致依继承份额进行分割，而是作为遗产分割的对象。据此，Y属于"超过受益者"，包括存款在内的全部遗产应由X取得。因而，最高裁判所裁定撤销原判，发回重审。

四、争议评析

就本案而言，日本学者斋藤毅认为，存款通常占被继承人财产的较大比例，应是一种具有代表性的遗产。本案中，最高裁判所在不考虑全体共同继承人是否具有合意的基础上，将存款债权认定为遗产分割对象，最终实现对遗产进行符合继承法目的的一种分配。这一裁决体现的是法院对实质公平的考量，也贯彻了继承法中的公平精神。将存款债权纳入遗产分割程序之中，实现继承人之间的实质公平，也契合遗产分割程序的当事人的常规逻辑。本案若援引日本民法典第427条，则会将存款债权排除于遗产分割程序，这显然不利于实现继承人之间的公平。

但该裁决仅仅是明确存款债权应当成为遗产分割对象，并不当然适用于所有的可分债权。除遗产债权之外，可分债权还包括基于侵权行为而产生的损害赔偿请求权、不当得利返还请求权、工资债权、买卖价款债权、承揽报酬债权等多种多样的债权。存款债权有其特殊性，它是由银行信用担保的，因此，较其他可分债权来说，存款债权具有最高的信用程度和清偿可能性。

　　在我国，通常存款在被继承人的财产中所占的比例也较大。但对于遗产继承中存款债权的问题，我国在法解释学理论上尚存在无法解释的困境。首先，我国民法典物权编第 310 条规定了"两个以上单位、个人共同享有用益物权、担保物权的，参照适用本章的有关规定"，但该条并未就例外情形加以规定。而日本民法典第 264 条（准共有）后段规定的"法令另有规定的，则不在此限"的但书情形，并未为我国民法典采纳。从请求权基础规范来看，在我国，即使可因遗产的共有性质而导向"共有"的一般规定，但因缺乏日本民法典第 264 条（准共有）的"但书"规定这一关键环节，共同继承人丧失了因继承开始而当然分割可分债权的请求权基础。其次，从实务来看，中国人民银行《关于执行〈储蓄管理条例〉的若干规定》第 40 条第 1 项规定："存款人死亡后，合法继承人为证明自己的身份和有权提取该项存款，应向储蓄机构所在地的公证处（未设公证处的地方向县、市人民法院——下同）申请办理继承权证明书，储蓄机构凭以办理过户或支付手续。该项存款的继承权发生争执时，由人民法院判处。储蓄机构凭人民法院的判决书、裁定书或调解书办理过户或支付手续。"在继承中，我国针对存款债权的应对方式与前述日本实务中的做法存在类似之处，缓解了金融机构应对继承人之间矛盾的压力。

劳动合同关系确认请求案件

张素凤　朱　瑞*

一、基本信息

国别/地区：日本

案例类别：民事案例

案例名称：劳动合同关系确认请求案件

裁判时间：2010年

审判法院：日本神户地方裁判所

争议问题：在承包经营过程中，发包方工人在承包方处参加劳动，是否与承包方构成劳动关系

二、案件事实

原告是2000年5月22日被录用，从同年5月23日起一直在被告某制作所从事业务的人员。被告某制作所是以船舶及舰艇的建造、销售、修理及救难解体等为业的股份公司。某株式会社是从事金属冲压加工及工人派遣等业务的股份公司。

被告某制作所在2000年与某株式会社签订了业务承包合同，被告为承包人。原告在签订上述业务承包合同后的同年5月22日，与某株式会社签

---

*张素凤,安徽师范大学法学院副教授、博士、硕士生导师,研究方向为劳动与社会保障法学。

朱瑞,安徽师范大学法学院硕士研究生,研究方向为民商法学。

订了雇佣合同，从次日开始，在被告处开始劳动。2006年3月16日，被告某制作所与某株式会社之间发生了派遣劳动者的事件，双方签订了基本合同，同月29日签订个别合同，同年4月1日开始派遣工人。2009年4月1日，被告与某株式会社再一次签订了合同。本案中，原告根据被告与某株式会社之间的业务承包合同，在被告某制作所处工作。原告认为某株式会社是被告的第二人事部，与被告的关系很难认定是独立的存在。虽然已经开始工作，但是某株式会社的工作人员没有指挥命令原告进行作业，原告都是在被告的工长们的指挥下工作的。原告主张其与被告之间签订了没有规定期限的默示劳动合同，请求确认其对被告享有劳动合同上的权利。

法院在审理中认定：原告是通过某株式会社的录用面试，并与其签订雇佣合同的，而被告中负责招聘的部长没有莅临招聘现场对录用进行干预。在工作过程中，原告所从事的工作是可以单独进行的辅助性工作，在日常早会中，被告也没有对原告下达有关作业的指示。原告的工资由某株式会社独自决定和做表发放，被告并不参与。原告经某株式会社面试被录用，提供劳务，从某株式会社那里得到报酬。因此，原告与某株式会社构成劳动关系，而原告与被告之间并不存在劳动关系，其请求是没有理由的。法院最终驳回了原告的请求。

三、争议评析

本案涉及三方主体，涉及的法律关系较为复杂，因而需要以事实为依据，厘清三方主体之间的关系。承包关系在经济生产中普遍存在，由于发包人与承包人双方的员工在实际生产中大多在一起共同工作，双方均可能对劳动者发布指挥命令，所以其所属劳动关系容易混淆。劳务派遣由于存在多层劳动关系而与承包关系之间存在一定的模糊性，应当准确作出区分。本案中，应对承包关系、劳动派遣关系以及劳动关系三者作出准确界定，方可作出结论。

争议问题一：被告与某株式会社之间是什么法律关系？在承包合同中，承包人对发包人负有完成工作的义务，但对雇佣工人的具体作业的指挥命令是由发包人下达的。因此，没有承包人对工人的指挥命令，发包人直接对工人下达具体的指挥命令，在这种情况下，承包人与发包人之间签订承包合同，即使采用了这种法律形式，也不能把它看作承包合同。原告认为某株式会社是被告的第二人事部，与被告的关系很难认定是独立的存在，某株式会社也录用了原告。可是，原告在某株式会社参加录用面试时，被告制作所的 B 作业长及 C 系长询问其是否使用石墨烯等问题，虽然原告受到提问，但被告负责招聘的总务部长和工作部部长没有莅临。在之后的工作过程中也没有证据证明某株式会社对于被告制作所就生产任务发布指挥命令。此外，相关证据表明，某株式会社不是被告的集团公司，双方之间没有资本关系和人力关系。被告和某株式会社之间的合同价款是双方之间通过谈判决定的，假设上述合同价款实际由被告决定，那也只是其作为某株式会社的承包企业的相对地位所决定的，与原告的工资金额的决定方法没有直接关系。因此，某株式会社与被告之间只有交易关系，双方属于承包合同关系。

　　争议问题二：原告与某株式会社之间是什么法律关系？原告是看到职业安定所贴出的某株式会社的招聘启事而参加面试的。在工资支付方面，原告的工资由某株式会社独立决定并自行支付，工资的明细表也由某株式会社制作发放。关于原告的工资金额被修改，是被告和某株式会社交涉的结果。而且员工的工资是根据其所属公司的业绩来定的，被告与某株式会社的合同金额和原告的工资金额乍一看是联动的，即使看起来像，那也只是企业经营上的一种现象。在被告与某株式会社签订业务承包合同后的同年 5 月 22 日，原告与某株式会社签订了雇佣合同，双方应为劳动关系。

　　争议问题三：原告与被告之间是否构成劳动关系？原告与被告的关系可以从下面几个方面进行综合分析：

　　在工作的岗位方面，在被告员工参与某株式会社录用原告的过程中，没有证据证明原告在被告某制作所高温部件科燃烧器 CB1 班的掌握区域从事作业，该岗位是被告与某株式会社的合同中约定的工作。

　　在工作内容方面，原告从事的业务，一旦记住了工作内容就能掌握具体的工作方法，属于核心工作以外的辅助性工作。

　　在指挥命令关系方面，由于原告的工作属于记住了工作内容就能掌握具体的工作方法的辅助性工作，因而不需要接受每次的指示，可以单独进行。原告的工作部门每日举行约5分钟的早会，但是被告的工作人员并没有下达有关作业的指示。因此，原告的工作独立性强，对工作内容的自由支配程度较高，被告与原告之间并不存在指挥监督关系。

综上所述，原告工作的实际状况是其被某株式会社录用，以某株式会社的指示为根据提供劳务，从某株式会社那里得到报酬。某株式会社和原告之间签订了雇佣合同。因此，原告与被告之间并不构成劳动关系，原告、被告以及某株式会社三者之间的关系应该理解为劳动派遣关系。

四、案件反思

承包经营形式在我国经济生产中也是大量存在的，实践中承包的类型也多种多样，典型的如建筑工程承包、企业经营权的承包等。承包法律关系涉及的劳动关系问题纷繁复杂，在我国劳动者的劳动关系认定案件中一直争议颇多。

在本案中，日本法官通过各种因素对劳动者与发包人、承包人之间的从属性关系进行综合考量，如从工作内容、工资发放以及最核心的指挥命令等多重方面进行判断。本案对于我国处理承包案件的劳动关系认定，有以下两个方面值得借鉴：一是从实质上判断双方的从属性关系。实践中存在不少用人单位为了规避法律义务和责任与劳动者订立民事合同的情形，而从实质去判断从属性的话，双方当事人是否签订了类似于承包合同等其他民事性质的合同，并不能影响仲裁员或者法官从劳务提供过程的具体情形出发，根据事实去认定从属性，从而得出结论。二是对于从属性的判断是综合性的判断。由于经济活动灵活性强，用人单位基于各自的经营需要可能会对劳动者提供劳动的方式作出不同的要求，这些具体情况是司法机关无法预判的，因而在个案中要对各种因素进行综合判断，且并不需要满足所有的指标。

Z餐厅未经许可播放体育赛事节目
侵犯著作权案

赵克峰　董雪[*]

一、基本信息

国别/地区：德国

案例类别：民事案例

案例名称：Z餐厅未经许可播放体育赛事节目侵犯著作权案

判决时间：2016年

审判法院：德国科隆州法院

争议问题：体育赛事节目画面的独创性认定，"公开播放"的理解与适用，许可费损害赔偿的计算方式

二、案件事实

原告经营付费电视 Y-德国，并通过"Y-体育"和"Y-德国甲级足球联赛"（下文简称"德甲联赛"）节目，向客户提供包含现场直播在内的体育节目尤其是足球节目。如果客户意欲收看或为他人播放原告的节目，必须和原告签订订阅协议。原告将客户分为个人客户和企业客户：个人客户接收节目仅可用于私人观看，企业客户则可被授权对节目进行公开播放。对于德甲联赛的转播，原告的节目内容不局限于仅对经德国足球协会

---

* 赵克峰，北京己任律师事务所合伙人。

董雪，北京己任律师事务所资深律师。

有限公司授权、未添加评论和主持内容的比赛现场实况的转播，同时也包括在每场比赛赛前、比赛期间及赛后对德甲联赛内容的全面媒体处理。

被告经营一家名为"Z"的餐厅，并未与原告签订订阅协议。2015年4月25日，该餐厅播放了科隆俱乐部对阵勒沃库森俱乐部的原告足球节目，当时约有10人在场，均系被告餐厅之顾客，同时餐厅迎宾区提示餐厅内部正在举行私人聚会活动。

在该餐厅播放比赛期间，一名原告雇佣的检查人员（证人T）进入了餐厅，在餐厅停留了超过20分钟并消费了一杯饮品。在停留期间，证人T可以通过电视播放收看原告的体育节目。此外，在该证人检查过程中，有大量顾客进入餐厅又离开餐厅，其中包含至少一位明显不属于内部商务团体的顾客。证人T通过拍照（被告餐厅内部及外部照片）进行了取证。随后证人T要求其认为是餐厅经营者的人员出示智能卡号码，但被要求离开餐厅。

为此，原告曾于2015年7月13日对被告发送律师函，要求被告支付基于涉案金额1.5万欧元确定的诉前律师费用（1.3倍）及通讯补贴20欧元，共计865欧元。

原告在2015年与商业交易方仅签署最短期限为12个月且与其餐厅大小挂钩的订阅协议。除此之外，原告自2013年8月1日起将业务范围按照区域类型划分，并按照邮编排序。原告陈述了授权费用的计算方式，被告餐厅所处的邮编区域类别为C，餐厅面积为35平方米以下，因为餐厅的规模不符合最小的折扣规模要求，不能享受30欧元区域折扣，所以原告要求被告每月支付419欧元的基础费。基于上述计算，原告提出基于著作权法的诉讼请求权，要求被告支付许可费损害赔偿金5028欧元和诉前律师费865欧元。

被告提出了以下意见：

首先，原告的节目不应当受著作权法保护。根据联邦法院的司法判例（"牙医诊所内的背景音乐"案），本案中不应认为在其餐厅内公开播放了原告的节目。通过证人T在其餐厅消费了一杯饮品的事实，无法得出这样的结论。

其次，为举行私人聚会，被告已经于2015年2月21日向某位顾客出租了餐厅场地，并提醒其不能公开播放付费电视节目。餐厅场地内，除了证人T之外，在节目播放期间，仅参加私人宴会的顾客在场。这些顾客系商务人士，通过衣着打扮即可识别其身份。

再次，被告曾向租场地的顾客要求只允许他们的内部成员进入餐厅，被告并不知晓与会人员的组成情况，而其他顾客是被禁止入内的。因此，除了证人T之外，并没有其他便装着装的顾客在场。原告认为的另一位便装顾客实际上是餐厅服务人员，即证人H。

最后，被告主张其并无义务支付许可费损害赔偿金，因为餐厅出租后，其并未直接播放原告的节目。同时，原告也不应基于其许可费条款计算其请求金额，这将导致对被控侵权人不合法的强制义务。

三、争议评析

（一）德甲联赛直播连续画面属于作品

科隆州法院依据"对镜头运用、画面插入及场景剪辑手法的选择组成了原告播放的画面，鉴于各导播可自由决定它的形成，故而满足著作权法第2条第2款所规定的独创性成果"，认为由原告进行的播放节目构成著作权法第2条第1款第6项规定的受保护的电影作品。

（二）"公开播放"的理解适用

该州法院认为，公开转播的前提为，使用者明确知晓其行为所产生的后果，即故意且有目的地为第三方提供了其本无法收看的受保护作品的观看途径，本案即属于上述情况。毫无争议的是，被告于2015年4月25日在其餐厅内用电视屏幕播放了原告的足球节目。尚需确定的是，被告在餐厅内是使用电视还是专门设置的笔记本电脑对节目进行了播放，因为这两种情况均可以为在场的人员转播原告的足球节目。

随后，法院对于"公开播放"进行了详细的释法说理，其认为"公开"概念的前提是不确定人数的潜在观众，且必须为大量人数。

第一，"不确定人数的潜在观众"是指转播是针对"普通人群"进行的，即不局限于某一个特定人群。根据被告的辩护内容，该前提同样满足。可以被合理确认的是，被告确实在其餐厅承办了"商务人士"的私人聚会。但是被告并未否认，证人 T 仍然有可能在店内消费了一杯饮品，并在原告足球比赛节目播放期间在被告店内收看了该节目。根据被告的陈述，通过证人的穿着打扮可以和店内其他的"商务人士"顾客进行明显的区分。这证明了"普通人群"也同样可以随意出入餐厅，这与其是否与当时在场的其他人认识无关，这说明和证人 T 一样，任何其他顾客也同样有在原告的涉诉足球比赛节目播放期间，在被告的餐厅内收看比赛节目的可能性。因此，该节目转播并不局限于某一私人群体的特定人。另外，根据被告的叙述，其无法判断何者属于"商务人士"群体，只能通过着装打扮进行判断。从被告的角度出发，任何类似穿着打扮的顾客都有可能进入店内，即使他并未被租用场地的顾客邀请。这可以进一步证明，被告曾要求租用场地的顾客进行入场管控，但证人 T 作为付费顾客出现在店里，并且停留了超过 15 分钟，而他确实不属于租用场地的客户群体，却可以在被告的餐厅内没有阻碍地停留，这说明被告向客户要求进行的入场管控并未完全落实，通过在店外设置私人聚会的提示不能取代入场管控。而要求证人 T 离开的行为，并不能证明被告进行了入场管控，因为该要求毫无争议地发生在发现了证人 T 是检查员的身份之后。

第二，"大量人数"标准是指，"公开性"的概念有一定的最低阈值，因此不包括少量的或微不足道数量的人群。为了确定观看的人数，应当注意收看节目的潜在观众的累计效果。此处尤其重要的是，多少人同时或先后收看了该作品。因为涉诉足球比赛节目（去除中场休息）时长为 90 分钟，考虑到在这期间可能收看节目的潜在观众的累计效果，所以应认为有相当多的人且符合著作权法第 15 条意义的播放公开性。

在本案中，与被告的意见相反，不能因为如其所陈述将餐厅进行了出租就否认对原告节目的公开播放。被告引用的"牙医诊所内的背景音乐"案法院判决涉及的是完全不同的案件事实，且以欧洲法院的判决为基础，根据欧共体准则 92/100/EWG 第 8 条第 2 款内容涉及录音制品制作者及艺术工作者的权利，在牙医诊所等待区转播电台节目的行为不足以构成有重大商业目的的公开转播。上述判决涉及个案的处理，在本案中无法借鉴。欧洲法院现已明确表示，根据欧共体准则2001/29第3条第1款与欧共体准则92/100/EWG第8条第2款内容，餐馆、酒店或疗养场所经营者进行转播的，当其对受保护的作品有意通过自行安装设备向顾客播放电视或广播信号时，公开播放的判断不应当因此而被否认。

第三，被告对足球比赛的公开播放直接出于被告的商业目的，因为被告自述将餐厅场地租给陌生顾客用于播放足球节目，同时已结清租金。

第四，被告并未为其餐厅播放节目与原告签订订阅协议，因此该公开播放行为违法。

（三）被告未能有效实施入场管控具有过错，故而应负损害赔偿责任

被告有过错，因为其作为餐厅经营者疏于履行在原告足球节目播放期间实施有效的入场管控义务，没有尽到必要的审慎义务，构成德国民法典第276条第2款意义的过失。假设顾客确实系实质意义上的"特定群体"，餐厅应封闭其余顾客，被告则需要证明自己亲自进行或安排他人进行了相应的入场管控，例如提供一份事先准备的顾客名单。

尤其是根据被告的陈述涉及30人，根据原告的陈述涉及10人，在两种陈述中该群体都一目了然，被告有能力对该群体成员进行识别。根据被告自述，其可不借助顾客名单，仅通过证人T的穿着打扮判断其并非私人聚会的成员，从而立即要求证人T离开餐厅，但是被告并未这么做。

此外，根据德国民法典第831条第1款，被告对入场管控的不严谨和对原告的涉诉电影作品公开播放造成的损失负有责任。被告不应在未核实承租顾客将会进行可靠入场管控措施的情况下，将其作为餐厅经营者先行承担的私人聚会入场管控责任转移给承租场地的顾客。被告并未陈述其进行了根据德国民法典第831条第1款第2项可以免除被告责任的管控核实。

因此，损害赔偿诉讼请求权的前提条件已满足。

（四）许可费损害赔偿的计算方式

依据德国民事诉讼法第287条，原告有权获得的损害赔偿金额应由法院在听取全部陈述的基础上，假设合理的当事人在知晓真实法律状态和个案具体情况下签订虚拟的许可协议时，可能约定的合理许可费金额，并依此作出自由裁量。合理许可费金额的确定依据可以是业界常见的价目表。若没有可以直接适用的价目表，则应当以与实施行为的种类和范围最为接近的许可费为依据。因此，与被告观点相反，需要优先确定原告在何种基础与何种条件下与潜在交易方签订许可协议。

基于上述原则，原告有权参考常见的许可实践主张5028欧元（12月×419欧元/月）的诉讼请求。本判决应基于以下事实，即原告仅在被告支付年度许可费时才向被告提供一年的许可授权。对此原告已经提交了详细的证明材料，法院通过原告的大量实践了解到原告确实做了这样的区分。

此外，根据著作权法第97a条第3款第1项，原告有权要求被告支付原告在2015年7月13日对被告发出律师函而发生的诉前费用，金额为865欧元。原告有权作出警告行为。基于上述原因，根据著作权法第97条第1款，原告享有要求被告停止侵权的诉讼请求权。上述警告符合著作权法第97a条第2款第1—4项的要求，特别是对提出诉讼请求权的一方和侵权行为进行了明确的描述，同时原告已详细陈述其享有的每一项诉讼请求权。另外，停止侵权行为声明并未超出其所警告的侵权行为范围。

根据律师薪酬法相关规定，根据涉案金额不超过1.5万欧元确定的1.3倍诉前律师费用为845欧元。针对违法播放原告足球节目的停止侵权诉讼请求的涉案金额通常确定为1.5万欧元。根据律师薪酬法第13条附录1，须另外收取20欧元的通讯补贴。基于合法的律师函所产生的律师费共计865欧元。

根据德国民法典第291条、第288条第1款和第247条，原告有权要求被告支付诉讼未决期间的诉讼期利息。根据民事诉讼条例第696条第3款诉讼未决期间从向被告送达警告函的2015年7月28日计起，因为本案已在2015年7月31日提出异议后的两周内于2015年8月14日按民事诉讼条例第

696条第3款规定即刻移交科隆州法院。

整体而言，科隆州法院审理此类案件的思路值得借鉴。首先，认定涉案的德甲联赛节目画面具有独创性，故而构成作品；其次，重点分析了"公开"、场地出租方"入场管控"义务等焦点问题；最后，根据上述分析，详细列明了许可费损害赔偿的计算方式。整个分析过程的结构较为严谨，值得我国法院借鉴。

"Vienna Wood N"轮与"Liberty Cinco 5"轮碰撞事故案

周　新[*]

一、基本信息

国别/地区：菲律宾

案例类别：海事刑事案例

案例名称："Vienna Wood N"轮与"Liberty Cinco 5"轮碰撞事故案

判决时间：2020年

审判法院：菲律宾西民都洛省曼布劳地区初审法院

争议问题：民事赔偿协议对刑事责任的成立与追诉的影响

二、案件事实

"Vienna Wood N"轮是一艘注册于中国香港的散货轮船（下文简称"海船"）。2020年6月28日01：00时许，菲律宾西民都洛省卡拉维特角海域，暴雨如注，风大浪急，能见度低，海船与一艘菲律宾籍渔船"Liberty Cinco 5"轮发生连续碰撞，渔船随后倾覆。当日晚上10：00时许，翻沉的渔船被找到，船上14人（来自巴拉望岛的12名渔民和2名渔船管理公司员工）失踪，渔船不久沉入2000米深海。搜救工作随即展开并于2020年7月7日结束，船上14人无一幸存。

菲律宾海岸警卫队（下文简称"菲海警队"）经调查认为：事故发生

---

　　[*]　周新，安徽师范大学法学院副教授、法学博士、硕士生导师，研究方向为海商法。

后，海船曾驻留在碰撞发生的附近海面，但没有针对落水人员作出任何救援行动；而事实上，该船救生设备配置良好。一些英文媒体甚至认为海船肇事逃逸。海船船长承认，因事发时海面能见度低、风大浪高而未采取救援措施，但拒绝承认肇事逃逸；海船只是通过操作与倾覆渔船保持安全距离，避免进一步损害该船以及邻近的其他小型船舶。

2020年7月8日，菲海警队副上将小乔治·厄萨比亚谴责海船方在碰撞事故发生后没有放下救生艇来帮助菲律宾渔民，并郑重宣布，"无论耗时多久，也绝不搁置或放弃针对这艘外籍船舶的责任追究"。随后，菲海警队提起针对海船所有人兼经营人诺米科环球海事公司、海船船长及其他高级船员的刑事指控。2020年7月15日，菲海警队申请针对涉案海船与全体20名船员的"暂停离境令"，海船随后被强制停靠在菲律宾八打雁港码头。菲海警队发言人巴里洛准将表示，西民都洛省曼布劳地区初审法院第44分庭庭长尤利西斯·德尔加多批准了针对案涉海船20名船员的预防性"暂停离境令"。20人中，有7名船员"因鲁莽行为误杀多人并致财产损失"受到刑事指控，审理的罪名是"（因鲁莽而误杀）杀人罪"，"暂停离境令"则针对海轮高级船员在内的全体船员。案涉海船经营人一同受到刑事指控。

与此同时，有关本次碰撞事故的民事赔偿事宜，经由代表政府的菲海警队副上将小乔治·厄萨比亚等官员的现场见证，在事故双方之间展开。在律师的介入下，案涉海船所有人兼经营人诺米科环球海事公司增加了支付给失踪船员家属以及损毁渔船所有人艾尔玛渔业贸易公司的赔偿金数额，双方最终达成协议。双方律师决定不对外披露和解赔偿金的具体金额，但据小乔治·厄萨比亚的说法，该金额得到事故受损方的高度认可。

民事赔偿协议达成后，菲海警队表示将继续推进针对案涉海船船员和其所属公司的刑事追责程序，并会尊重法院的最终决定。

2020年9月17日，西民都洛省曼布劳地区检察官办公室驳回了菲海警队针对海船的刑事指控，该船及船上全体船员获准于2020年9月17日离开菲律宾。据菲海警队发言人巴里洛准将的说法，驳回上述刑事指控的基本依据是海船方与渔船所载14名失踪人员的家属达成了赔偿解决协议。

三、争议评析

本案未进入法庭审理即被西民都洛省曼布劳地区检察官办公室驳回刑事指控，没有公开的裁判文书及其他案件信息。根据有限的媒体信息，现就部分案件争议问题作以下讨论。

（一）争议问题一：案涉海船"Vienna Wood N"轮与渔船"Liberty Cinco 5"轮碰撞是否应追究刑事责任？

从一般意义上看，船舶碰撞案件有满足犯罪构成的空间。首先，船长、高级船员乃至全体船员、引航员以及船舶所有人、船舶经营人、承租人等海上运输参与者或关联方在刑法上都是适格主体；其次，船舶碰撞可能侵犯不特定多数人的生命、健康或者公私财产安全，也可能危及海洋环境安全，具有社会危害性；再次，海上运输当事人违反驾驶和航行规则、船舶管理规定以及法定义务的违法违规行为都是危害行为，这种危害行为与危害结果之间具备刑法上的因果关系；最后，大多数船舶碰撞都属于过失碰撞，这种碰撞可能构成过失犯罪。

在一宗具体的船舶碰撞案中，船方相关主体是否涉嫌刑事犯罪取决于驾驶船舶、管理船舶行为是否违规违法，碰撞事故的危害后果，因果关系以及事故双方的责任比例。

案涉海船与渔船碰撞，造成后者船损毁与14名在船人员失踪的后果，危害严重。关于海船船员驾驶船舶的行为是否违法违规及其与事故后果之间的关联性，菲方将船员乃至海船经营人的行为界定为"鲁莽行为"，并认为由此发生"多重误杀及财产损失"的后果。船舶碰撞是一系列违规驾驶行为导致的结果，要找出犯罪的实行行为并非易事。船舶碰撞事故发生之前必然有违规行为，但是违规行为必须具有导致犯罪结果的危险性与实害性时，方可认定为过失犯罪的实行行为。依据《1972年国际海上避碰规则》以及相关国际海上避碰规定，为避免船舶之间形成碰撞危险局面，所有海上船只应当行驶在合法的航路上，谨慎履行瞭望、保持安全航速、保持船舶安全领域、正确使用安全设施与灯号和声号等义务。菲海警队应该围绕上述问题，通过现场勘验、询问当班船员并借助船载航行数据记录仪和船舶自动识别系统（AIS）等设施调查取证并作出结论。但菲方未公开相关调查结论，然后认定案涉海船船员乃至海船经营人在碰撞前后的行为是造成多人死亡和财产损失的"鲁莽行为"。

关于海船方是否应承担刑事责任，还有一个重要的争议点，就是海船方是否涉嫌肇事逃逸。菲方一些英文媒体有海船肇事逃逸的说辞，但海船方的回应是，因事发时海面能见度低、风大浪高而未采取救援措施，海船只是通过操作与倾覆渔船保持安全距离，避免进一步损害该船以及邻近的其他小型船舶，没有肇事逃逸。通过比对AIS轨迹，可以证明"Vienna Wood N"轮的行程中具有犹豫和往返的举动，大有可能是在事故发生之后为确保自身船舶的安全性，并搜寻对方船舶的去向和踪迹，没有证据证明在碰撞事故发生后果断逃离现场。因此，菲方追究海船船长及其他高级船员甚至船队的刑事责任，主要是基于事件结果，在致害行为本身及其与危害结果的因果关系上证据并不充分。

（二）争议问题二：赔偿协议与刑事指控的驳回是诉辩交易，还是民事赔偿对刑事案件定罪量刑的影响？

海船方与渔船船主及失踪人员家属达成赔偿协议并积极履行，是促成菲律宾检察官驳回针对海船船员及船东刑事指控的直接而关键的因素。菲律宾刑事诉讼法律制度允许存在诉辩交易，在法官开庭审理之前，处于控诉一方的检察官和代表被告人的辩护律师进行协商，以检察官撤销指控、降格指控或要求法官从轻判处刑罚为条件，换取被告人的认罪答辩。本案被控杀人的海船方代表虽未与检方直接接触，但其在菲海警队主持下积极配合菲律宾政府与渔船船主及失踪人员家属积极沟通善后赔偿事宜，彰显了认罪认罚的合作态度，并最终赢得了检方撤销指控的决定，从中可以看到诉辩交易的影子。

而与此紧密衔接的是刑事附带民事赔偿的妥善解决。鉴于本案碰撞事故发生时糟糕的海况以及极为有限的AIS等信息材料，指控海船方基于鲁莽行为过失杀人，对于菲海警队以及检方来说，证据收集固定其实是一件非常困难的事。这样，上面讨论的海船方与检方的诉辩交易，以及让渔船船主及失踪人员家属"满意"或"高度认可"的充分的民事赔偿，对案件最终妥善解决至关重要。当海船方拿出积极配合的态度与充分的善后赔偿，菲律宾检方撤销刑事指控、释放被扣海船及船员就是水到渠成的事了。

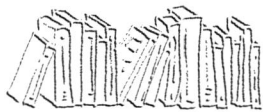

青年法学园地

收受网络虚拟财产型贿赂的司法认定

——以柏某某受贿一案为起点

章　琦*

摘　要： 互联网产业的繁荣要求法律正视网络虚拟财产的价值。我国《民法典》已经确立了对网络虚拟财产的保护，从刑法个案中来看也存在收受网络虚拟财产型贿赂的实践，这些均指向刑法理应将虚拟财产纳入其范围。我国受贿罪中贿赂的范围经历了从严格的"财物"到包含货币、物品和财产性利益的"财物"之变迁。本文从柏某某受贿一案出发，研究认为在民刑一致理念下将网络虚拟财产纳入贿赂的范围具有合理性和必要性，且认定收受网络虚拟财产属于受贿具有可行性。应将网络虚拟财产型贿赂纳入受贿范围，以预防和打击网络虚拟财产类型的腐败。

关键词： 网络虚拟财产；贿赂范围；刑民交叉

网络虚拟财产作为依托于计算机发展的产物，随着网络普及已经触及多数人的生活。网络虚拟财产的价值引发了法学界的极大关注。《民法总则》中对于网络虚拟财产的保护，被学界赞誉为体现了"创新和特色"[①]。虽然《中华人民共和国民法典·民法总则专家建议稿（征求意见稿）》中规定将网络虚拟财产视为物，应当受到法律的保护，但在最终颁布的《民法典》中延续了《民法总则》中对于网络虚拟财产性质的模糊化处理态度。目前在刑事立法中也尚未明确网络虚拟财产的内涵和性质，反而是司

---

*　章琦，北京师范大学法学院硕士研究生，研究方向为刑法学、犯罪学。

①　张新宝：《〈民法总则〉的创新与特色》，载《经济参考报》2017年3月21日，第8版。

法实践走在了前列①。

在柏某某受贿一案中，被告人柏某某系某信息档案管理系统管理科的系统管理员，主要职责之一是对某区域房屋产权交易的数据进行维护。2017年7月至2018年6月期间，被告人柏某某利用其职权的便利条件，接受房产中介高某某、潘某的请托，非法收受两人以自己名义办理的银行卡并非法收受两人存入其中的贿赂款116.53万元和57.7634万元。其中，2018年9月29日，被告人柏某某让潘某从银行卡中支取5万元现金，并用其中3万余元购买比特币挖矿机。被告人柏某某因受贿罪被判处有期徒刑三年六个月，并处罚金人民币二十万元②。被告人利用贿赂款购买虚拟货币获取工具这一行为虽然不在本案的构成要件的评价范围之内，但进一步思考便会产生疑问，即若受贿人直接收受虚拟货币，是否应当认定为收受贿赂？因此本文从柏某某受贿一案出发，在民刑一致理念下分析收受网络虚拟财产型贿赂的认定问题。具体而言试图回答以下三个问题：一是网络虚拟财产的内涵和性质；二是将网络虚拟财产纳入受贿范围是否合理和必要；三是将网络虚拟财产纳入受贿范围在司法实践中是否具有可行性。

一、民刑一致理念下网络虚拟财产的内涵与性质

网络虚拟财产是指在网络环境下，模拟现实事物，以数字化形式存在的，既相对独立又具排他性的信息资源，是具有人身或者经济价值的在线资产，其可能具有财产权、债权、知识产权、人格权或者个人数据的特征③。网络虚拟财产有广义和狭义之区分，狭义的网络虚拟财产通常是指网络游戏中玩家所控制的游戏角色、装备以及各种类型的虚拟货币④。随着网络的发展和普遍流行，网络虚拟财产的狭义概念也不再局限于网络游

---

① 邹政：《盗窃虚拟财产行为的刑法适用探讨：兼论虚拟财产价格的确定》，载《法律适用》2014年第5期，第72页。

② 四川省成都市青白江区人民法院(2019)川0113刑初352号刑事判决书。

③ 黄忠：《隐私是阻碍网络虚拟财产继承的理由吗》，载《财经法学》2019年第4期，第52页。

④ 徐凌波：《虚拟财产犯罪的教义学展开》，载《法学家》2017年第4期，第46页。

戏领域，诸如手机流量、各种去中心化的虚拟货币也被包含在内①。广义的网络虚拟财产在此基础上还包括网络账号、密码等各类用户信息。

针对网络虚拟财产的性质则主要存在其是否具有财产价值以及是否具有合法的财产价值之争论。否定者认为，网络虚拟财产并不是实物，而是一种影像；它依赖于某一平台才具有价值，并不能与现实世界发生关联；其价值不能够稳定地依靠商品来衡量等。因此，否定网络虚拟财产具有财产价值②。如在"肖某破坏计算机信息系统案"③中，福建省福州市中级人民法院认为，网络虚拟财产与刑法上的财产有明显的区别，刑法上的财产具有实体性，使用即消耗，而网络虚拟财产具有虚拟性，不会因为使用而有所减少，网络运营商可以生成同种类虚拟财产，且由于难以得到游戏币的市场正常交易价格，其价值难以衡量。因此，不能将其认定为刑法意义上的财产。再如"马某犯盗窃案"④中，辩护人认为被告人侵入计算机系统，获取信箱内的网络虚拟财产，是非法获取计算机信息系统数据行为，不构成盗窃罪，法院认可了该辩护意见。此外，从一些国家针对网络虚拟财物的单独入罪情况来看，似乎也在指向网络虚拟财产与传统意义上的财物概念内涵的不同⑤。

肯定者则多从财产的本质属性即排他性、持续性和互联性方面来考量：网络虚拟财产的获取也需要通过个人劳动并伴随着财产的投入，可以通过商业模式即政府发行的货币形式获取，实现劳动与商品之间的交换，具有可流通的市场，并在该市场上有自己的标价标准等。因此承认网络虚拟财产合法的价值属性⑥。如在"叶某等非法获取计算机信息系统数据、

---

① 赵文胜、梁根林、曲新久等：《盗窃"流量包"等虚拟财产如何适用法律》，载《人民检察》2014年第4期，第43页。

② 侯国云、么惠君：《虚拟财产的性质与法律规制》，载《中国刑事法杂志》2012年第4期，第51页。

③ 福建省福州市中级人民法院（2019）闽01刑终1259号刑事判决书。

④ 湖北省枣阳市人民法院（2016）鄂0683刑初72号刑事判决书。

⑤ 如在日本，根据行为客体是"财物"还是财产上的"利益"而将财产罪分为财物罪与利得罪。使用电子计算机诈骗罪由于以"利益"为对象，与传统的财产类犯罪区分开来，属于利得罪。参见付立庆：《论刑法介入财产权保护时的考量要点》，载《中国法学》2011年第6期，第134页。

⑥ 陈旭琴、戈壁泉：《论网络虚拟财产的法律属性》，载《浙江学刊》2004年第5期，第145页。

非法控制计算机系统案"①中，上海市第一中级人民法院认为，玩家在游戏中通过支付一定的现实货币，即可获取相应的"元宝"，现实货币和网络虚拟财产通过游戏运营商的官方定价产生了对应关系，玩家由此得到游戏公司提供的网络服务。因此，游戏币体现着游戏公司提供网络服务的劳动价值，不仅是网络环境中的虚拟财产，也是游戏公司在现实生活中享有的财产权益，具有法律上的财产属性，可以属于侵财的对象。在"杨某某等人诈骗案"②中，内蒙古自治区乌拉特中旗人民法院认为，"网游装备"属于虚拟财产，是玩家向游戏运营商付费后，通过完成游戏中一定的任务、自行打造或者练级后获得的。尽管"装备"仅仅以电磁记录的方式存在于网络和游戏程序中，但玩家投入了时间、精力和金钱方能获取，属于劳动成果。这一劳动成果可以通过出售换取现实生活中的货币，因此，虚拟财产也具备商品的一般属性，即价值、使用价值和交换价值。在德国"Facebook案"中，死者的父母希望继承死者的Facebook账号，最终德国联邦法院认为社交账号兼具财产和人身属性，由于两者难以分割，所以可以一并继承，也承认了网络虚拟财产的财产属性③。

即使退一步讲，否定者认为的网络虚拟财产不具有标准的财物的完备性特征，也并不能够以此否定网络虚拟财产具有财物的性质④。也就是说，否定者认为的网络虚拟财产的属性，并不能够否定其含有实际的价值。上述"肖某破坏计算机信息系统案"中虽最终法院否定了网络虚拟财产的价值属性，但根据提供游戏币的公司提供的情况说明来看，该公司通过游戏客户端入口向玩家提供充值渠道，玩家在游戏中通过充值可以获得游戏中的点券，当需要购买游戏内的道具或服务时，则需要消耗相应的点券。这实际上是"人民币—点券—游戏币"的逻辑，难以否定游戏币与财产之间的关联性。而且在本案中法院认为难以通过价格认证中心鉴定，网络虚拟财产的价值难以衡量而排除其属于财物的做法有待商榷。在"董某某等诈

---

① 上海市第一中级人民法院(2020)沪01刑终35号刑事判决书。

② 内蒙古自治区乌拉特中旗人民法院(2015)乌中刑初字第60号刑事判决书。

③ 余澜、贾浩杰：《民法典时代网络虚拟财产继承制度研究》，载《三峡大学学报》(人文社会科学版)2020年第6期，第89页。

④ 张明楷：《非法获取虚拟财产的行为性质》，载《法学》2015年第3期，第19页。

骗案"中，内蒙古自治区乌拉特中旗人民法院正是通过乌拉特中旗价格认证中心鉴定的方式，认定涉案的网络虚拟财产属于财物，并认可被告人以非法占有为目的，骗取他人网络虚拟财物的行为构成诈骗罪。

二、认定收受网络虚拟财产属于受贿的合理性

柏某某受贿案中，被告人索取现金贿赂后购买获取虚拟货币的工具。随着互联网经济的发展，可能存在受贿人索取网络虚拟财产之情形。在《民法典》将网络虚拟财产纳入保护体系，最高人民法院、国家发展和改革委员会于2020年7月发布的《关于为新时代加快完善社会主义市场经济体制提供司法服务和保障的意见》中要求加强对网络虚拟财产等新型权益的保护的背景下，认定收受网络虚拟财产属于受贿具有合理性。

（一）符合受贿罪保护的法益

从受贿罪保护的法益来看，将收受网络虚拟财产纳入受贿范围具有合理性。学界对于受贿罪的立法形式存在两种立场：一种是罗马法中的职务不可收买性说，不管公务员实施的职务行为是否正当合法，只要是要求、约定或者收受与职务行为有关的不正当报酬，就构成受贿罪；另一种是日耳曼法中的纯洁性说，认为当公务员实施违法或者不正当的职务行为，从而要求、约定或者收受不正当报酬时才构成受贿罪[1]。

从我国受贿罪的立法和司法来看，受贿背离了为政清廉的义务，损害了党和政府在人民群众中严明公正的形象[2]，是对职务行为不可收买性的侵害，是否构成犯罪取决于获取财物与职务行为的关联程度、国家工作人员是否利用职务行为为他人谋取利益以及利益的性质等因素[3]。由此，对于受贿罪中财物的理解，不应该具体关注财物的类型，而应该关注获取财物与利用职务行为的关联性，可将受贿罪中"财物"的范围扩大到"财产

---

[1] 张明楷：《贪污贿赂罪的司法与立法发展方向》，载《政法论坛》2017年第1期，第15页。

[2] 马克昌：《百罪通论（下卷）》，北京大学出版社2014年版，第1169页。

[3] 张明楷：《贪污贿赂罪的司法与立法发展方向》，载《政法论坛》2017年第1期，第17页。

性利益"①。虽然人们对于网络虚拟财产的性质仍然存在争论，但是《民法典》已经肯定了对网络虚拟财产的保护，此外，刑法理论界对网络虚拟财产具备法律意义上的财产属性也已达成共识。因此，理应将网络虚拟财产纳入受贿的范围。

（二）遵循贿赂内涵的变迁逻辑

"贿赂"的内涵并不是一成不变的，其"宽窄"取舍最终取决于社会生活的发展状况②。一开始人们对于贿赂的范围限定为"财物"，包括金钱和物品，不包括财物以外的财产性利益，更不能包括其他非物质的利益③。

2007年7月，最高人民法院和最高人民检察院联合出台的《关于办理受贿刑事案件适用法律若干问题的意见》中将收受干股作为贿赂的一种，顺应了打击以干股等形式受贿的需要。2008年11月20日，最高人民法院、最高人民检察院发布《关于办理商业贿赂刑事案件适用法律若干问题的意见》，将商业贿赂的财物扩大解释为包含可以用金钱计算数额的财产性利益。2014年《中共中央关于全面推进依法治国若干重大问题的决定》中将贿赂对象由财物扩大为财物和其他财产性利益。而在2016年最高人民法院、最高人民检察院发布的《关于办理贪污贿赂刑事案件适用法律若干问题的解释》中则进一步明确了"财物"的认定范围，将其解释为包括货币、物品和财产性利益等。

受贿罪中"财物"的内涵和解释是与时俱进的，随着网络的发展、普及以及在"双层社会"的现实之下，尤其是随着网络游戏产业和数字化产业的发展，将网络虚拟财产纳入受贿的范围具有合理性。

（三）司法实践与现实需求

从实际情况与司法实践来看，将收受网络虚拟财产纳入受贿范围具有

---

① 高铭暄、张慧：《论贿赂犯罪的贿赂"范围"》，载《法学杂志》2013年第12期，第4页。

② 赵军：《论我国刑法贿赂罪贿赂范围的重新定位：以〈联合国打击跨国有组织犯罪公约〉的要求为标准》，载《中国刑事法杂志》2003年第6期，第57页。

③ 高铭暄、马克昌：《刑法学》，中国法制出版社1999年版，第1137页。

合理性。随着网络游戏产业的迅猛发展，窃取有关电信 Wi-Fi 时长卡、网络游戏币、网络虚拟货币等网络虚拟财产案件逐日增多①。从我国刑法的规定来看：盗窃罪与受贿罪的犯罪对象都是财物，既然无形财产可以成为盗窃对象，理所当然，无形财产也能够成为受贿罪的犯罪对象②。

受贿罪强调的是对职务不可收买性的法益侵害，理应把任何试图通过不正当的方式，满足国家工作人员的需要、欲望的行为，均纳入受贿的范围。以日本为例，日本现行刑法和实践认为，贿赂既可以是财产性利益，如金钱、物品、有价证券等，也可以是非财产性利益，如提供性贿赂、投资机会、招待活动、娱乐活动；既可以是现实的利益，也可以是将来的利益。总之，是否构成贿赂的判断标准就是能否满足人们的欲望③。

此外，《酒泉市人民政府关于改革国有企业工资决定机制的实施办法》在计算国有资金保值增值率、净资产收益率、劳动生产率等指标时，将网络虚拟财产包含在内，并由政府相关职能部门对该虚拟财产进行评估认定，实际上也是认可了虚拟财产作为工资总额决定机制的一部分。那么在此种情况下，倘若不将网络虚拟财产纳入受贿范围，则可能导致在刑法内部对于财物认定的不统一，也将导致《刑法》与《民法典》对于网络虚拟财产保护的不统一。

三、认定收受网络虚拟财产属于受贿的必要性

柏某某一案表明现实中有受贿人员获取现金贿赂后向虚拟财产转化的情形，但是从公开的司法裁判文书来看，并没有直接收受虚拟货币类的受贿案件。从积极层面来看，在我国现阶段可能并不存在直接收受虚拟货币的情形；从消极层面来看，也可能是因为在现阶段的司法实践中，由于对网络虚拟货币的定性认知不足，导致在查处贿赂时将网络虚拟财产型贿赂排除在外。此外，世界范围内已经存在有直接收受网络虚拟财产类型的腐

---

① 张东蕾：《窃取网络虚拟财产构成盗窃罪》，载《检察日报》2018 年 7 月 4 日，第 3 版。
② 肖介清：《受贿罪的定罪与量刑》，人民法院出版社 2000 年版，第 97 页。
③ 冯春萍：《中国刑法、日本刑法与〈联合国反腐败公约〉关于贿赂的内容和范围的比较》，载《社科纵横》2010 年第 5 期，第 91 页。

败案件出现，因此，从打击受贿和预防腐败的要求来看，将收受网络虚拟财产认定为贿赂具有必要性。

（一）打击网络虚拟财产型贿赂的需要

无论是将受贿罪认定为侵犯职务行为的不可收买性的犯罪，还是将其认定为侵犯职务公正性的犯罪，贿赂均作为一种获得职务行为特权的对价而存在，这一不法报酬理应包含能够满足人的需要与欲望的一切利益[①]。尽管从目前曝光的受贿案件来看，我国并没有直接收受网络虚拟财产的受贿案件，但是国际上，据 The Next Web 报道，保加利亚两名政府官员因涉嫌收受比特币贿赂而被逮捕[②]；首尔南区加密交易所 Coinnest 两名高管因为收受高额加密货币而被首尔南区地方检察厅起诉[③]。

除柏某某一案之外，我国也已经出现了多起用赃款购买网络虚拟财产的案件。如在"吕某、王某贪污、受贿案"中，吕某利用主管危房改造节能示范工作的职务便利与他人共同贪污116.8094万元、受贿48万元，其中部分资金用来投资网络虚拟货币比特币，并通过自己主管危房改造项目之职务号召危房改造工程的施工人通过自己购买比特币[④]。此外，据中央纪委国家监委报道，某国有公司赣榆分公司原出纳会计侵占公款约386万元用于网络游戏充值、打赏主播[⑤]。赃款的使用和去向本身会影响行为的恶劣程度，同时也反映了受贿人自身的意志和喜好。行贿人能够投其所好给予好处，满足其欲望，自然更能获得受贿人的欢迎，在此种情况下，可能比单纯给予受贿人以财物更能与其建立某种"互利"的关系，自然也更容易造成私人之间串通窃取国家权力的行为出现。

---

① 赵军：《论我国刑法贿赂罪贿赂范围的重新定位：以〈联合国打击跨国组织犯罪公约〉的要求为标准》，载《中国刑事法杂志》2003年第6期，第60页。

②《保加利亚政府公务人员因比特币受贿被逮捕》，https://www.sohu.com/a/272988005_100117963。最后访问时间：2021年10月30日。

③《高管判刑，币价低迷，韩国第5大加密币交易所停止运营》，https://www.jiemian.com/article/3050649.html。最后访问时间：2021年10月30日。

④ 河北省丰宁满族自治县人民法院(2019)冀0826刑初195号刑事判决书。

⑤《以案为鉴：用公款打赏女主播 90后会计终获刑》，http://www.ccdi.gov.cn/yaowen/202011/t20201106_229528.html。最后访问时间：2021年10月30日。

（二）预防腐败的要求

腐败是指运用公共权力实现私人目的的行为。腐败的基本特征是公权力和公共资源的非公共、非规范的运用①。对于接受贿赂、从事腐败活动的国家工作人员而言，约束自己不受腐败诱惑的困难程度远远超过了道德约束或对可能因此而遭到利益侵害的人的同情所产生的痛苦，所以需要来自外部的力量对国家工作人员的行为予以限制。网络虚拟财产虽然是一种虚拟物、无形物，但是与现实财物能够产生密切关联，因此收受网络虚拟财产型贿赂和传统贿赂一样具有极大的社会危害性。随着科学技术的进步，在我们的日常生活中，非有体物之能源等用途极广，针对这种非有体物的侵害，也是一种财产性侵害，理应将其作为刑法的保护对象②。如果不将网络虚拟财产纳入受贿的范围，则可能导致此种受贿行为不被披露，甚至纵容此类受贿行为③。

《联合国反腐败公约》要求缔约国有义务采取必要的立法和其他措施使得国内法达到公约的基本要求，其对于"贿赂"内涵的界定包含所有公职人员在执行公务时作为或者不作为条件的"不应有好处"，即能够满足受贿人各种生活需要和精神欲望的一切财产性利益和非财产性利益。由此可见，我国目前的立法存在受贿范围较窄的情况。应当对财物进行符合社会经济发展和生活变化的适当解释，将网络虚拟财产纳入受贿的范围有其必要性，否则就可能导致受贿向其他更隐蔽的方向转变。

此外，从世界各国（地区）对于受贿范围的立法来看，将贿赂的范围限定为财物的，已是极少数，大多数国家都将财产性利益和非财产性利益作为贿赂的标的物④。我国将受贿罪的范围限定为"财物"，在《民法典》

① 王沪宁：《反腐败：中国的实验》，三环出版社1990年版，第6页。
② 郑泽善：《网络虚拟财产的刑法保护》，载《甘肃政法学院学报》2012年第5期，第97页。
③ 实际上，目前虚拟货币已经成为洗钱的工具之一。参见"贾某洗钱案"，河南省郑州市金水区人民法院(2020)豫0105刑初544号刑事判决书；"陈某某洗钱案"，上海市浦东新区人民法院(2019)沪0115刑初4419号刑事判决书；"施某1、李某某、施某2等洗钱案"，浙江省杭州市富阳区人民法院(2019)浙0111刑初438号刑事判决书。
④ 张明楷：《外国刑法纲要》，清华大学出版社1999年版，第779页。

承认网络虚拟财产的合法性和财产属性的背景下，应当给予网络虚拟财产以刑法保护，如果不承认网络虚拟财产作为贿赂的具体对象，则可能造成对于这一类型的受贿行为的无法规制的后果。

由此看来，将网络虚拟财产纳入受贿罪的范围，一方面是《刑法》应对《民法典》将网络虚拟财产纳入保护范围的需要，另一方面也是《联合国反腐败公约》的要求，是预防和打击腐败的要求。

四、认定收受网络虚拟财产属于受贿的可行性

一些学者从我国的国情和司法实践出发，认为如果扩大受贿的范围，将导致司法实践中操作困难的问题，不具有可行性[①]。虽然我国目前针对受贿的规定采取了"抽象数额"＋"抽象情节"的方式，但受贿数额仍然是受贿罪定罪量刑的重要影响因素，将网络虚拟财产纳入受贿的范围，在认定受贿数额方面可能会出现阻碍。从目前把侵害网络虚拟财产认定为侵犯财产类犯罪的司法实践来看，这种担心是不必要的。

在司法实践中常出现的网络虚拟财产可以分为两种类型：一种是购买游戏装备、皮肤或网络游戏服务的虚拟货币；另一种则是中国人民银行等7部委于2017年9月14日联合发布的《关于防范代币发行融资风险的公告》中的代币，该公告将代币发行融资界定为融资主体通过代币的违规发售、流通，向投资者筹集比特币、以太币等虚拟货币[②]。对于上述两种网络虚拟货币，均有司法判决确定了其价值性与价格。例如，在"上海市黄浦区人民检察院诉孟某、何某某网络盗窃案"[③]中，法院认为秘密窃取网络环境中的虚拟财产构成盗窃罪，应当按照虚拟财产在现实生活中对应的实际财产遭受损失的数额确定盗窃数额。虚拟财产在现实生活中对应的财产数额，可以通过该虚拟财产在现实生活中的实际交易价格来确定。在"徐某某与尹某某职务侵占案"[④]中，广东省广州市天河区人民法院认为，涉案

① 高铭暄、张慧：《论贿赂犯罪的贿赂"范围"》，载《法学杂志》2013年第12期，第3页。
② 刘俊海：《网络虚拟财产的权利属性及继承》，载《人民司法》2020年第4期，第8页。
③ "上海市黄浦区人民检察院诉孟某、何某某网络盗窃案"，载《最高人民法院公报》2006年第11期。
④ 广东省广州市天河区人民法院(2015)穗天法刑初字第972号刑事判决书。

的游戏道具实质上是一种网络虚拟财产，其价值是具有时效性、变动性等特殊性的，随着时间、投放量、游戏活动的变化而波动，玩家可以通过在公司设置的交易平台对涉案的游戏道具进行公开交易，通过多人、多次、多笔的购买行为形成交易市场，并产生市场普遍认可的价格，能够反映商品的价值并且有交易记录留存，属于有效的价格证明。也就是说，能够由有效的方法得出该网络虚拟财产的可折算的金额，并进行评估。在"叶某等非法获取计算机信息系统数据、非法控制计算机系统案"中，法院认为游戏币属于虚拟财产，可以通过现实生活中的实际交易价格来确定，但是不宜用游戏币的充值交易金额直接认定盗窃数额，而应该以被害单位因盗窃行为遭受的损失，转化为现实生活中的财产来计算。因为游戏币的充值金额除了包含游戏运营公司和游戏开发商的结算金额、渠道合作分成、运营成本支出之外，还包含该公司的预期收益，而预期收益不宜纳入盗窃金额的计算范围，因此该案中法院按照结算金额的70%认定实际损失金额，即盗窃金额[1]。

此外，在2013年12月3日东莞市物价局发布的《刑事案件涉及网络犯罪物品价格认定技术规范（试行）》（已失效）中也曾尝试统一对网络虚拟财产的"定价"规则，对于盗窃他人网络游戏虚拟财产的，如虚拟货币、游戏装备等，以游戏中充值卡面值计算，或者以近三个月内该虚拟财产网络游戏运营商在官方网站公示的交易价格计算。对于无法获得上述两个价格的，则以成本法进行计算，即以游戏开发商、运营商根据同样游戏水平的游戏者，获得此游戏装备所付出的劳动时间价值计算（劳动价值取该地区政府公布的最低劳动工资额）。

从上述司法实践和政府价格认定技术规范来看，即使把网络虚拟财产纳入受贿范围，也不会出现受贿金额难以确定的困境。

五、结语

受贿行为并没有随着社会和网络的发展而消亡，受贿形式却发生了变化。在《民法典》已经规定了对网络虚拟财产的保护背景下，正确认定犯

---

[1] 上海市第一中级人民法院(2020)沪01刑终35号刑事判决书。

罪活动中的网络虚拟财产的内涵，对于罪与非罪、此罪与彼罪的认定十分重要。在某些刑法规定空白的场合，民法以及其他部门法有规定的，刑法对其解释理应保持一致。将网络虚拟财产纳入受贿的范围有合理性和必要性，也具有可行性。打击腐败需要与时俱进，同时需要统一刑法与各部门法之间对于基础概念内涵的界定，网络虚拟财产具有财产属性，受到《民法典》的保护，也应当纳入受贿的范围。

类案智能系统的路径研究

邹劭坤　　鄢树树*

摘　要：裁判输出的稳定性是司法文明的重要特征。当前司法实践中，阶段性适法不统一风险呈现扩大化趋势，在系列案件中该类问题尤为突出，案例指导制度尚未能有效破解这一困境。可喜的是，人工智能在司法领域的垂直深入为类案同判带来可能，厘清类案同判的内涵边界是评估推送质效的先决条件，也是对系统推送差异性结果进行客观分析的基础。当前，类案智能系统构建仍存在诸多难点问题亟待解决，探索类案推送困境的深层因素及可行路径，有助于发现技术革新与业务规则的交融点，为统一法律适用提供方法遵循。

关键词：类案同判；类案推送；人工智能

一、引言

"类案同判"是人民群众对于司法正义的朴素追求，也是司法公正的直观体现。在一个理想的司法生态系统中，法律适用存在争议的案件理应

　　*邹劭坤,中国社会科学院大学博士研究生,研究方向为刑法学。

鄢树树,北京华宇元典信息服务有限公司中级工程师、法学硕士,研究方向为刑法学。

本文系跨层级法院案件管辖权识别预警关键技术与协同综合服务平台应用示范研究项目(编号:2018YFC0831301)阶段性成果。

占比很小①。虽然法律语言的局限性和模糊性、指引范围的有限性和适法的可争辩性都会不同程度加大案件裁判的疑难复杂程度，但当前司法实践中面临的绝大多数案件，在过去都已经发生且形成了相对固定的裁判模式，过往判例中沉淀、蕴藏的经验和智慧是解决当下类似问题的重要参照。西方"遵行先例"判例法的历史已长达千年，亦体现了类似内涵。

以审判为中心的司法体制改革扩大了审判者自由裁量的余地，但受诸多因素影响，偏离合理阈值范围的裁量偶有发生，阶段性适法不统一风险存在扩大化趋势，尤其是系列案件中该类问题更加突出。类案不同判现象在一定程度上侵蚀了司法权威，损害了司法公信力。为统一审判标准而推行已久的案例指导制度也无法有效破解这一困境，案例指导制度之所以效果不彰②，其所面临的适用困境与类案推送有相似之处。

关于类案的概念，目前我国学术界尚无统一定论，但司法实务相关文件中已有明确表述与要求。2020年最高人民法院出台的《关于统一法律适用加强类案检索的指导意见》与《关于完善统一法律适用标准工作机制的意见》（下文合称《意见》），将统一法律适用标准融入人民法院审判执行整体工作中，类案检索和类案推送开始从政策倡导、试点探索逐步上升为制度要求。当前语境下，类案同判的基本共识已经初步形成。

《意见》的出台为人工智能技术在司法垂直领域的深入提供了重要政策指引，"借鉴以往司法裁判智慧，解决当下难题"的集存储、整合、分析、决策建议于一体的类案智能系统为实现类案同判提供了重要技术支撑，是法律人工智能赋能司法审判的典型应用系统。法律科技不再局限于电子送达、远程庭审、同步录音等程序性事项，而是能够在类案法律评价等实体方面提供支持，让我们看到技术赋能司法的更多可能。目前以"类案推送"为核心功能的应用产品已见诸市场，"最高人民法院平台＋地方各级法院平台＋第三方商业平台"共存，形成了一定的规模效应和话题效应。

---

① 袁斯潮、陆银清：《案件何以具有普遍法律适用指导意义：要素识别与瞄准路径》，载《山东法官培训学院学报》2020年第1期，第34页。

② 陈明国、左卫民：《中国特色案例指导制度的发展与完善》，载《中国法学》2013年第3期，第43页。

二、类案同判标准的厘清

类案标准的厘清是评估类案推送质效的先决条件，同判内涵的定性是对系统推送差异性结果进行客观分析的基础。

（一）类案的甄别

类案同判的先决条件是甄别类案。目前各界对类案标准尚未形成定论，主要存在两种观点：一种是"生活事实比对说"，该观点主张，在进行类案甄别时，可将具体个案拆解为若干"事实要素"（包括案发时间、地点、人物、经过等），要素相同或相似者即为类案[①]；另一种是"规范事实比对说"，该观点认为，类案的甄别，可将个案中涉及的事实进行人为分类（分为必要事实与非必要事实），如具体案件中涉及的必要事实（即关乎案件性质、责任构成及责任大小的事实）存在相同或者类似，就可以将其确定为类案[②]。这些学者的研究为类案的识别扩宽了思路。

法律适用是将抽象规则通过三段论演绎用于个案的过程，类案结论背后应保持相对一致的司法逻辑和价值取向。对类案的界定应当聚焦于"类"，以核心事实、法律关系、争议焦点、法律适用作为核心要素，再结合证据印证程度、政策变迁、适用程序、地域位置与审理级别等要素进行效力校正，这是较为合理可行的路径之一。甄别类案取决于上述四大核心要素和五大辅助校正要素。

1.四大核心要素

（1）核心事实。首先，判别待决案件与已决案件在核心事实要件或要素层面相同或类似时，可以参照类别有限且边界清晰的请求权的相似性。民事案件当事人主张的诉讼请求总是基于一定的法律事实基础即"权利来源"，因此可以将诉讼请求要件拆分为具体法律要素，通过诉请要素的相

[①] 凌宗亮：《法律适用统一个案实现的裁判路径》，载《人民法院报》2012年9月19日，第8版，第2页。

[②] 房文翠：《司法责任制语境下的法律统一适用标准》，载《社会科学辑刊》2017年第2期，第93页。

似性比对来权衡类案一致性程度。其次，可以对裁判文书中法院在查明事实段和裁判分析段中认定的案件事实进行要素识别并加以比对。尤其是刑事案件，其核心事实的认定具有相对固定的法律构成要件，不论是三阶层理论还是四要件理论，都会对构罪事实加以解析认定，因此基于构成要件的要素组合可以作为核心事实的参照来源。

（2）法律关系。案由是讼争法律关系的高度浓缩。在民法领域，不同法律关系纠纷成讼后显现为不同案由，当两个案件的案由相同时，其所涉法律性质和法律关系很大概率也会相同，"权利来源"和"救济来源"相同或类似，且通常审级越低的相同案由案件的"基本事实"越具有相似性。《民法典》的编纂体例也是按照不同经济社会关系形成的属性不同的法律关系划分的，编以下是章，章以下是节，结构清晰，层级分明，该体例的划分为民事诉讼领域类案的甄别提供了重要指引[①]。而刑事诉讼领域亦类似，刑事罪名是对犯罪本质特征或者主要特征的高度概括，是区分此罪与彼罪的根本界限，反映了一种犯罪与另一种犯罪的本质区别，罪名可作为甄别类案的要素。

（3）争议焦点。在要素式审判模式下，裁判者会在大前提、小前提、裁判结果之间进行证成，个案的争议焦点是小前提与大前提在比对过程中存在争议，且足以影响裁判结果走向的重要问题，是诉讼当事人纠纷的核心。依照我国《民事诉讼法》及司法解释的相关规定，法官在个案审理及裁判的过程中，应当明确争议焦点，并依照争议焦点引导当事人举证质证、发表诉辩意见等。裁判文书中争议焦点的存在样态较为丰富，既可表现为说理段的直观表述，也可以表现为诉请和抗辩要素的对抗性分组，还体现为非对抗性样态，如在被告未发表任何形式的抗辩意见，未提交任何证据，同时也未针对原告方提交的证据提出异议的情况下，可以原告的诉讼请求为基础，结合庭审中查明的事实认定争议焦点。刑事案件的争议焦点往往起始于辩论阶段，随着辩论的深入而自然形成。在刑事案件里总结争议焦点的要素标签，构建争议焦点图谱，是识别类案的基础。

（4）法律适用。我国法律渊源以制定法为主，裁判首先以基于固定要

[①] 冯小光：《民法典为加强类案监督提供重要指引》，载《检察日报》2020年8月31日，第3版。

件的法条为中心。待决案件与类案涉及的具体法律条文往往一致，受相同的法规约束，故具体法律条文也是甄别类案的通道和入口。基于法条判断请求权，通过"法规"和"案例"联动的综合数据库匹配指导案例以辅助判断类案具有较强的现实可操作性。刑事构罪认定要件极为严格，在裁判说理段，法官会详细完备地列举涉案罪名以及自首坦白等情节的相关法律条文，提取定罪量刑相关法律条文是甄别类案的有效途径。

2.五大辅助校正要素

实践中，证据印证程度、政策变迁、适用程序、地域位置、审理级别等因素都会影响案件最终的处理结果。如在证据认定上，对夫妻共同债务举证责任规定的变化会影响案件裁判结果（特定情形下，若债权人无法举证证明债务属于夫妻共同债务，将承担举证不能所带来的不利后果）。从国家政策层面来看，近年来在扫黑除恶专项工作高压态势下，对涉"套路贷"的诈骗案件处罚比传统的诈骗犯罪重。适用认罪认罚从宽程序与适用普通程序审判的案件裁判结果殊不相同。虽然我国《刑法》对于盗窃罪有统一的量刑标准，但《最高人民法院、最高人民检察院关于办理盗窃刑事案件适用法律若干问题的解释》也规定了每个省市的盗窃罪量刑标准可以不同（总体而言，经济发达地区起点数额更高）；在民事领域，南北方对于职业打假人的规制力度也不太一致（从数据来看，北方地区对职业打假人的打击力度更大）。就审理级别而言，应优先参考辖区上级法院的类案，最高人民法院则不宜参酌地方法院的类案。

因此，即使四大核心要素吻合一致，仍须通过辅助校正要素对推送质效进一步进行判别和校正。证据印证程度、政策变迁、适用程序、地域位置、审理级别是类案识别中最常见且不应忽视的五大辅助校正要素。

（二）同判的内涵

同类案件的裁判结果理应具有大体的一致性，但现实中个案往往存在偏离类案裁判结果的情形。实践中，导致个案偏离已决类案裁判的情形主要有以下三类：一是两者存在不可调和的、前置流程中未被发现的实质差异点，这种实质差异点关系重大，已突破类案的在先约束，直接影响案件裁判结果；二是社会背景、司法观念、政策导向等因素的变化，差异化裁判可基于不同历史背景进行合理化解释；三是已决类案规则缺陷，如已决类案裁判规则有误，缺乏说理或存在不可化解的矛盾点等。如果法官在承办案件时，发现本院先例类案裁判有误但已经生效，其可能会遵从本院裁判尺度的统一性与先例保持一致，也可能作出与先例不一致的裁判，而后者恰是差异裁判合理化的情形之一。

每个案件都有其特定情境，需要用正确的法律思维进行具体情境的剪裁，而在具体语境下的个案偏离，很可能恰恰呈现出裁判的正当性与合理性。不论基于社会背景变化、价值取向变迁还是法律规范调整，裁判者经过谨慎比较判断已决类案裁判不适用于待决案件时，可以不再参考已决类案的具体裁判规范，但此种情况下裁判者必须履行特别说理的义务。总而言之，可以在法律允许的合理范围内存在差异化裁判，但背离法律统一适用标准的不合理差异化裁判则应当被禁止。

三、类案智能平台及推送方式

当前法律科技领域类案智能平台数量较多、发展较快，类案推送的具体方式也各有差异。

（一）类案智能平台

2018 年，最高人民法院正式上线运行了类案智能系统，包含类案检索、智能推送等辅助功能，覆盖全部 1330 个案由，全案由文书数据整体搜索，推送准确率达 63.7%[①]。各地人民法院也相继推出了自研类案类判辅助系统，如北京市高级人民法院的"睿法官"智能研判系统，自动推送案情解析、引用法条、类案、判决参考等信息，为审理裁判提供规范和指引；上海市高级人民法院"206 系统"启用的"刑事案件智能辅助办案系统"，采用机器学习技术，从多维度进行类案判断和类案推送；重庆市三级人民法院统一打造运行"民事类案智能专审系统"，通过提取经庭审确认的要素并根据要素分析，主动推送相似的参考案例。另外，还存在一些商业化

---

① 左卫民：《如何通过人工智能实现类案类判》，载《中国法律评论》2018年第2期，第27页。

的类案智能平台，比如华宇元典的智库，支持不同方式组合的类案检索与智能推送；无讼可通过"在结果中检索"增减关键词，以确定检索范围，筛查类案；北大法宝采用可视化图表列明刑事、民事、行政等案件的类案认定点。

随着类案推送系统应用的展开，一些共性问题也逐渐凸显。各方技术标准、数据库、类案判断标准、系统预设目标等均存在较大差异；类案推送的精准性、结果排序的合理性、数据的完整权威性、用户的交互体验等方面都还有非常明显的提升空间。此外，大部分类案系统仍在使用信息端口接入，技术规则的设计与修改、系统的维护与迭代均依赖外部技术商，数据安全也潜在不容忽视的风险[①]。

（二）类案推送方式

目前主流类案智能系统匹配方式主要有标签要素、案情信息、法律文书三种，均依赖语义理解和机器学习技术。

1.标签要素推送方式

标签要素推送方式根据用户选择的与案情相关的要素标签（如自首、入户盗窃、盗窃虚拟财产等），推送匹配度较高的类案。此种方式推送的结果相对精确，但需要优质标签数据作为研发基础，标签的精细化程度、业务规则的周延性、要素拆解和图谱搭建的合理性直接影响推送质效。要想提升标签要素类案推送的精准性，首要的是对类案的标签化、结构化作进一步精细化的区分。

法律知识图谱技术是智能系统进行法律知识推理的基础，其呈现状态是将法律规定、法律文书、证据材料及其他法律资料中的知识点以法律逻辑连接在一起的概念框架。法律知识图谱不具有衍生性，要素标签的延展性和可复用性也不强，而智能系统的迭代周期在很大程度上取决于法律知识图谱的扩充与完善速度，当下优质的法律知识图谱及标签化的法律数据

---

① 李世宇：《司法大数据在类案裁判中的应用探索》，载《郑州大学学报》(哲学社会科学版)2018年第1期，第26页。

存在巨大缺口①。

2.案情信息推送方式

案情信息推送方式通过输入的案件相关信息（如事实查明段、裁判分析段、案由、相关法条及用户自行总结的案情关键词等）进行全文匹配，自动检索出数据库中符合输入条件的所有类案，并按预设规则予以推送。此种方式的匹配结果相对宽泛，且重点信息不易提取凝练，模型反馈时间稍长，交互效果欠佳。

3.法律文书推送方式

法律文书推送方式对用户导入的整篇法律文书（如起诉书、庭审笔录、裁判文书等）进行解析和信息提取，在已有数据库中查找相似案例进行推送。此种方式高度依赖在先文书表述的规范性。就复杂案件而言，完全规范化的法言法语表述并不常见，无论是输入端还是数据库里的文书均远未达到使用统一术语的标准，这就导致系统难以提炼案件核心要素，无法精准匹配已决先例，推送质效自然也无法契合业务需求。

四、类案智能系统发展的现实困境

梳理阻碍类案智能系统发展的现实障碍和共性问题是走出发展困境的必要前提。

（一）统一规则指引缺位

《意见》在一定程度上推动了类案智能系统建设，但类案检索仍缺少可借鉴的具体规程，缺乏有效的时间、地域等指引，系统开发时也无法确知类案检索的范围、层级与效力等。

最高人民法院有在全国范围内推广适用类案智能推送系统的趋势，但项目具体落地期限尚未明确。目前各地类案系统仍由不同主体设计开发，缺乏主导机构进行统一顶层规划，导致各系统所提供的类案检索、类案推送服务千差万别。如何统一全国范围内繁杂的类案智能系统，解决数据源头结果呈现的统一性是当下最突出的问题。

---

① 叶胜男、李波:《人工智能介质下的审判范式》,载《人民司法》2019年第31期,第53页。

我们期待通过最高人民法院的指导管理和各地法院的协同处理，逐步实现全国范围内类案裁判标准的统一，确立国家层面类案同判的管控机制与标准流程，不断提高裁判可预期性和司法公信力。

（二）司法数据基础薄弱

智能类案系统的发展必然需要司法数据作为"养料"，裁判文书公开上网制度为法律领域人工智能的深入发展奠定了基础，但当前司法数据的供给在量和质方面依然存在一些问题。

1.数据全面性之困境

目前已经上网公开的裁判文书并非全量数据，事实上当前推送系统缺乏足够的、历史性的"数据储备"，缺乏时间变量下的验证，未能抽象出不同时期变迁背景下相对稳定的裁判规则；文书上网率与实际结案率存在差距，数据缺失问题也很突出[1]。类案的参考价值在一定程度上被局限。

新型案件缺乏充分的数据支撑。以公益诉讼为例，公益诉讼一直是我国法治建设的焦点议题，尤其是近些年随着法律制度的不断完善，公益诉讼迎来全面发力的历史拐点，但目前案件库中该类诉讼的裁判样本数量极少，数据不充分直接导致研发素材短缺，推送质效难以保障。

2.数据有效性之困境

目前各推送系统使用的裁判文书数据来源主要有权威案例（包括指导案例、公报案例、典型案例等）和中国裁判文书网公开的裁判文书。前者经过专业筛选，质量较高，参考价值大；后者未经专业筛选，质量参差不齐，部分文书说理不够充分，参考价值有待商榷。

案多人少矛盾仍然存在，法官将更多的精力用于处理送达、开庭、判决等程序和实体问题，难免存在裁判文书格式不规范、错漏字、病句、同一份文书重复传输等情况，单凭技术手段无法完全筛查过滤此类冗余、错误数据，这也是影响实际推送质效的原因之一。

---

① 马超、于晓虹、何海波：《大数据分析：中国司法裁判文书上网公开报告》，载《中国法律评论》2016年第4期，第243页。

（三）技术模型深度受限

人工智能领域存在一个悖论："Garbage in, garbage out"（垃圾进，垃圾出）。模型依靠标注数据供养，数据质量的高低直接影响模型训练的结果。

目前类案推送系统采用的法律人工智能技术主要是基于海量翔实标注数据训练模型，通过监督学习形成算法。但法律数据认知门槛较高，非法律专业人员难以合理拆解要素、搭建图谱，精准完成标注。前置流程的错误或瑕疵可能导致模型与算法遭遇有效性困境，基于瑕疵数据持续供养的算法更可能使历史错误不断形成、放大和固化①。

类案识别的模型训练过度依赖人工标注的样本数据集，模型训练无法突破过度耦合（即模型与训练数据样本集的关联性过强）瓶颈，导致随机传递给系统的新文书解析精准度较差。

此外，由于新型案件数据基础匮乏，模型训练还面临"小样本"难题。

（四）交叉领域认知瓶颈

类案推送是包含筛除、判断、识别、归类、推送等过程的复杂综合行为。目前类案推送系统主要以公开的司法裁判大数据为基础，通过知识图谱、要素标注、机器学习、自然语言处理等多项技术的交叉运用而构建。系统开发涉及技术、法律、产品等多个领域，需要各方充分交互、高度契合，但现实情况是各方智识结构都存在较高门槛，沟通鸿沟极大。

开发人员场景意识不足也是导致目前类案检索系统实际使用率低、用户反馈不理想的重要因素。裁判者在不同场景下对智能系统的需求有明显差异，但一线开发人员往往对交叉领域认知不足，且缺乏充分调研积累，未能准确定位用户实际需求，基于此进行的系统设计和开发自然也不能契合实际审判业务的需求，无法发挥司法审判辅助工具应有的作用。

---

① 王禄生：《司法大数据与人工智能开发的技术障碍》，载《中国法律评论》2018年第2期，第52页。

五、类案智能系统的机制保障

在厘清类案智能系统发展的现实障碍后，完善类案智能系统建设的路径就变得清晰了。

（一）规则系统集成化

由最高人民法院主导规则系统的集成化、规范化，加快以司法大数据管理平台和服务平台为基础的智慧数据中台建设，加强以类案为对象的类案同判规则数据库和以个案为对象的高质案例分析数据库建设①。

可以考虑开放案例资源，通过市场竞争方式让商业主体参与专项数据库建设和对集成接口的维护迭代，打破各地研发系统的技术屏障，融合高质量成果，持续提升类案检索系统的智能化水平。

类案智能系统测评面临标准不明晰、不统一，指标、方案缺失，工作组织及评测环境搭建受限等诸多问题。可由最高人民法院信息中心技术部门联合审判业务部门对类案认定标准进行全面细致研究，及时公布统一、明确的认定规则。建议引入优秀法官群体、厂商业务专家及技术负责人组成测评团队，共同探讨系统建设和实际落地效果。

（二）司法数据优质化

司法数据体量和质量缺失，直接导致类案智能系统生成偏颇或错误结论推送，因此完善司法数据库建设是提升类案智能系统推送质效的重要前提。

1.扩展数据来源

应切实推进裁判文书上网公开制度。要尽快对《最高人民法院关于人民法院在互联网公布裁判文书的规定》的相关条款作进一步释明，如细化第四条第（五）项"人民法院认为不宜在互联网公布的其他情形"，减少搪塞不报现象。

推行历史案卷诉讼资料电子化可以有效减少历史数据不足和时间维度

---

① 王亚明：《完善配套机制强化类案检索效能》，载《人民法院报》2020年9月22日，第2版。

的缺失断层[1]。

提升指导性案例价值，彰显其"指导性"作用。指导性案例应当提炼案件争议焦点，充分说理论证，完整展示逻辑演绎及法律适用过程，还可适当引入学界最新研究成果等。设立激励机制，拓宽案例择选渠道，鼓励承办人员撰写案例，尤其是要及时对新型案件研究成果进行梳理，甄选公布，纳入指导案例数据库。

打破公检法之间的数据壁垒，在制度要求范围内、合理合法情形下加强数据流通与整合，实现数据信息共享。

2.提升数据质效

以裁判文书公开上网倒逼文书质量提高，以公开促监督，以监督提质量。

通过线上数据技术性处理和线下数据规范化管理相配合，对错误及冗余数据进行清除与校正。

可以考虑建立文书清样校核制度，在不干涉裁判权的前提下，以较严格的复核程序和文书评查机制保障文书质量，减少文书瑕疵。

（三）算法模型精准化

类案推送系统案例来源不明、层级不清、推送范围不适当、推送结果不精准的现状，有技术局限的原因，也有技术与业务规则难以有效衔接、共同突破等原因。需要相关专家思考如何有效提升模型训练效果，充分捏合算法与法律业务规则，充分考量模型算法与法律业务的高效融合方案。

类案数据库及推送系统的建设需要法学专家为纷繁复杂的法律事实定义出边界清晰、逻辑周延、结构合理的法律标签，需要经验丰富的法律业务人员对基础性数据进行充分的标签标记。唯有优质模型算法与标签数据深度融合，方能实现更佳的数据匹配。

为保障算法的透明性和可被监督性，应加强算法规制与问责，在算法设计和应用实地部署阶段明确开发者及平台的法律责任。人工智能算法目前尚处于弱人工智能阶段，在美国，每周有超过1000人被机场使用的算法

---

① 魏新璋、方帅：《类案检索机制的检视与完善》，载《中国应用法学》2018年第5期，第79页。

错误地标记为恐怖分子①。人工智能算法错误可能会误导法官作出错误的裁判，影响当事人的合法权益。

（四）人才培养复合化

人工智能在法律领域的垂直深入给高校人才培养打开了全新视角，已有部分高校设置了人工智能法学专业。复合型培养方案有利于扩展学科视野，健全智识结构，输出兼具人工智能和法学理论知识的高素质复合型、应用型法律人才；但同时也面临如何集成人工智能、大数据等新型法学教学方式，推动法学教育跨学科交叉领域学习以及法学理论学习与实际项目深度融合等问题②。

类案推送系统是一种交互产品，其核心目标在于辅助司法审判，实际业务场景是系统前期设计和后续开发的有效向导，不同领域思维相互碰撞和交流，不断打磨优化阶段场景，才能使系统真正地契合业务需求。可以考虑扩大研发主体，确立以法律专家、计算机专家、产品专家相结合的研发团队，确定以应用为主导的研发策略。

六、余思

类案同判是司法的构成性义务，它内嵌于司法裁判的深层结构之中。在制度层面强调类案同判有助于规范审判者的自由裁量权，统一法律适用和裁判尺度，真正实现依法裁判。类案同判可以增强法律适用的可预测性，鼓励诉讼主体自主检索，科学理性预判诉讼风险，引导其选择最佳纠纷解决路径及诉讼策略，选择诉前调解等多元纠纷解决方式，有效减少累诉。

随着裁判文书公开制度的深入推行，适法统一的类案同判原则必将成为最高人民法院及地方各级法院、各专门法院的重要工作目标。法学与技术深度融合下的类案系统可以启发裁判思维，破解审判中"法无规定"的

---

① 许可：《人工智能的算法黑箱与数据正义》，载《社会科学报》2018年3月29日，第6版。
② 贺译葶：《"人工智能＋法律"复合型法律人才培养模式研究》，载《教育教学论坛》2019年第48期，第210页。

困局，为审判者寻求裁判合理的"证据性"支撑提供更多契机，有望成为一种新型的司法裁判纠偏机制。

司法公正不仅体现在每一个案件中，也体现在每一类案件里。类案推送系统助力类案同判，实现息诉服判，保障个案及类案的公正，是改革探路者对智慧司法的憧憬和希冀。法律人工智能从不是朝夕之事，需凝聚各界智慧，共同推动跨越式发展，当前类案系统乃至于整个智慧司法体系建设在现代科技的不断加持下呈现蓬勃发展态势，夙愿成就的曙光已然出现在不远的前方。

论期待可能性理论的实践进路

曹翊群*

摘　要： 有关期待可能性的案件存在判决说理不清和"同案不同判"的困境。说理不清主要是由于审判人员理解相关理论问题存在误区，应当进行匡正。首先，指出期待可能性是责任要素，而不是责任基础；其次，判断期待可能性应当后于其他出罪事由；最后，明确期待可能性在司法中适用合理且适当，在立法缺位的情况下能够通过司法适用实现个案正义，不会违反罪刑法定原则。为破解"同案不同判"的困境，本文从两个层面提出建议：一是从审判者角度出发，统一期待可能性审查标准，即应当采用侧重于行为人的共存标准说；二是从顶层设计者角度出发，应当为"同案不同判"较为集中的两种情况构建指导性案例，引导基层审判者作出一致性的判决。

关键词： 期待可能性；实证研究；超法规出罪；指导性案例

一、引言

期待可能性理论源于1897年德国"癖马案"，我国自引入该理论以来，学界对其进行了大量深入研究。中国知网中篇名含有"期待可能性"的论文400余篇，其中核心期刊论文80篇左右。但近三年以"期待可能性"为

---

* 曹翊群,安徽师范大学法学院硕士研究生,研究方向为刑法学。

名发表的核心期刊论文仅1篇①。可见，我国刑法学界关于期待可能性的研究已经呈现出热情消退的迹象。与理论研究相比，近几年司法实践中"期待可能性"越来越多地出现在刑事判决书中。在中国裁判文书网以"期待可能性"为关键词进行搜索，全国范围内，刑事一审判决书中首次出现"期待可能性"是在2010年②，当学界争鸣热度已经下降时，司法实践才开始探索期待可能性的适用。

就时间的过渡来看，学界为该理论在司法中的适用进行了铺垫：有学者主张，只有在生命法益受到威胁时的紧急避险行为中才能有限度地适用期待可能性③；有学者认为，执行上级的违法命令能够以缺乏期待可能性阻却责任④；还有学者认为，在受虐女性杀人案中可以以无期待可能性为由免除受虐妇女杀人的刑事责任⑤；关于经济类犯罪，另有学者主张应当放宽期待可能性阻却责任的适用条件⑥。虽然学界进行了大量探索，但就整理的案件反馈来看，关于期待可能性适用的判决书中却存在说理不清和"同案不同判"的现象⑦。本文将考察司法实践中适用期待可能性的现状，发现应然与实然之间的差距，分析产生障碍的原因，并在此基础上提出相应建议。

二、期待可能性司法适用之现状

本文的研究对象为2018年至2020年三年间的刑事一审判决书。以

---

① 王钰：《适法行为期待可能性理论的中国命运》，载《政治与法律》2019第12期，第108—123页。

② 惠州市惠阳区人民法院(2010)惠阳法刑一初字第145号刑事判决书。

③ 刘艳红：《调节性刑罚恕免事由：期待可能性理论的功能定位》，载《中国法学》2009年第4期，第110—121页。

④ 钱叶六：《期待可能性理论的引入及限定性适用》，载《法学研究》2015年第6期，第116—135页。

⑤ 屈学武：《死罪、死刑与期待可能性：基于受虐女性杀人命案的法理分析》，载《环球法律评论》2005年第1期，第58—70页。

⑥ 孙国祥：《经济刑法适用中的超规范出罪事由研究》，载《南大法学》2020年第1期，第116—135页。

⑦ 江西省新余市渝水区人民法院(2020)赣0502刑初328号刑事判决书，黑龙江省青冈县人民法院(2020)黑1223刑初25号刑事判决书。

"期待可能性"为关键词在中国裁判文书网上进行全文检索，共搜集到251份刑事一审判决书。由于在我国刑法语境下，期待可能性未在立法中得到认可，一部分判决文书中虽出现对期待可能性的判断但未使用该术语，因而本文的研究对象难以达到全覆盖，不可避免会存在遗漏。尽管如此，笔者认为该研究仍有其意义，可以真实地反映司法实践中法官对期待可能性的态度及适用情况。

（一）整体评价

在搜集到的251份刑事一审判决书中，有48份刑事一审判决书中使用的"期待可能性"并非刑法意义上的期待可能性，所以有价值的研究对象为203份刑事一审判决书。这203份刑事一审判决书共涉及73个罪名，其中排名前五的罪名为妨害公务罪（21份）、诈骗罪（14份）、妨害作证罪（10份）、包庇罪（9份）、窝藏罪（8份），这五个罪名约占总数的31%。

在样本案例中，提出期待可能性事由的主体往往是辩护人，有174例，占总数的86%，而法院主动提出的有27例，占总数的13%，剩余2例是由公诉机关[①]提出的，占总数的1%。虽然有203例刑事一审判决书中提及期待可能性，但认可其作为责任减免事由的判决只有39例，占总数的19%。就样本反馈的信息而言，虽然认可期待可能性作为责任减免事由的比例逐年提升，但是整体而言认可度并不高（见表1）。

表1　2018—2020年期待可能性案例统计

年份	提出数量/份	认可数量/份	认可比例
2018年	54	8	14.8%
2019年	81	15	18.5%
2020年	68	16	23.5%

学界认为，期待可能性的功能主要有两点：第一，无期待可能性作为责任阻却事由出罪[②]；第二，期待可能性较小作为减轻责任的事由，在量

---

① 湖北省石首市人民法院（2020）鄂1081刑初190号刑事判决书，山西省兴县人民法院（2020）晋1123刑初44号刑事判决书。

② 陈兴良：《教义刑法学》，中国人民大学出版社2017年版，第426—439页。

刑上从轻处罚①。司法实践中期待可能性的适用有效回应了学理的期待，既发挥了出罪功能，也作为从轻处罚的酌定量刑情节适用。例如，在王某妨害公务案②中，法院认为行为人作为被抓捕对象出于本能为拒捕对民警实施的一般暴力，可认定为不具有期待可能性，故依法不能认定被告人王某某犯妨害公务罪。在该案中，无期待可能性作为出罪事由被认可。另在初某窝藏案③中，法院认为行为人窝藏的是其父亲，期待可能性降低，可以酌情从轻处罚。综上，期待可能性在司法适用中在定性与定量问题上发挥了作用。关于期待可能性的功能定位，司法实践与理论已达成一致。

（二）判决书说理不清

期待可能性虽然在功能上形成统一，但适用上存在说理不清的问题。说理不清在裁判文书中主要表现在两个方面，即将期待可能性与其他刑法概念相混淆和回避说理。将期待可能性与其他刑法概念相混淆是指辩护人以行为人无期待可能性为由进行辩护，而法官在判决时以行为人不具有其他出罪事由来否定期待可能性，使说理不具有针对性，让人难以信服。例如，在潘某销售假药案④中，辩护人认为潘某系单位普通职工，受制于单位领导，不服从公司销售假药的决议有失业风险，故没有期待可能性，应免予刑事处罚。法院对该辩护理由未予以采纳，认为行为人具有认知能力，能够知晓涉案药品是通过非法渠道流入境内的，因此行为人对行为违法性具有清楚认识，不影响犯罪成立。可见，本案中审判人员以行为人具有违法性认识来否定无期待可能性的说理显得不妥，无法让当事人以及社会信服，达不到一般预防以及特殊预防的效果。另外，由于期待可能性理论在立法上未被确认，且学理上也存在争论，所以当辩护人提出无期待可能性的辩护理由时，审判人员在裁判文书中会刻意回避，笼统以"无法律

---

① 张明楷：《期待可能性理论的梳理》，载《法学研究》2009年第1期，第60—77页。

② 广东省汕头市龙湖区人民法院（2019）粤0507刑初454号刑事判决书。

③ 吉林省前郭尔罗斯蒙古族自治县人民法院（2019）吉0721刑初333号刑事判决书。

④ 福建省厦门市思明区人民法院（2018）闽0203刑初896号刑事判决书。

依据"①"与查明事实不符"②或"不予认可"③进行回应，并未对相关事实以及证据加以分析和论证，同样造成说理不清。

（三）"同案不同判"现象

除说理不清外，期待可能性在具体适用上还存在"同案不同判"的现象。通过样本考察，"同案不同判"主要集中于拒捕案件和"亲亲相隐"两种情况。虽然"同案不同判"并非必然有损法院的公信力，甚至理性的"同案不同判"反而是在体现实质公正④，但有关期待可能性的案件是由外部客观表征所产生的对行为人的心理强制，在外部客观表征一致的案件中若存在不同判决，则表明存在非理性的"同案不同判"，需要进一步分析。

1.对拒捕行为的处理

拒捕行为是指当行为人成立其他犯罪时，为反抗公安机关的逮捕，在逮捕的过程中使用一般暴力抗拒的行为。这里讨论的一般暴力指未造成轻伤以上的结果。关于该行为是否构成犯罪，有学者认为，对依法执行公务的对方实施的一般暴力、威胁行为，因为没有期待可能性，而不宜认定为妨害公务罪⑤。也有学者认为，只要具备逮捕嫌疑犯的要件，抗拒逮捕的行为应当属于妨害公务罪规制的范畴⑥。理论上的分歧也导致了在司法实践中对于拒捕行为的处理存在分歧。例如，在齐某敲诈勒索、妨害公务案⑦中，行为人以上访为要挟向政府机关敲诈15万元之后，公安机关对其进行抓捕，在抓捕过程中行为人反抗造成民警轻微伤的结果，法院认为被逮捕者实施的一般暴力、威胁行为，因为没有期待可能性，不能认定构成

---

① 辽宁省新宾满族自治县人民法院(2018)辽0422刑初201号刑事判决书。
② 吉林省梅河口市人民法院(2018)吉0581刑初542号刑事判决书。
③ 河北省邢台县人民法院(2018)冀0521刑初143号刑事判决书。
④ 石经海：《"量刑规范化"解读》，载《现代法学》2009年第3期，第104—112页。
⑤ 张明楷：《刑法学》，法律出版社2016年版，第1034页。根据《刑法修正案(十一)》的规定，此处现在应当是讨论是否构成袭警罪。
⑥ 李永升、安军宇：《暴力袭警行为法律性质与内涵的教义解读》，载《海南大学学报》(人文社会科学版)2019年第1期，第124—133页。
⑦ 黑龙江省青冈县人民法院(2020)黑1223刑初25号刑事判决书。

妨害公务罪。但是在简某妨害公务案①中，行为人进行抢劫和招摇撞骗之后，公安机关布控对其抓捕，在抓捕过程中造成一名协警轻微伤，法院认为行为人的行为属于暴力抗拒公安机关执法，符合妨害公务罪的构成要件，对辩护人提出的辩护意见不予采纳。可见，司法中对于拒捕行为能否适用期待可能性予以出罪尚未形成定论。

2."亲亲相隐"的处理

"亲亲相隐"理论源于我国的儒家思想，包含了亲属间包庇犯罪、帮助逃匿等行为的非罪或不罚②。这种源于我国传统思想且符合人伦精神的出罪理论虽然在学界得到了一致认可③，但在具体司法实践中也未形成统一的刑事判决。例如，在范某窝藏包庇案中④，法院认为行为人范某出于母爱的本能包庇儿子的犯罪行为不具有期待可能性，免于处罚。但在蒙某窝藏案⑤中，行为人蒙某是诈骗犯赵某3的母亲，为赵某3提供财物，帮助其逃匿，法院认为其行为符合窝藏罪的构成要件，构成窝藏罪。可见，在司法实践中对"亲亲相隐"的处理也未形成统一。

三、期待可能性司法适用之匡正

期待可能性在司法实践中的困局，是因审判者对理论认识存在误区而产生。这样的误区主要来自三个方面：第一，理论定位不明确，期待可能性是责任基础还是责任要素存在争议；第二，与其他出罪事由混淆，造成出罪逻辑混乱；第三，是对超法规出罪合理性的质疑，认为适用超法规事由出罪违反罪刑法定原则。笔者试着对现实误区进行分析并作出匡正，以厘清期待可能性在司法适用中的进路。

---

① 江西省新余市渝水区人民法院（2020）赣0502刑初328号刑事判决书。

② 彭凤莲：《亲亲相隐刑事政策思想法律化的现代思考》，载《法学杂志》2013年第1期，第70—79页。

③ 谢佑平、陈莹：《"亲亲相隐"与亲属间窝藏、包庇类犯罪的豁免》，载《河北法学》2011年第12期，第39—44页。

④ 山东省荣成市人民法院（2018）鲁1082刑初462号刑事判决书。

⑤ 金华市婺城区人民法院（2017）浙0702刑初925号刑事判决书。

（一）厘清期待可能性的理论定位

期待可能性是责任要素还是责任基础影响该理论司法适用的张力。责任是指对某一不法行为进行非难，责任基础是对行为人非难的前提，而责任要素是对行为人进行非难时需要考虑的因素，只有当行为人具备责任基础时，才会考察其是否具有相应的责任要素，当缺乏某一责任要素时，则刑法不再对其非难。非难已不再局限于考虑主观的心理要素[1]。经历了从心理责任论到规范责任论的发展，故意与过失不再是责任判断的唯一内容，包含期待可能性与违法性认识可能性的规范责任论成为德日通说[2]。规范责任论认为，意志自由是非难的前提[3]，即只有当行为人能够自由选择行为时才能进行追责；而意志自由要求身体不受强制，若身体受到强制，则非难无从谈起。但意志自由作为哲学用语需要在法律评价中进行转化，如何表达意志自由成为分歧所在。对此学界主要存在两种观点：张明楷教授认为可将意志自由转化为广义的期待可能性[4]，而陈兴良教授认为意志自由表现为他行为能力[5]。

笔者赞同在司法审判中将意志自由表达为他行为能力。他行为能力是责任基础，期待可能性是责任要素，只有当行为人具备他行为能力时，才在归责过程中考虑其是否具有期待可能性。得出上述结论的理由有二：第一，不区分形式上的用词会导致审判人员混淆。因为责任要素是在满足责任基础的前提下的进一步判断，若期待可能性既是责任基础又是责任要素，会导致在判断作为责任基础的广义期待可能性之后误认为可以期待行为人作出适法行为，从而忽视对作为责任要素的狭义期待可能性的判断，

---

① 张明楷：《责任论的基本问题》，载《比较法研究》2018年第3期，第1—19页。

② 车浩：《责任理论的中国蜕变：一个学术史视角的考察》，载《政法论坛》2018年第3期，第66—81页。

③ 张小虎：《当代刑事责任论的基本元素及其整合形态分析》，载《国家检察官学院学报》2013年第1期，第135—143页。

④ 张明楷：《期待可能性理论的梳理》，载《法学研究》2009第1期，第60—77页。

⑤ 他行为能力是指行为人是否具有实施其他行为的能力。参见陈兴良：《他行为能力问题研究》，载《法学研究》2019年第1期，第119—135页。

造成理论价值落空。例如，在于某某工程重大安全事故案[①]中，辩护人认为行为人虽明知上级命令有造成安全事故的危险，但害怕不执行命令会失业所以继续执行，其行为缺乏期待可能性。审判人员认为只要行为人在施工现场是完全自由的，能够叫停有危险的现场施工，思想能够控制身体就具有期待可能性，从而对辩护人关于期待可能性的辩护理由不予认可。这就造成了广义期待可能性替代了狭义期待可能性，无法发挥期待可能性的理论价值。第二，在实质上将意志自由理解为他行为能力更适宜。他行为能力强调行为人有无选择行为的能力，可以理解为身体是否受到强制，与意志自由的含义更贴切。意志自由是指思想能够控制身体，行为人具有选择行为的能力，而具有选择能力的前提是身体自由。当行为人不具有身体自由时，即使意志清醒，属于完全刑事责任能力人，也丧失了非难的可能。例如，在金某组织、领导黑社会性质组织案[②]中，行为人已经被警方采取强制措施，行为人虽为黑社会性质组织的领导者，但由于其人身自由已经受到限制，其意志已经无法指挥身体作出适法行为，所以在被采取强制措施之后，该组织中的其他成员的犯罪行为不得由行为人承担责任。因此，排除身体强制才是追责的前提，将他行为能力理解为责任基础更合适。在司法中适用期待可能性应当考虑附随情况对行为人的心理强制，而不是考虑身体强制。

（二）规范期待可能性的出罪顺序

无期待可能性应当在所有出罪事由中最后判断。三阶层的入罪顺序依次是构成要件该当性、违法性和有责性，在司法实践中，该当某罪客观构成要件时可以推定违法性和有责性[③]。出罪顺序应当比照入罪，责任阻却事由在是否该当构成要件和是否具有违法性阻却事由之后，且在有责性层面也是最后判断有无期待可能性。

期待可能性判断不能先于该当构成要件。当某一行为不该当构成要件

---

① 黑龙江省克东县人民法院(2018)黑0230刑初51号刑事判决书。
② 宁夏回族自治区彭阳县人民法院(2020)宁0425刑初8号刑事判决书。
③ 周光权：《阶层犯罪论及其实践展开》，载《清华法学》2017年第5期，第84—104页。

时在形式上就不属于犯罪行为。对于被告人以及社会大众而言，形式上的出罪较于实质出罪更容易理解和接受。所以在司法审判中，当某一行为不该当构成要件时，即使存在无期待可能性的附随情况，也不能以无期待可能性作为出罪事由。例如，在卢某妨害作证案中①，行为人采取一般嘱托方式指使他人作伪证，不符合《中华人民共和国刑法》第307条规定的妨害作证罪的构成要件②，但是法官在判决中认为行为人缺乏期待可能性，不应以妨害作证罪论处。法官的说理就属于滥用期待可能性，若审判机关在有形式出罪事由的情况下，以超法规出罪进行说理，则必然有损法的安定性，也让被告人以及社会大众不能理解，无法起到刑法的教育作用。

需区分期待可能性与违法性认识，只有在具有违法性认识的前提下才能作期待可能性判断。违法性认识与期待可能性同属于规范的责任要素，指行为人必须认识到其所违反的价值的普遍约束力与不可破坏性，即其所违反规范的法律特征③。当行为人缺乏违法性认识或期待可能性时，都会阻却责任而出罪，但不能因为两者均有出罪功能就混淆两者的适用，混淆两者的内容会让审判者的说理缺乏说服力和针对性。例如，在高某污染环境案④中，辩护人以行为时的《国家危险废物名录》并未将涉案危险废物纳入规范中，认为行为人的倾倒行为不具有期待可能性。实际上行为人是因无违法性认识而可能出罪，但是法院在说理中未对辩护人的辩护观点进行纠正，而是认为辩护人的观点缺乏法律依据不予认可。法院在审判过程中未能严格区分违法性认识与期待可能性，造成说理不充分。区分两者的概念之后，应当明确违法性认识应当先于期待可能性进行判断。根据费尔巴哈的心理强制说，人在选择行为时会进行比较，当行为的利益优于结果的惩罚时，会选择实施该行为，反之则会回避该行为，而比较的前提是要明知该行为的结果是何惩罚。惩罚在刑法中是行为对应的刑罚，即行为人

---

① 吉林省四平市中级人民法院(2018)吉03刑初34号刑事附带民事判决书。

② 根据《中华人民共和国刑法》第307条之规定,妨害作证罪的客观方面应当是以暴力、威胁、贿买等方式阻止证人作证或者指使他人作伪证。

③ 方洪:《违法性认识问题的司法判断》,载《刑事法评论》2017年第2期,第453—468页。

④ 河北省昌黎县人民法院(2018)冀0322刑初404号刑事判决书。

的法敌对意识，缺乏法敌对意识内心就不会产生选择①。只有行为人具有了违法性认识之后，才会促使自身去选择适法的行为②，若本身没有意识到行为的违法性，则不会回避违法行为，所以违法性认识是判断期待可能性的前提。

（三）明确期待可能性的适用正当性

司法判决中关于期待可能性的说理不清，是因为审判人员对理论适用正当性存在质疑。质疑适用期待可能性主要有两种观点：第一，期待可能性作为超法规出罪事由在德日是严格限缩的，我国应当借鉴德日的做法；第二，适用无期待可能性出罪会破坏法的安定性，违反罪刑法定原则。

我国的立法现状区别于德日，不能完全照搬德日实务界排斥期待可能性的做法。期待可能性理论起源于德国，盛于日本，但在当下，德日两国无论理论界还是实务界对于期待可能性作为超法规责任阻却事由都持严格限缩的态度③。有学者就以期待可能性理论被冷落为理由反对中国引入，这是没有严格区分各国立法现状所做的主观判断，缺少对客观立法环境的考察。在德日的成文法体系中存在着大量以期待可能性为理论依据的法条，司法部门得以直接援引法条对缺乏期待可能性的行为进行出罪，留给超法规责任阻却事由的空间已经很小，所以从表面观察的结论是期待可能性在德日已经被冷落。与德日相比，我国关于期待可能性的法条不多，尚需要一个期待可能性的法定化过程④。目前我国学者认可的包含期待可能性理论的法条也存在争议。例如，有学者认为《中华人民共和国刑法》第

---

① 陈兴良：《刑法中的责任：以非难可能性为中心的考察》，载《比较法研究》2018年第3期，第20—33页。

② 汉斯·韦尔策尔：《目的行为导论》，陈璇译，中国人民大学出版社2015年版，第99页。

③ 刘艳红：《调节性刑罚恕免事由：期待可能性理论的功能定位》，载《中国法学》2009年第4期，第110—121页。

④ 姜涛：《行为不法与责任阻却："于欢案"的刑法教义学解答》，载《法律科学》（西北政法大学学报）2019年第1期，第92—102页。

16条①就是期待可能性理论的法规范表现②。但笔者认为《中华人民共和国刑法》第16条与期待可能性并无关系，第16条中出罪的理由是行为人既不出于故意也不出于过失，此时行为人不具有非难的心理要素，所以不能对不法行为进行非难，而判断期待可能性的前提是具备心理要素，所以第16条并不是期待可能性的法规范表现。整体而言，我国目前欠缺以期待可能性为理论基础的法条，所以需要其作为超法规责任阻却事由予以补充。

罪刑法定原则的实质是保障人权，无期待可能性出罪不会与罪刑法定原则抵牾。刑法的机能是保护法益和保障人权，保障人权的机能源于罪刑法定原则③。罪刑法定原则通过限制司法机关的随意入罪来实现保障人权的价值，即该原则的本质是限制司法对法无明文规定的行为入罪。但符合具体法规范的行为也不一定入罪，这是因为法规范中的文本正义不一定可靠。因社会生活的复杂性，现实中还存在符合构成要件但不当罚的行为，例如"收购玉米案""天津气枪案"等。该类案件的有罪判决引起了社会大众的不满，与民众的朴素正义观相背离，该出罪时不出罪才是违反罪刑法定原则的表现。虽然形式入罪能够保证法的安定性，实现一般正义，但是法治目标不应满足于此。习近平总书记指出：努力让人民群众在每一个司法案件中都能感受到公平正义。在刑事领域，法治的目标不仅仅满足于实现一般正义，还要在个案中追求个别正义。为实现个别正义，司法就需要考虑个案的特性，要经得起事理、情理和法理逻辑的追问④。司法实践中适用无期待可能性就是在综合考虑法理和情理，为无罪化提供了路径，不仅不会与罪刑法定原则抵牾，而且是该原则无罪化功能的客观要求⑤。综上，适用无期待可能性出罪是实现罪刑法定价值的有效路径。

---

① 《中华人民共和国刑法》第16条规定："行为在客观上虽然造成了损害结果，但是不是出于故意或者过失，而是由于不能抗拒或者不能预见的原因所引起的，不是犯罪。"

② 冯军：《刑事责任论》，社会科学文献出版社2017年版，第231页。

③ 刘艳红：《刑法的目的与犯罪论的实质化："中国特色"罪刑法定原则的出罪机制》，载《环球法律评论》2008年第1期，第40—47页。

④ 孙国祥：《经济刑法适用中的超规范出罪事由研究》，载《南大法学》2020年第1期，第116—135页。

⑤ 储陈城：《罪刑法定原则出罪功能的体系性构造》，载《国家检察官学院学报》2017年第4期，第99—118页。

四、期待可能性司法适用之建议

无期待可能性作为出罪事由在司法中被合理适用，既是审判机关的任务，也是顶层设计者的目标。笔者认为，对于审判者而言，应在司法裁判过程中充分考虑个案的特殊性，明确期待可能性的审查标准。而对于顶层设计者而言，在不频繁修法的前提下，以案释法，指引审判机关对存在重大分歧的案件作出判决。

（一）统一期待可能性的审查标准

期待可能性的审查标准在理论上存在四种观点，即行为人标准说、平均人标准说、国家标准说和共存说。其中，行为人标准说、平均人标准说和国家标准说属于判断期待可能性的传统标准[①]，但传统标准都存在缺陷，无法实现期待可能性理论的全部价值。例如，关于行为人标准说，在被害人过错的场合，若只依据行为人自身能力来判断有无期待可能性，则基本上会得出因行为人确信自身行为是正当的而阻却责任，造成期待可能性的滥用。关于平均人标准说，当行为人能力弱于平均人时，则不能通过无期待可能性对行为人免责，造成理论本质价值的丧失。关于国家标准说，由于期待可能性是原谅因人性弱点产生的不法行为，而国家标准是维护法秩序统一而存在的，标准过高且不明确，无法实现保障人权的效果。在学界对期待可能性的传统标准予以批评之后，有人提出了共存说，即三种传统标准之间可以无矛盾地适用[②]。共存说是指根据行为人当时的身体、心理状况与附随情况，通过与一般人的比较，判断能否期待行为人实施适法行为。共存说本质上是从行为人和平均人两个角度判断，虽然能够避免单个角度产生的缺陷，但两者如何契合，或当出现矛盾时如何侧重就成为新的问题。

结合司法实践中审判者的取向，期待可能性的审查标准应当采用侧重于行为人的共存说。在提出期待可能性概念的 203 份刑事一审判决书中，

[①] 童德华：《刑法中的期待可能性论》，中国政法大学出版社 2004 年版，第 93—110 页。

[②] 张明楷：《刑法学》，法律出版社 2016 年版，第 1034 页。

法官在说理部分论证该概念的较少，只有46份判决书对此作出了说明。其中，在陈某等虚开增值税专用发票案①中，法官认为的附随情况不会让一般人感受到生命或财产的威胁，从而没有心理强制。该案件中法官虽然采取的是平均人标准，但是案件中行为人自身与一般人无异，用平均人标准判断即可。但是当行为人的身份②具有一定的特殊性时，则不能采取平均人标准判断。例如，在王某妨害公务案③和王某某妨害公务案④中，法院以被逮捕者这一特殊身份来判断行为人是否具有期待可能性，没有采取行为人标准说，但也非传统意义上的平均人标准说，而是以行为人同类型的平均人作为判断标准，属于侧重于行为人的共存说。所以，在考察了理论界的方案与实务界的态度之后，为使理论能有效地与实践相结合，应当采取侧重于行为人的共存说来判断行为人是否具有期待可能性，即站在行为人同类型的一般人视角进行判断，既不是完全以行为人的低标准也不是以一般人的高标准进行判断。司法审判兼顾个案的特殊性并不意味着"理解一切就允许一切"⑤，"理解"需要限度，在行为人标准过宽、平均人标准限度过窄的期待可能性判断标准困局中，结合实践选择以类行为人的平均人标准来判断就显得合理且适当。

（二）构建期待可能性的案例指导制度

为保证期待可能性理论在司法适用中的一致性，应当构建关于期待可能性理论的案例指导制度。《最高人民法院关于统一法律适用加强类案检索的指导意见（试行）》规定，应当在缺乏明确裁判规则或者尚未形成统一裁判规则的案件中进行类案检索。期待可能性理论的适用就属于需要进行类案检索的案件，但是目前在该类案件中存在的同案不同判现象，很难通过类案检索统一法律适用。另根据该指导意见，类案中优先进行检索的是最高人民法院发布的指导性案例和典型案例，但是在这两种优先顺位的

① 江苏省南京市雨花台区人民法院(2019)苏0114刑初299号刑事判决书。
② 此处的身份并不是指身份犯中的身份，而是指会造成行为人心理强制的特殊身份。
③ 河北省张家口市万全区人民法院(2018)冀0708刑初93号刑事附带民事判决书。
④ 广东省汕头市龙湖区人民法院(2019)粤0507刑初454号刑事判决书。
⑤ 李永升:《刑法总论》,法律出版社2018年版,第184页。

检索中并不存在关于期待可能性的案件。综上，为保证司法的一致性，应当为期待可能性理论构建案例指导制度。

1. 拒捕案件

被逮捕者通过挣脱或轻微暴力反抗逮捕的行为，未造成轻伤及以上的结果，不具有非难可能性，不构成妨害公务罪①。被逮捕者反抗抓捕是人的本能行为，是一种追求自由的表现，虽然这种自由被国家依法剥夺，但人的本能应当被理解。被逮捕者在明知自己有罪的情况下已经预见了自由被剥夺的结果，在这种情况下精神受到强制，可以对行为人一般的挣脱或轻微反抗的行为予以原谅。但是这种原谅是有限度的，限度的依据是保护法益。若被逮捕者反抗抓捕的行为造成了逮捕者（一般情形下为警察）轻伤及以上的后果或对逮捕者人身产生现实危险（例如持枪反抗等），由于侵害了新的法益，行为人需要承担反抗逮捕的后果。总之，单纯的挣脱或轻微暴力反抗逮捕的行为因不具有期待可能性而免责。

2. "亲亲相隐"案件

"亲亲相隐"思想与期待可能性的精神相契合，是"法不强人所难"的具体表现。当某一行为符合特定道德要求且不具有期待可能性时，通过法律对行为人进行惩罚是达不到惩罚目的的②。罗尔斯也指出，法治所要求和禁止的行为应该是人们合理地期望去做或不做的行为③。虽然行为人面对配偶、父母、子女犯罪时，帮助脱罪该当包庇罪等构成要件，也不具有违法阻却事由，但因血缘关系产生的心理强制无法期待行为人能作出适法行为。综上，行为人对于直系亲属犯罪而隐瞒的行为，因其身份特殊性阻却责任，应得到刑法原谅。

五、结语

总之，重视期待可能性理论是为了实现个案正义。"法不强人所难"

---

① 《刑法修正案（十一）》之后讨论是否构成袭警罪。

② 吴俊、王璐:《道德要求转化为法律规范的基本条件论析》,载《伦理学研究》2020年第1期,第44—49页。

③ ［美］罗尔斯:《正义论》,何怀宏、何包钢、廖申白译,中国社会科学出版社1988年版,第227页。

是期待可能性理论产生的伦理基础。在风险社会下，越来越多的学者推行积极刑法观，这在立法上已经有所体现。积极刑法不仅扩大了刑罚圈，也动摇了刑法谦抑性。受教义学的影响，不宜通过频繁的修法来抑制积极刑法观，但可以通过超法规的事由为不值得科处刑罚的行为予以出罪，司法中适用无期待可能性出罪就是实现个案正义的有效路径。另外，审判中进行案例检索已经成为现实要求。为保证司法的一致性，避免出现同案不同判的现象，需要在实践中解决一些分歧较大的理论适用问题。期待可能性理论由于立法上的缺位，需要构建案例指导制度引导基层审判者作出一致性的判决。

协商性司法中自愿与胁迫的界限

——以欧洲人权法院"纳斯和托戈尼泽诉格鲁吉亚案"为例

方彬彬*

摘　要："纳斯和托戈尼泽诉格鲁吉亚案"关于认罪自愿性判断标准存在着"自愿型有罪答辩"和"胁迫型有罪答辩"两种立场，前者认为充分的告知释明程序、有效的律师帮助、完全的被追诉人反悔权及适当的司法审查足以认定有罪答辩系自愿作出；后者认为控辩不平等、无罪率几乎为零、恶劣的羁押环境等因素均会产生使被告人签署认罪协议的胁迫力。比较分析发现：一方面，在胁迫因素的影响下，上述保障自愿性的四种因素并未发挥实质性作用；另一方面，上述保障自愿性的四种因素并不能完全消除胁迫因素的影响。鉴于此，通过公开量刑减让信息、同步录音录像认罪协商过程、建立羁押环境评估系统等保障措施来预防和识别胁迫应当成为未来我国在认定认罪认罚自愿性时努力的方向。

关键词：协商性司法；认罪认罚；自愿；胁迫

一、问题的提出

近年来，我国刑事案件数量逐年攀升，案件种类不断增加[①]，这无疑

---

* 方彬彬，安徽商贸职业技术学院教师，研究方向为刑事诉讼法学。

本文系安徽商贸职业技术学院2022年校级科研项目"营商环境法治化背景下企业刑事合规问题研究（2022KYR10）"和2021年度安徽省社会科学创新发展研究课题攻关项目"刑事合规与认罪认罚从宽制度的衔接适用研究（2021CX113）"阶段性研究成果。

① 参见2014—2016年最高人民检察院工作报告。

加重了刑事司法系统的压力，加之员额制度改革，系统内部资源有限，使得本就负担沉重的司法系统更加不堪重负。然而，我国刑事诉讼系统所面临的这一问题并不特殊，纵观世界范围内，几乎所有的刑事司法系统都面临着法院的超负荷运转以及案件积压的问题。正是为了摆脱这种司法困境，一种全新的司法范式应运而生——协商性司法。其表现形式多种多样，比如美国和英国的辩诉交易制度或有罪答辩制度、德国的刑事协商制度、法国的庭前认罪程序等。

"协商性刑事司法"是指在刑事诉讼中避免正式审判程序，通过协商解决刑事案件的方式方法的统称[①]。根据布莱克法律大辞典，"协商"意指就已经发生争端或者可能会发生争端的事项，双方当事人为了达成协议而自愿进行的对话、交涉或交易过程[②]。而在这一过程中，认罪自愿性无疑是该制度合法运转的基础。然而，我们必须承认，并不存在完全自愿的认罪协议。因为被告人相较于控方始终处于劣势地位，也因此丧失了一切真正协商的可能性。此外，对于制度的信任缺失、对审判结果未知的恐惧以及想要尽快摆脱审前羁押的心理都使得认罪协议天然地带有不自愿的因子，也正因如此，协商性司法需要提供必要的制度保障，以明晰自愿与胁迫的界限，尽可能地减少胁迫的风险。本文立足于欧洲人权法院"纳斯和托戈尼泽诉格鲁吉亚"一案，通过对欧洲人权法院与当事人立场的分析，探究在协商性司法中自愿型有罪答辩与胁迫型有罪答辩的认定标准分别考虑了哪些要素，以此把握自愿与胁迫之间的界限，同时也为我国认罪认罚从宽案件中自愿性的认定标准提供一些新的思考路径。

二、纳斯和托戈尼泽诉格鲁吉亚案的基本案情与诉讼经过

格鲁吉亚公民阿米兰·纳斯维什维利先生（本文简称纳斯）和鲁苏丹·托戈尼泽夫人（本文简称托戈尼泽）是夫妻。纳斯是格鲁吉亚第二大城市库塔伊西的副市长，同时也是库塔伊西汽车厂的总经理。纳斯是继国家（占78.61%的股份）之后该工厂的主要股东，持有12.95%的股份。托

---

① 魏晓娜：《背叛程序正义：协商性刑事司法研究》，法律出版社2014年版，第3页。

② Bryan A. Garner, *Black's Law Dictionar* , Thomson West, 2004: 3290.

戈尼泽夫人持有该工厂2.6%的股份。因此，这对夫妇总共持有该工厂15.55%的股份。2002年12月，纳斯被绑架并且遭到绑架者的严重虐待，直到他的家人支付了巨额赎金，他才被释放。

2004年3月12日，根据格鲁吉亚刑法典第182条"滥用职权挪用或侵占他人财产"，纳斯被指控两大罪行：一是作为库塔伊西汽车厂的负责人，非法减持股本；二是在不考虑公司利益的情况下进行虚假销售、转移和销账，以及使用所得收益。根据当时的格鲁吉亚刑法典，这类犯罪将被判处6年到12年的监禁刑。2004年3月15日，纳斯在其工作地点被捕。逮捕过程被记者拍摄下来，并于当晚在当地一家私营电视台播出。2004年3月17日，纳斯因有逃跑和妨碍查明事实真相的危险而被拘留，该审前羁押一直持续到2004年9月10日。一个不容忽视的事实是，在纳斯被羁押的大约6个月里，前4个月，他与绑架并袭击他的男子以及另一名谋杀犯被关在同一间牢房里。

羁押一周后，纳斯主动致信检察机关，表示其打算与刑事侦查机关合作，并声称他已经准备好被没收他与妻子目前所有的汽车厂股份。在被捕近六个月后，侦查终结，纳斯因上述指控被起诉，就在同一天，他向国家免费转让了他与妻子所持的汽车厂所有股份。同时，为了达成辩诉交易，纳斯的家属应检察官要求向国家发展基金支付了5万格鲁吉亚拉里。次日，纳斯与检察官达成认罪协议，虽然他认为自己无罪，但仍然愿意向国家支付3.5万拉里以弥补对国家造成的损害。

签署该认罪协议时有两名律师在场，检察官也告知了纳斯拟议的辩诉交易不会免除他的民事责任，纳斯明确表示他完全理解协议的内容，并准备接受，他的决定不是任何胁迫、压力或任何不正当承诺的结果。同日（2004年9月9日），公诉人向库塔伊西市法院提交了一份案情摘要，要求批准前述辩诉交易。2004年9月10日，库塔伊西市法院举行口头听证，审查了检察官于2004年9月9日提出的要求。在这一过程中，纳斯重申，他很清楚自己的权利、协议的内容和后果，并且他是在律师的帮助下自愿接受了这项协议。于是法院批准了这项协议，纳斯被当庭释放。由于当时的格鲁吉亚刑事诉讼法不允许被告人上诉，至此可以说，被告人纳斯已经穷尽国内救济。

2005年3月9日，纳斯（第一申诉人）和托戈尼泽（第二申诉人）根据《欧洲保障人权和根本自由公约》（下文简称《公约》）第34条申诉至欧洲人权法院。申诉人主张格鲁吉亚辩诉交易程序是不公正的并且存在程序滥用，违反了《公约》第6条第1款规定的公正审判权和《公约》第7号议定书第2条规定的上诉权。纳斯进一步指出，对他被捕的公开报道违反了《公约》第6条第2款规定的他被无罪推定的权利。此外，两名申诉人都主张，国家把对他们施加的经济惩罚作为辩诉交易的一部分，违反了他们根据《公约》第1号议定书第1条享有的财产权。

2006年9月21日，欧洲人权法院向被申诉政府（格鲁吉亚政府）发出申诉通知，后申诉人于2007年11月12日向法院申诉，声称总检察长办公室继续对他们施加压力，这次的目的是让他们撤回申诉。为了支持这一主张，申诉人提交了他们的女儿A的书面证言。该份陈述显示，总检察长办公室的工作人员T.B.女士多次通过威逼利诱的方式向A暗示其父母应撤回申诉。2013年10月15日，欧洲人权法院公开审理此案。原第三审判庭一致认为，被申诉人没有违反《公约》第34条、《公约》第6条第2款以及《公约》第1号议定书第1条的行为，以六票对一票认为没有违反《公约》第6条第1款和《公约》第7号议定书第2条的行为[①]。

三、有罪答辩的类型化分析：自愿与胁迫

美国学者凯森和赖茨曼在1985年开始对虚假有罪供述进行类型化研究，他们根据供述者心理受到强迫的程度不同将其给出的虚假有罪供述分成三大类：自愿型、强制—服从型与强制—内化型。基于此，笔者认为有罪答辩的类型可划分为自愿与胁迫两类，同时这与纳斯和托戈尼泽诉格鲁吉亚一案中法院与申诉人的立场亦是一致的。

（一）自愿型有罪答辩——基于法院与被申诉人立场

自愿型有罪答辩是指被追诉人在没有受到司法人员强制的情况下作出

---

① 审判庭Gyulumyan法官给出了不同意见。

的有罪答辩。在本案中，法院及被申诉人均认为纳斯签署的认罪协议没有违反《公约》，因为认罪是自愿的、明智的，并且有司法监督，符合格鲁吉亚关于辩诉交易的规定。其认定自愿性的标准主要包括以下几个方面。

1. 充分的告知释明程序

欧洲人权法院及格鲁吉亚政府均认为在本案中申诉人的知情权并无瑕疵。首先，2004年3月17日，纳斯在其律师的协助下，首次以嫌疑人的身份接受讯问，他辩称自己是无辜的，并行使了保持沉默的权利。2004年8月1日，纳斯获准查阅刑事案件材料。其次，根据格鲁吉亚刑事诉讼法第679-1条的规定：在缔结程序协议时，检察官必须通知被告人，该协议并不免除他的民事责任。本案中，检察官在与纳斯达成辩诉交易后及时履行了这一告知义务。并且此时纳斯明确表示完全理解协议的内容。最后，2004年9月10日举行口头听证时，由听证记录所披露，法官也向纳斯解释了根据格鲁吉亚刑事诉讼法第679-3条他所享有的权利，在答复时，纳斯承认他很清楚自己的权利，也自愿同意这项交易。

2. 有效的律师帮助

欧洲人权法院以及格鲁吉亚政府均认为，在本案中纳斯得到了有效的律师帮助。第一申诉人纳斯早在2004年3月16日，即他被捕后的第二天，就由他选择的一名合格律师代理。2004年8月6日，他选择了第二名合格律师。在2004年9月6日之前，随着调查的结束以及对第一申诉人纳斯不利的证据已列入案卷，检察官发出了一份起诉书，指控第一申诉人纳斯大规模挪用公款。第一申诉人纳斯在充分了解了起诉书和收集的证据之后，由他的两名律师代理，再次确认他愿意与格鲁吉亚当局合作，并于当天即2004年9月6日将汽车厂的股份移交给国家，以赔偿他的行为给国家造成的损害。2004年9月9日，检察官询问了被关押在监狱中的第一申诉人，在他的两名律师在场的情况下，所有有关人员起草并签署了一份关于协议的书面记录。2004年9月10日举行口头听证，纳斯由一名律师陪同。他的律师表示，他协助他的当事人与控方进行辩诉交易谈判，坚持达成和解的是他的当事人，他作为一名律师向申诉人提供了一切必要的咨询。

3.完全的被追诉人反悔权

格鲁吉亚政府提出，根据格鲁吉亚刑事诉讼法第679-4条第1款，以及第3—7款的规定，在法院审查期间，不仅第一申诉人纳斯有权拒绝商定的辩诉交易，而且被要求评估指控是否有效的法官在对第一申诉人纳斯的刑事责任有任何怀疑的情况下均有权阻止辩诉交易。然而本案中，纳斯本人并没有行使其反悔权，故应当认定其认罪协议是自愿签订的。

4.适当的司法审查

欧洲人权法院及格鲁吉亚政府均认为库塔伊西市法院尽到了合理审查的义务。首先，库塔伊西市法院严格遵循格鲁吉亚刑事诉讼法第679-4条第5款的规定，根据收到的案件档案，确保了指控是有充分依据的。档案材料包括第一申诉人纳斯2004年9月9日表示愿意进行辩诉交易的声明；由纳斯和他的律师、检察官共同签署的认罪协议以及检察官要求法院批准该协议的申请。其次，库塔伊西市法院在庭审时再次询问了纳斯认罪是否出于自愿，纳斯毫不犹豫地坚持希望通过辩诉交易终止诉讼程序。他的律师也证实了这一点。换言之，库塔伊西市法院已尽一切可能确保纳斯在自由和明知的情况下签署辩诉交易协议。最后，库塔伊西市法院根据格鲁吉亚刑事诉讼法第679-3条第1款的规定，在公开听证期间审查并批准了辩诉交易，格鲁吉亚政府提交了2007年7月10日和11日第一申诉人纳斯的律师、检察官和库塔伊西市法院书记员处一名成员的书面陈述，他们都出席了有关庭审。这些证人证实，听证是公开的，法院没有阻止任何感兴趣的人进入法庭。

（二）胁迫型有罪答辩——基于Gyulumyan法官与申诉人立场

胁迫型有罪答辩是指被追诉人在司法程序中所承受的压力令其无法忍受并为了终止这种压力而作出的有罪答辩。这种胁迫表现在两个方面：一是身体的胁迫，也即我们通常意义上所说的刑讯逼供等手段；另一个则是心理胁迫，这种胁迫可能来自审前羁押的条件，也可能来自对司法制度的信任缺失。本案中，Gyulumyan法官与申诉人认为纳斯的认罪协议是存在胁迫因素的，这些胁迫因素主要来自以下几个方面。

1.控辩不平等

第一申诉人纳斯主张，格鲁吉亚的辩诉交易模式给予检察当局不受限制的权利和特权，这是一项立法缺陷，排除了双方在基本平等的基础上达成协议的任何可能性。同时，纳斯还引用欧洲理事会人权事务专员托马斯·哈马伯格2011年4月18日至20日访问格鲁吉亚后发表的关于格鲁吉亚辩诉交易制度的报告中的观点，即根据国内法，当时只有检察官有权向法院提出辩诉交易请求，被告人不享有此项权利，同时也只有检察官有权选择根据辩诉交易施加何种处罚。此外，第一申诉人还批评国内法没有对"配合侦查"的概念作出明确定义，这一立法漏洞增加了滥用程序的风险。同时，Gyulumyan法官在其反对意见中写道，有以下几个方面的案件事实需要注意：（1）汽车厂股份的转让和货币付款甚至在程序协议达成之前就已发生；（2）汽车厂前雇员指控检察机关施加不当压力的陈述；（3）第一申诉人据称是故意被羁押在压力很大的环境中。这些事实均破坏了等待相关谈判的双方平等地位的推定。

2.无罪率几乎为零

第一申诉人纳斯指出，在定罪率为99%的刑事司法系统中，辩诉交易程序不能公正运作。他还提到一项实证研究的结果，根据这项研究，即使在无罪率达到15%至20%的刑事司法系统中，认为自己无罪的被告也往往选择认罪。换言之，不能说他接受辩诉交易的决定是真正自愿的。Gyulumyan法官注意到格鲁吉亚2004年的定罪率约为99.6%。在如此高的定罪率下，很难想象申诉人在有关的辩诉交易谈判中能够相信，他获得无罪判决的机会是真实存在的。这使得检察官可以规定条件，并让被告人"要么接受，要么放弃"。

3.恶劣的羁押环境

第一申诉人纳斯强调，在接受辩诉交易时，他被关押在特别令人无法容忍和压力很大的环境中，他与一名谋杀犯和一名曾于2002年12月绑架和虐待他的人关在一间牢房里。同时，他还提到了当时格鲁吉亚的羁押机构存在羁押条件恶劣的系统性问题。因此，对他来说，避免长期监禁的唯一实际的机会便是达成认罪协议。

（三）自愿与胁迫的界限

通过对"纳斯和托戈尼泽诉格鲁吉亚"一案中自愿型有罪答辩与胁迫型有罪答辩的类型化区分，我们不禁思考：完全真正自愿的认罪是否存在？难道仅仅凭借被告知道协议的内容及其后果并在法官面前宣布，胁迫因素就会消失吗？在认罪协议的达成过程之中，哪些因素具有胁迫倾向？

在自愿型有罪答辩中，我们可以看出判断一项有罪答辩是否出于自愿，主要考虑了四个方面的因素，即充分的告知释明程序、有效的律师帮助、完全的被追诉人反悔权及适当的司法审查。结合本案，从形式上来看，似乎纳斯作出的认罪协议是完全自愿的，并没有任何瑕疵，甚至该份认罪协议是纳斯积极促成的。但是我们能够根据这四个要素就当然地得出该份认罪协议是自愿的吗？

第一，格鲁吉亚刑事诉讼法在判断认罪协议是否自愿时采用的四个要素并不周延，只是最大限度地保障了可能的自愿性，并不能当然得出被告人签署该份认罪协议是自愿的。

第二，讯问、审判时的告知及释明程序并无任何书面或视频音频的记录，缺乏外部的有效监督，这就导致本案中第一申诉人纳斯提到的"检察官和法官都没有警告我，一旦进行辩诉交易，就会放弃我的所有程序性权利"的申诉理由无法佐证。

第三，本案中纳斯在被捕后的第二天即获得了律师帮助，在此后辩诉交易的达成，以及审判程序中，纳斯均得到了律师的帮助。从表面上看，我们确实可以说纳斯获得了律师帮助，但这些帮助是否是有效的，我们不得而知。就像欧洲理事会人权事务专员托马斯·哈马伯格2011年4月18日至20日访问格鲁吉亚后发表的关于格鲁吉亚辩诉交易制度的报告中写道的：法律明确规定辩诉交易中必须有辩护律师；然而，律师在这一过程中的作用是有限的。大多数被告人几乎肯定会被判刑，律师建议他们与检察官进行辩诉交易，把刑期减至最低限度，而不是努力使他们的当事人被判无罪。

第四，案发时的格鲁吉亚刑事诉讼法虽然赋予了被追诉人反悔权，但并未赋予其上诉权。由于缺乏这种补救办法，显然导致对辩诉交易公正性的司法监督受到进一步限制。格鲁吉亚当局在2005年3月25日终于在辩诉交易的情况下引入了上诉权，显然也是承认了这一严重缺陷。

第五，法官对答辩自愿性的审查程序流于形式。第一申诉人纳斯主张，库塔伊西市法院在一天之内就批准了辩诉交易，而在如此短的时间内客观上不可能研究案件材料。纳斯还提出股份的转让和付款发生在2004年9月6日、8日和9日，即在库塔伊西市法院于2004年9月10日批准辩诉交易之前，若此时其放弃辩诉交易，不但损失了股份，同时也会带来持续羁押的后果。此外，数据显示，辩诉交易一旦在被告人和检察官之间达成协议，几乎总是得到支持。2008年，格鲁吉亚法官在8770宗适用辩诉交易的案件中只拒绝了8起案件，比例不到0.1%。

综上，我们并不能因为前述四个要素形式上的满足就当然地得出认罪协议系自愿作出的结论，至少这样一份认罪协议是带有胁迫倾向的。

而在胁迫型有罪答辩中，即使被告人是无辜的，但是非常高的定罪率、严格的量刑政策和公众对司法部门的低信任度等因素结合在一起，依然很可能会影响被告人认罪，从而导致司法的扭曲。被追诉人经常会受到各式各样的威胁，但并不是所有的威胁都是胁迫。只要没有超过一定的界限，这些胁迫因素是可以被容忍的。

第一，关于控辩不平等的问题。事实上，世界范围内，没有一个国家的检察官与被追诉人的地位是平等的。在美国的辩诉交易中，检察官甚至统治着整个美国的刑事司法系统[1]。因而，协商认罪协议的各方之间的地位不平等并不必然使该协议具有胁迫性。但如果检察官为了快速达成交易，利用自己公诉人的优势地位对被追诉人施加压力，则很明显带有胁迫性。如检察官在证据不足的案件的谈判中，利用双方掌握信息的不平等，虚张声势、威胁恐吓，甚至虚构事实。在策略上，检察官也会选择过度指控，其中包括横向的过度指控和纵向的过度指控。前者指将被告人的一个

---

① [美]艾瑞克·卢拉、[英]玛丽安·L.韦德：《跨国视角下的检察官》，杨先德译，法律出版社2016年版，第1页。

行为分解为多个行为分别指控，后者即升格指控。此外，检察官滥用量刑政策，当庭审后的量刑足够严厉，量刑减让就会变得有胁迫性①。这些都背离了公正原则，有损司法公信力，这种不平等总是使弱者几乎没有或根本没有协商的余地。因而，在客观上应当压缩检察官的量刑裁量权，给被追诉人留下可供选择的充足空间。

第二，关于无罪率几乎为零的问题。事实上，一个国家的无罪率的高与低并不能客观上左右一个被追诉人签署认罪协议的自愿性，但是会对被追诉人产生心理压迫。任何协商性司法均是协商双方理性行为的产物，认罪协议的签署是被追诉人基于经济主义，在权衡利弊之后作出的选择。但当一个被追诉人面临着两种选择：一边是无罪率几乎为零的未知的审判结果，另外一边是已知的获得量刑减让的辩诉交易。此时的被追诉人看似有绝对的选择权，但其实别无选择，在这种情况之下达成的认罪协议，我们很难说其是自愿的。

第三，关于恶劣的羁押环境的问题。若一个被追诉人由于法定的事由被合法逮捕，那么这种恶劣的羁押环境本身是应当被容忍的，它并不会成为被追诉人达成认罪协议的胁迫因素。但需要注意的是，在本案中，在被告人纳斯被羁押的大约6个月里，前4个月，他与绑架并袭击他的男子以及另一名谋杀犯被关在同一间牢房里。这无疑对纳斯造成了巨大的心理压力，迫使其想要尽快摆脱这种困境，而摆脱这种困境最大的出路就是与检察官合作并达成认罪协议。

四、比较与借鉴意义

通过对"纳斯和托戈尼泽诉格鲁吉亚"一案的评析，我们发现，完全真正自愿的认罪是不存在的，仅仅凭借被告人知道协议的内容及其后果，获得了律师帮助并在法官面前宣布，胁迫因素的影响并不会消失。在认罪协议的达成过程中，控辩不平等、无罪率几乎为零、恶劣的羁押环境等因素均具有胁迫倾向。这为我国审视认罪认罚自愿性的标准是否科学、合理

---

① ［美］艾瑞克·卢拉、［英］玛丽安·L.韦德：《跨国视角下的检察官》，杨先德译，法律出版社2016年版，第195页。

提供了有益的思路。

当前我国对认罪认罚的自愿性的审查规定主要在《刑事诉讼法》第190条第2款，其规定："被告人认罪认罚的，审判长应当告知被告人享有的诉讼权利和认罪认罚的法律规定，审查认罪认罚的自愿性和认罪认罚具结书内容的真实性、合法性。"具体来说，我国的认罪认罚自愿性主要从以下几点来把握：第一，知悉性审查。一方面，要通过辩护人对被告人进行充分的告知；另一方面，办案人员要进行"释法"，告知被告人享有的权利和认罪认罚的法律规定。第二，认知能力审查。审查被告人是否具备普通人的正常认知能力，是否明确并理解享有的诉讼权利和认罪认罚的法律规定，是否具有认罪认罚意思表示的认知能力和精神状态。第三，自愿性审查。审查被告人对指控的犯罪事实、罪名和量刑建议有无异议，"认罪认罚"是否系其真实意思表示，是否获得有效的法律帮助，签署具结书时是否有辩护人在场，等等。第四，基础事实审查。以事实为依据，以法律为准绳。不论被告人是否有罪，作出有罪判决都应当坚持证据裁判原则[①]。

对比"纳斯和托戈尼泽诉格鲁吉亚"一案中自愿型有罪答辩的标准，我们会发现我国在确定认罪认罚自愿性的标准时已经尽可能地从形式上排除了胁迫存在的可能性，但这并不意味着胁迫因素的消失。如何最大限度地确保有罪供述的真实性，提供保障措施，预防和识别胁迫应当成为未来我国认定认罪认罚的自愿性时努力的方向。具体可从以下几方面着手。

（一）量刑减让信息公开

辩诉交易是可估算的庭审定罪风险与答辩后一个确定的但不那么严厉的刑罚之间的交换。不确定性是刑事诉讼程序中固有的，但是每一个当事人所掌握的信息不平等会威胁到公平公正[②]。司法实践中，控辩双方地位的不平等，是我们无法改变的，但是我们可以通过量刑减让信息公开等方

---

① 胡云腾：《认罪认罚从宽制度的理解与适用》，人民法院出版社2018年版，第105页。

② ［美］斯蒂芬诺斯·毕贝斯：《庭审之外的辩诉交易》，杨先德、廖钰译，中国法制出版社2018年版，第63—64页。

式，使得认罪认罚案件的处理透明化，以弥补控辩双方信息的不平等，消减检察官的优势地位。让公众产生即使不认罪也能获得公正审判的确信，即有罪的能够获得公正量刑判决，无罪的能够获得无罪的判决，让被告人真正有选择，而不是两边均面临着不知尽头的深渊。

（二）认罪协商全程同步录音录像

司法实践中经常可见控辩双方对讯问程序的合法性各执一词，最终只能由法官作出裁定[①]。由于缺乏对认罪协商全过程的客观了解，法院的审查往往不能完全保障被告人认罪认罚的自愿性。同步录音录像技术的发展为客观地记录认罪协商的过程提供了可行性条件，也应当成为保障认罪认罚自愿性的重要监督手段。目前根据我国《刑事诉讼法》第123条的规定，只有对可能判处无期徒刑、死刑或者其他重大犯罪案件，才应当对讯问过程进行录音或者录像，对于其他案件，并没有规定强制录音录像制度。未来应当对认罪协商进行全程同步录音录像，这样法官在对认罪认罚自愿性进行裁判时，能够直接观看和感知讯问的全部过程，从而对犯罪嫌疑人作出有罪答辩时的心理和生理状态有全面客观的了解，并基于此认定犯罪嫌疑人的有罪供述是否出自其自由意志。

（三）建立羁押环境评估系统

所谓羁押环境评估制度是指法院在进行自愿性审查时，必须就其作出有罪答辩的环境进行评估，经过评估认为其环境异常且具有胁迫被追诉人认罪倾向的，应当认定其不符合自愿性的标准。但应当注意的是，由于不愿忍受冗长的刑事诉讼程序和简陋的看守所条件而选择认罪认罚，希望尽快去监狱服刑的犯罪嫌疑人，羁押环境对其造成的胁迫是可以被容忍的。此外，我国羁押场所应向中立性发展，目前我国未决羁押的场所是隶属于公安机关的看守所，而并不是独立的司法机关或者其他中立的场所，这使得认罪协议的签署过程更加秘密与不可控制。

---

① 张红梅：《检察机关讯问同步录音录像改革的回顾与展望》，载《国家检察官学院学报》2012年第5期，第35—44页。

贪污案件的实证研究

——以 S 省 194 份判决书为例

李京北[*]

摘　要：本文对 S 省 194 份贪污案件判决书的分析表明，在贪污案件中，涉案人员呈高学历、年轻化特征，受过高等教育的占比超过60%；国家机关工作人员与基层公务人员占比较高。同时，单位内部权责划分不清、对重点领域监督不力，为贪污犯罪提供了条件。分析结果显示量刑轻缓化、不公化现象明显，对贪污数额相对较少的贪污行为打击力度大，对贪污数额巨大以及特别巨大的犯罪行为打击力度反而小。且现阶段司法实践中未准确适用"数额＋情节"的量刑模式，对加重处罚情节考量不足，但对从宽情节幅度的把握宽松，存在从宽情节重复评价的不合理现象。

关键词：贪污犯罪；实证研究；量刑结果

十八大以来，我国对贪污腐败犯罪的打击力度不断增强，作为当前社会较为严重的腐败犯罪类型，对贪污犯罪有深度探究的必要性，应当予以持续的关注与全面审慎的反思。2015年的《刑法修正案（九）》（下文简称《刑（九）》）和2016年的《关于办理贪污贿赂刑事案件适用法律若干问题的解释》（下文简称《解释》）中对贪污罪定罪量刑标准的修改，更是彰显了我国惩治贪污犯罪的决心。近几年法院审结的贪污案件呈逐年下降趋势，表明新法的适用取得了一定成效。我们在给予《刑（九）》以积极评价的同时，也应看到现阶段贪污案件绝对数量仍然很大，反腐工作不

---

* 李京北,北京师范大学法学院法律硕士,研究方向为刑法学。

能松懈。因此，本文采用实证研究的方法，从中国裁判文书网选取2019年S省有效的贪污案件判决书共194份作为样本，探究贪污案件的司法现状，以及是否有效实现了贪污罪量刑的均衡。

一、问题设置

基于研究目的之需要，首先，本文围绕贪污案件的犯罪主体方面设计了如下4个问题：①各年龄区间犯罪人的人数分布情况；②犯罪人的学历情况；③犯罪主体的类型；④是否共同犯罪。本文将犯罪人的年龄区间分为4档，分别是26～35岁、36～45岁、46～55岁、56岁及以上。针对犯罪人的文化程度情况，本文将犯罪人按学历分为7档，分别是小学、初中、高中、中专、大专、本科、研究生。关于犯罪人的主体类型，根据《刑法》第93条之规定，贪污罪的主体包括3类：①国家机关工作人员；②在国有企事业单位、社会团体、公司中从事公务的人员以及受国有企事业单位等派遣到非国有单位从事公务的人员；③其他依照法律从事公务的人员。参考2000年颁布的《最高人民法院关于审理贪污、职务侵占案件如何认定共同犯罪几个问题的解释》第1条关于贪污罪共犯之规定①，本文将犯罪人的主体类型分为4类，分别为国家机关工作人员、国企/事业单位工作人员、其他依照法律从事公务的人员、非公职非公务人员（即共犯）。针对是否共同犯罪这个问题，样本统计工作完成后发现，其中共同犯罪的人数在2人至5人不等，因此，根据实际情况本文将犯罪人数分为5类：1人、2人、3人、4人、5人。

其次，本文围绕贪污案件的客观方面设计了如下3个问题：①非法占有公共财物的手段；②各档位贪污数额的案件数量；③公共财物所属领域。根据《刑法》第382条的规定，国家工作人员如果利用其职务上的便利，以侵吞、窃取、骗取等方式侵占公共财物，则构成贪污罪。因此，本文将手段类型分为侵吞、窃取、骗取、其他手段4类。有关贪污数额的档

---

①《最高人民法院关于审理贪污、职务侵占案件如何认定共同犯罪几个问题的解释》第一条："行为人与国家工作人员勾结，利用国家工作人员的职务便利，共同侵吞、窃取、骗取或者以其他手段非法占有公共财物的，以贪污罪共犯论处。"

位划分问题，本文采用《解释》的分档标准，将贪污数额分为1万~3万元人民币（具有"其他较重情节"）、3万~20万元人民币、20万~300万元人民币、300万元人民币及以上4个档位。对于贪污的公共财物所属领域，本文按照判决书描述的基本事实进行了详细的划分，将其归纳为12个类型，分别是：畜牧养殖、扶贫救灾、国企/事业单位经营、农林项目、债务税收征管、生态治理、治安管理、医疗卫生、民政补贴、征地拆迁、教育科研、建设工程。

最后，本文围绕贪污案件的量刑方面设计了如下2个问题：①各贪污案件的量刑结果；②各贪污案件从轻、减轻或者免除处罚情节的适用情况。量刑结果具体包括：是否被宣告缓刑、是否可以免予刑事处罚、是否需要被判处实刑。其中关于判刑具体时间的长短，是基于拘役和有期徒刑都作为自由刑和主刑来说的。参照《解释》第1条、第2条、第3条之相关规定，本文将宣告刑长度分为3档进行分析：三年以下（包括三年）、三年以上十年以下（包括十年）、十年以上。从轻、减轻或者免除处罚的情节在司法实践中往往存在认定模糊的问题，判决书中缺乏详细的说理部分，因而本文参考《刑法》第383条第3款之规定①，并结合样本判决书中能够清晰准确认定的情节，选取了3个情节进行深入分析，分别是：坦白、自首和积极退赃。

本文将在接下来的部分，从犯罪主体、犯罪客观方面以及量刑结果这三个维度描述贪污案件的基本事实，每一部分将尽量以最直观的表格和统计图来呈现，并加以初步分析，探究形成此种现状的可能解释。

---

①《刑法》第383条第3款："犯第一款罪，在提起公诉前如实供述自己罪行、真诚悔罪、积极退赃，避免、减少损害发生结果的发生，有第一项规定情形的，可以从轻、减轻或者免除处罚；有第二项、第三项规定情形的，可以从轻处罚。"

二、基本事实

（一）犯罪主体

1.犯罪人年龄及文化程度

如表1所示，样本中明确记录出生日期的犯罪人共253个，其中年龄最小者27岁[①]，年龄最大者67岁[②]，平均年龄47.2岁。其中，所占比例最高的是46～55岁的犯罪人（108个，占比42.7%），之后依次是36～45岁的犯罪人（85个，占比33.6%），56岁及以上的犯罪人（39个，占比15.4%），26～35岁的犯罪人（21个，占比8.3%）。

表1 不同年龄区间的犯罪人人数

年龄区间	人数/个
26～35岁	21
36～45岁	85
46～55岁	108
56岁及以上	39
合计	253

如表2所示，样本中明确记录文化程度的犯罪人共261个。其中，文化程度为本科的人数最多（77个，占比29.5%），其次是大专学历的犯罪人（74个，占比28.4%），之后依次是初中学历的犯罪人（41个，占比15.7%），中专学历的犯罪人（28个，占比10.7%），高中学历的犯罪人（25个，占比9.6%），小学学历的犯罪人（10个，占比3.8%），研究生学历的犯罪人人数最少（6个，占比2.3%）。

表2 犯罪人的文化程度

学历	小学	初中	高中	中专	大专	本科	研究生	合计
人数/个	10	41	25	28	74	77	6	261
百分比	3.8%	15.7%	9.6%	10.7%	28.4%	29.5%	2.3%	100%

---

① 四川省崇州市人民法院(2019)川0184刑初358号刑事判决书。

② 四川省眉山市彭山区人民法院(2018)川1403刑初147号刑事判决书。

若将文化程度按我国教育阶段汇总分类，则如图1所示，受过高等教育（包括大专、本科和研究生学历）的犯罪人人数最多，有157个，占比60.2%；其次是受过中等教育（包括高中和中专学历）的犯罪人，有53个，占比20.3%；只受过义务教育（包括小学和初中学历）的犯罪人人数最少，有51个，占比19.5%。

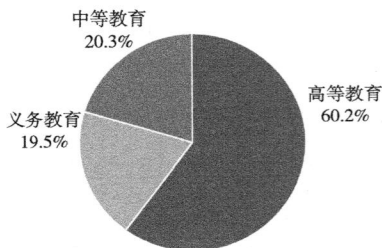

图1　不同教育阶段犯罪人占比

2.犯罪人主体类型

如图2所示，261个犯罪的自然人中，最多的两类主体是国家机关工作人员和其他依照法律从事公务的人员，均是84人，各占32.2%；其次是国企/事业单位工作人员（69人，占比26.4%）；最少的是非公职非公务人员（24人，占比9.2%），仅作为共同贪污案件中的共犯。

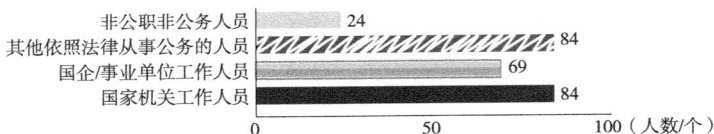

图2　各类型贪污犯罪主体人数统计

3.共同犯罪与单独犯罪的情况

如表3所示，在194件贪污案件中，单独犯罪为贪污案件的主要类型，有156件，占比80.4%；共同犯罪的案件有38件，占比19.6%。总体来看，单独犯罪案件数量远远多于共同犯罪案件。

表3　共同犯罪与单独犯罪案件统计

案件类型	犯罪人数/个	案件数/件	百分比
单独犯罪	1	156	80.4%

案件类型	犯罪人数/个	案件数/件	百分比
共同犯罪	2	16	19.6%
	3	16	
	4	5	
	5	1	
合计	—	194	100%

（二）客观方面

1.非法占有公共财物的手段

如表4所示，在四类非法占有公共财物的手段中，以"骗取"这一手段定性的贪污案件最多，有105件，占比54.1%；其次是"侵吞"（81件，占比41.8%）；定性为"窃取"的贪污案件有6件，占比3.1%；只有2例被归为"其他手段"，占比1.0%。

表4　贪污行为的类型统计

非法占有公共财物的手段	案件数/件	百分比
侵吞	81	41.8%
窃取	6	3.1%
骗取	105	54.1%
其他手段	2	1.0%
合计	194	100%

2.公共财物的数额分档

如表5所示，"数额巨大"的贪污案件最多，为98件，占案件总数的一半以上（50.5%）；其次是"数额较大"的贪污案件，有82件，占比42.3%；"数额特别巨大"的案件较少，只占5.2%；贪污数额1万～3万元（数额未达到定罪标准但有法定加重情节）的案件最少，只有4件，占比2.0%。

表5 各档位贪污数额的案件数量统计

贪污数额	对应档位	案件数量/件	百分比
1万～3万元	具有"其他较重情节"	4	2.0%
3万～20万元	数额较大	82	42.3%
20万～300万元	数额巨大	98	50.5%
300万元及以上	数额特别巨大	10	5.2%
合计	—	194	100%

3.公共财物所属领域

如表6所示，根据公共财物所属领域，贪污犯罪案件数量最多的是"国企/事业单位经营"领域，有39件，占比20.1%；第二是"建设工程"领域，有34件，占比17.5%；第三是"征地拆迁"领域，有31件，占比16.0%；第四是"民政补贴"领域，有24件，占比12.4%，第五是"农林项目"领域，有19件，占比9.8%。其后依次是"扶贫救灾"领域（13件，占比6.7%）；"教育科研"领域（11件，占比5.7%）；"治安管理"领域（8件，占比4.1%）；"医疗卫生"和"畜牧养殖"领域都是5件，各占2.6%；"生态治理"领域3件，占比1.5%；"债务税收征管"领域案件最少，仅2件，占比1.0%。

表6 不同领域公共财产的贪污案件情况

公共财物领域	案件数量/件	百分比	排名
畜牧养殖	5	2.6%	9(并列)
扶贫救灾	13	6.7%	6
国企/事业单位经营	39	20.1%	1
农林项目	19	9.8%	5
债务税收征管	2	1.0%	12
生态治理	3	1.5%	11
治安管理	8	4.1%	8
医疗卫生	5	2.6%	9(并列)
民政补贴	24	12.4%	4
征地拆迁	31	16.0%	3

公共财物领域	案件数量/件	百分比	排名
教育科研	11	5.7%	7
建设工程	34	17.5%	2
合计	194	100%	——

如表7所示，贪污数额在300万元人民币及以上即"数额特别巨大"的10个案件中，国企/事业单位经营领域的最多，有3件，占比30.0%；建设工程和医疗卫生领域都是2件，各占20.0%；另有3件所属领域分别为征地拆迁、教育科研和农林项目，各占10.0%。样本中贪污数额最大为3129.862万元，涉案领域是建设工程[①]。被告人身为国企总经理，直接负责项目工程的落地，在实施工程的四年中，30余次通过伪造虚假劳务合作协议、计量计价单、材料入库单和虚假发票入账等方式，骗取国家项目专项资金。可见，诸如国企/事业单位经营、建设工程等领域不仅贪污案件频发，而且贪污数额巨大，需要引起高度重视。

表7 贪污300万元人民币及以上的10个案件的涉案领域

案件名称	贪污数额/万元	涉案领域
祝某贪污案	3129.862	建设工程
郑某贪污案	1518.92	教育科研
徐某、谢某贪污案	1421.9766	医疗卫生
柯某某贪污案	814.4086	建设工程
杨某贪污案	690.5124	国企/事业单位经营
梁某某贪污案	667.9941	国企/事业单位经营
谭某某贪污案	488.7605	国企/事业单位经营
汪某某贪污案	401.5169	农林项目
杨某贪污案	350.6	医疗卫生
叶某某贪污案	310.45	征地拆迁

① 四川省巴中市中级人民法院(2018)川19刑初16号刑事判决书。

（三）量刑结果

1.免刑、缓刑与实刑的情况

如图3所示，在261个犯罪的自然人中，被判处实刑的人数最多，有160人，占比61.3%；其次是被判处缓刑的，有97人，占比37.2%；仅有4人被判处免予刑事处罚。这4个被判处免予刑事处罚的被告人，共同特征是都有"自首＋积极退赃"情节，且均为共同贪污案件中起次要作用的从犯。

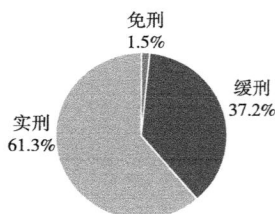

免刑
1.5%

缓刑
37.2%

实刑
61.3%

图3　免刑、缓刑、实刑人数统计

2.各种量刑情节的适用情况

如表8所示，样本涉及的261个贪污行为人中，绝大多数人在被起诉后都有积极退赃的表现（213人，占比81.6%）；超过一半人具有坦白情节（144人，占比55.2%）；庭审中一些辩护人积极辩护被告的自首行为，但最终法院认定成立自首的有96人，占比36.8%。

表8　具有不同从宽情节的人数情况

从宽情节	具有该情节的人数/个	百分比
坦白	144	55.2%
自首	96	36.8%
积极退赃	213	81.6%

如图4所示，在被判处缓刑的97个犯罪人中，全部都有积极退赃的情节，其中既坦白又积极退赃的人数最多，有50人，占比51.5%；既自首又积极退赃的有42人，占比43.3%；仅积极退赃的有5人，占比5.2%。由此观之，积极退赃对是否适用缓刑有着比较重要的影响。

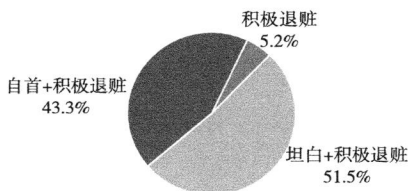

图4 具有不同从轻情节的判处缓刑人员情况

三、初步分析

（一）涉案人员呈高学历、年轻化趋势

根据上文的事实描述，贪污案件的犯罪人受教育程度多集中在高等教育阶段，261人中有157人受过高等教育，占比超过60%，是贪污犯罪的主要群体。

如表9所示，在样本选取的194件贪污案件中，贪污数额最高的5起案件，犯罪人的文化程度都比较高。祝某贪污案中①，被告人1980年生，本科学历，初次着手贪污时31岁。其身为建设工程公司的总经理，在项目施工中多次采用伪造虚假劳务合作协议和虚假发票入账等方式，骗取国家项目专项资金予以侵吞，4年内作案30余次，贪污数额高达3129.862万余元。

表9 贪污数额最高的5起案件中犯罪人的贪污数额及文化程度

案件名称	贪污数额/万元	犯罪人文化程度
祝某贪污案	3129.862	本科
郑某贪污案	1518.92	大专
徐某、谢某贪污案	1421.9766	本科
柯某某贪污案	814.4086	大专
杨某贪污案	690.5124	本科

近年来，随着国家"打虎""猎狐"的一次次重拳出击，一众贪污受贿的官员相继落马，公众基本上认为年龄比较大、工作年限比较长的官员更容易出现此类错误。然而结合样本统计情况可以看到，年轻干部（26～

① 四川省巴中市中级人民法院(2018)川19刑初16号刑事判决书。

35岁)贪污犯罪的不是个例,少则贪污几万元,多则上千万元。这些年轻公职人员往往职位不高,但共同特点是手握公款等国有财物的直接管理权。蝇贪蚁腐,其害如虎,对于这种"实权小官",需要高度重视。

(二)机关与基层公务人员比例较高

理论界通常的观点是,贪污罪的犯罪主体以国家机关工作人员为主要代表。其他仅受到国有企事业单位委托管理、经营国有财产的人员以及没有国家工作人员身份的其他依照法律从事公务的人员仅是贪污罪的次要主体①。但从样本的统计情况可以直观看到,"其他依照法律从事公务的人员"这一主体类型与国家机关工作人员均是贪污犯罪的高发群体,而来自乡镇一级的人员数量也较多②,也即本文所指的"基层公务人员"。

对贪污行为来说,最重要的就是所谓的"接近权",比如村委会或居委会的会计、出纳、文书,以及村社长、社区组长等负责税收罚款征收等事务的人员,之所以成为贪污的"重灾区",并不是因为这些人位高权重,而是因为他们最接近国家资产。例如谢某某贪污案③,被告人作为村委会成员兼文书,在道路建设项目中,以他人名义虚报道路长度,冒领了道路补助款据为己有,其贪污的6万余元公款属于国家财政扶贫资金。

类似案件在此不一一列举。如图5所示,主体类型为基层公务人员的84个犯罪人中,贪污数额在3万~20万元人民币的最多,为66人,占比78.6%;贪污数额在20万~300万元人民币的有15人,占比17.8%;贪污数额在1万~3万元人民币的有3人,占比3.6%。贪污数额最少的是喻某某贪污案④,被告人以本人名义提交虚假危房改造补助申请资料,骗取国家

---

① 王作富、唐世月:《贪污罪定义辨析》,载《国家检察官学院学报》2002年第3期,第25页。

②《全国人民代表大会常务委员会关于〈中华人民共和国刑法〉第九十三条第二款的解释》规定,村民委员会等村基层组织中协助人民政府从事下列行政管理工作的人员,以国家工作人员论:①救灾、抢险、防汛、优抚、扶贫、移民、救济款物的管理;②社会捐助公益事业款物的管理;③国有土地的经营和管理;④土地征收、征用补偿费用的管理;⑤代收、代缴税款;⑥有关计划生育、户籍、征兵工作;⑦协助人民政府从事的其他行政管理工作。

③ 四川省宜宾市翠屏区人民法院(2019)川1502刑初301号刑事判决书。

④ 四川省合江县人民法院(2019)川0522刑初124号刑事判决书。

特定款物1万元。贪污数额最大的是周某某、严某某贪污案①，二被告人伪造租地协议等资料，以其中一位被告人的名义冒领本应赔偿给社区的厂房补偿款合计187.7万元。此类案件的贪污数额并不太大，但很多都是贪污优抚、扶贫、救灾等特定款物，其危害性不言而明。

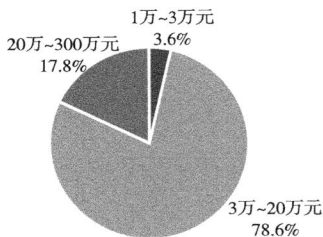

图5　基层公务人员贪污数额区间分布

（三）单位内部权责不清

有学者指出，随着国家各种制度的逐渐完善，想要轻易通过单个人钻制度漏洞的方式贪污国家财产将会变得更加困难，但通过集体合作的方式进行贪污依然有机可乘②。

然而样本统计显示贪污罪单独犯罪的比例更高，原因主要有两个方面。一方面，实施贪污行为未必需要多么高超的财务水平，现在科技发达，有些在理论上个人实施起来有难度的行为，借助计算机操作系统就可以轻而易举地解决。例如代某贪污案③中的被告人，通过机关生活服务中心电脑系统的"代理业务批量"软件工具和加密U盾配套使用，私自篡改代发金额，减少单位其他职工的代发金额并增加自己的代发金额，贪污12万余元公款，其作案方式并不烦琐。另一方面，贪污行为并不是必须几个人联手行动，"独狼式"的行动反而隐蔽性更强。例如冯某贪污案④中的被告人，既是社区居委会委员（管理工作），又兼任出纳（财务工作），先后多次私自将社区账户资金取现后用于个人开支，并在社区账户电子版银行

---

① 四川省成都市中级人民法院(2019)川01刑终199号刑事判决书。
② 陈磊：《贪污受贿犯罪量刑均衡机制实证研究》，中国政法大学出版社2019年版，第101页。
③ 四川省成都高新技术产业开发区人民法院(2019)川0191刑初60号刑事判决书。
④ 四川省成都市金牛区人民法院(2019)川0106刑初747号刑事判决书。

明细中删除其私自取现的支出，修改余额后再将其交给会计做账。现实中一人身兼数职的情况并不鲜见，特别是基层组织，职能划分不明确、人手不足的情况较为显著。

（四）重点领域监督不力

党的十九大以来，纪检监察机关始终紧盯重点领域和关键环节推进反腐败斗争。国企/事业单位经营、建设工程和征地拆迁都是数年间反腐败斗争的重点领域，本文统计分析呈现的结果与之吻合度较高。

如表10所示，贪污案件最多的国企/事业单位经营这一领域中，最常见的非法占有公共财物的手段是侵吞（20件，占比51.3%）和骗取（17件，占比43.6%）；采用窃取手段的有2件，占比5.1%；没有采用其他手段的案件。建设工程领域采用侵吞手段的最多，有19件，占比55.9%；采用骗取手段的有15件，占比44.1%；未采用窃取和其他手段。征地拆迁领域最常用的手段是骗取（21件，占比67.8%）；采用侵吞手段的有9件，占比29.0%；采用其他手段的有1件，占比3.2%。民政补贴领域最常见的手段也是骗取（15件，占比62.5%）；采用侵吞手段的有7件，占比29.2%；采用窃取手段的有2件，占比8.3%；未采用其他手段。农林项目采用频率最高的手段是骗取，有12件，占比63.1%；采用侵吞手段的有5件，占比26.3%；采用窃取和其他手段的都只有1件，各占比5.3%。

表10 贪污高发领域各种手段案件数量统计

贪污高发领域 手段	国企/事业单位经营	建设工程	征地拆迁	民政补贴	农林项目
侵吞	20	19	9	7	5
窃取	2	0	0	2	1
骗取	17	15	21	15	12
其他手段	0	0	1	0	1
合计	39	34	31	24	19

注：表中数字均表示案件数量，单位：件。

建设工程领域最常用的方法就是虚订项目合同，将自己经手或保管的公共财物直接侵吞；而农林项目不需要签订合同，因此通过伪造合同直接侵吞公款比较有难度。例如雷某某贪污案①，被告人作为村委会主任，在未经村委会或者村民大会讨论的情况下，个人决定将该项目用于自己承包的林地，其后还在明知没有实施该项目的情况下，在项目结算申报表上伪造村委会委员签字并私盖公章，将林业项目补贴资金9.8万余元直接转入自己的账户。

土地面积直接影响着征地拆迁的利益，因此这一领域采用频率较高的手段是通过虚报（包括多报或少报）土地面积的方式骗取补偿款。例如雒某某贪污案②的被告人是村文书，在配合处理征地事宜的过程中以其亲属名义虚报征地面积，骗取安置补助费、土地补偿费5.3万余元供其个人和家庭开支。

民政补贴一般都是按人按户分配发放，因此该领域的许多案件都是通过虚报人数来骗取或直接侵吞国家的补贴。例如杨某某贪污案③，被告人在发放民政资金的过程中利用职务之便，通过更改代发花名册中应发人员名单及应发的五保、低保等民政资金金额并将该部分资金金额增加到被告人自己的银行账户的方式，作案15次，截留侵吞公款87万余元。

综上所述，贪污犯罪的治理需要把握时代特征与政策发展方向，及时找到贪污高发的"痛点"，才能实现重点领域重点环节的对症下药、精准施策。

（五）量刑轻缓化、不公化现象明显

2009年《刑法》规定，贪污数额在5000元以上不满5万元的，处一年以上七年以下有期徒刑；贪污数额在5万元以上不满10万元的，处五年以上有期徒刑；贪污数额在10万元以上的，处十年以上有期徒刑或无期徒刑。前述规定刑期呈现一定的交叉。而《刑（九）》将其修改为无交叉衔接的刑期，三档法定刑呈阶梯式排列，如表11所示。

---

① 四川省乐山市沙湾区人民法院(2018)川1111刑初41号刑事判决书。
② 四川省平昌县人民法院(2018)川1923刑初143号刑事判决书。
③ 四川省安岳县人民法院(2019)川2021刑初106号刑事判决书。

表11　《刑（九）》及《解释》中贪污罪数额与刑罚对应关系之规定

数额/情节	数额较大（3万元～20万元）或有其他较重情节（贪污1万元～3万元＋六种情节）	数额巨大（20万元～300万元）或有其他严重情节（贪污10万元～20万元＋六种情节）	数额特别巨大（300万元以上）或有其他特别严重情节（贪污150万元～300万元＋六种情节）	数额特别巨大，并使国家和人民利益遭受特别重大损失
刑罚	三年以下有期徒刑或拘役，并处罚金	三年以上十年以下有期徒刑，并处罚金或者没收财产	十年以上有期徒刑或者无期徒刑，并处罚金或者没收财产	无期徒刑或者死刑，并处没收财产

从立法预期来看，贪污数额与刑罚应当成正比关系，即贪污数额越大，判刑期限就应当越长，罪责刑相适应，也符合司法常识。因此，若将贪污公共财产的数额（X）作为自变量，将量刑结果（Y）作为因变量的话，可以初步构建一个正比例线性关系的函数，即：

$$Y = KX + B$$

其中，K为变量系数[1]，代表犯罪人贪污数额每增加或减少一个单位时所引起的刑期的变化量，也即量刑的轻重程度。B为常量，代表贪污行为在所处的法定量刑幅度内的最低刑。

若要探究贪污犯罪的打击力度是否合理，关键在于K值的确定。各刑期区间上限和下限之间的变化量，与贪污数额在所处量刑幅度内最小值和最大值的变化量，其存在一定的正比例关系，这一比值就是K，因此有：

$$K = (Y_2 - Y_1) \div (X_2 - X_1)$$

其中，Y_2表示贪污罪在该量刑区间内法定刑的最高值；Y_1表示贪污罪在该量刑区间内法定刑的最低值；X_2表示贪污罪在该量刑区间规定的贪污数额最大值；X_1表示贪污罪在该量刑区间规定的贪污数额最小值。

结合《刑（九）》对于贪污"数额较大"这一量刑区间之规定，以及《解释》对"数额较大"的数值范围之规定，则有$Y_2 = 3$，$Y_1 = 0$，$X_2 = 20$，

---

[1] K是该正比例函数的斜率，也就是自变量X每增加或减少一个单位时因变量Y的变化量。K值越大表示量刑力度越重，犯罪人被判处的刑期越长。

X_1= 3，可以得出该区间内犯罪的量刑力度 K =（3-0）÷（20-3）≈ 0.176。

同理，对于贪污"数额巨大"，则有 Y_2= 10，Y_1= 3，X_2= 300，X_1= 20，可以得出该区间内犯罪的量刑力度 K =（10-3）÷（300-20）= 0.025。

如表11所示，《刑（九）》对于贪污"数额特别巨大"这一量刑区间仅规定了法定刑的最低值而未规定最高值。可以肯定的是，贪污数额与刑期仍存在直接的关系，即贪污数额在此量刑区间的最小值基本对应该区间法定刑的最低值。同理，Y_1= 10，X_1= 300，可以得出该区间内犯罪的量刑力度 K = Y_1÷X_1 ≈ 0.033。

计算结果表明，贪污"数额较大"这一量刑区间的斜率 K 最大，为0.176，即对贪污数额相对较少的贪污行为打击力度大；对贪污"数额巨大"和"数额特别巨大"的犯罪行为打击力度反而小。

不仅如此，样本分析还表明量刑存在不公化现象。具体如表12所示，在被判处三年以下有期徒刑或拘役（包括三年）的193个犯罪的自然人中，贪污数额最低的为1万元人民币[1]（判处拘役三个月，缓刑六个月），贪污数额最高的为292.5万元人民币[2]（判处有期徒刑三年，缓刑四年），极差为291.5万元人民币；在被判处三年以上十年以下有期徒刑（包括十年）的57个犯罪的自然人中，贪污数额最低的为19.3万元人民币[3]（判处有期徒刑三年六个月），贪污数额最高的为814.4万元人民币[4]（判处有期徒刑九年），极差为795.1万元人民币；在被判处十年以上有期徒刑的7个犯罪的自然人中，贪污数额最低的为350.6万元人民币[5]（判处有期徒刑十一年），贪污数额最高的为3129.9万元人民币[6]（判处有期徒刑十五年），极差为2779.3万元人民币。

---

[1] 四川省合江县人民法院(2019)川0522刑初124号刑事判决书。
[2] 四川省彭州市人民法院(2019)川0182刑初166号刑事判决书。
[3] 四川省仁寿县人民法院(2018)川1421刑初36号刑事判决书。
[4] 四川省自贡市贡井区人民法院(2019)川0303刑初70号刑事判决书。
[5] 四川省石棉县人民法院(2019)川1824刑初47号刑事判决书。
[6] 四川省巴中市中级人民法院(2018)川19刑初16号刑事判决书。

表12　各量刑区间内贪污数额的波动范围

贪污数额量刑区间	最高贪污数额/万元	最低贪污数额/万元	极差/万元
三年以下有期徒刑或拘役（包括三年）	292.5	1	291.5
三年以上十年以下有期徒刑（包括十年）	814.4	19.3	795.1
十年以上有期徒刑	3129.9	350.6	2779.3

四、结语

　　分析结果表明，司法实践状况似乎并不是立法预期的那样刑期呈现阶梯状分布，而是出现了量刑"扎堆"现象，也即同一地区的法院，对于贪污数额20万元和200万元的案件可能判处相同的刑期。对于量刑不公化这一问题，需要透过现象观其本质。贪污罪各量刑区间容纳的数额范围广，较为直接地造成了目前量刑"扎堆"的现状。如表12所示，司法实践中贪污数额从19.3万元到814.4万元，虽然相差40几倍，但都在三年以上十年以下有期徒刑的幅度内量刑。也就是说，会出现贪污数额相差较大的案件判处的刑期十分接近，或是贪污数额相近或相同的案件判处的刑期有很大不同。如果将样本中的194个案件以点表示，放在横轴为贪污数额、纵轴为刑期的坐标系中，那么展示出来的应当是一幅散点图，会给人造成不均衡的观感，从而得出量刑不公的推论。

　　事实上，之所以相同贪污数额对应不同刑期，或是不同贪污数额对应相同刑期，是因为在司法实践中将情节纳入了重要的考量。由此观之，《刑（九）》以及《解释》的施行，在一定程度上的确突破了以往仅根据数额量刑的单一标准，呈现出"数额为主，情节为辅"的二元量刑模式。

　　预防贪污犯罪任重而道远，我们在肯定修订后的《刑法》取得了一定成效的同时，也需要意识到其公平性及合理性仍存在不足之处，需要立法规定与司法实践不断地进行动态化的调整和完善。

过失相抵在高压触电人身损害中的适用

王逍静*

摘　要：高压触电人身损害赔偿责任属于高度危险作业致人损害责任，适用无过错责任归责原则，但在责任承担中，仍可以适用过失相抵制度确定责任比例。《民法典》第1240条延续了《侵权责任法》第73条的规定，但对适用过失相抵的被侵权人过错要求由"过失"改变为"重大过失"。如何判断被侵权人"过失""重大过失"，并因此而减轻侵权人的责任比例，相关条款过于模糊，司法裁判说理笼统，"同案不同判"的情况较为普遍。建议通过司法解释或指导案例对相关问题作出明确规定，并在裁判中规范用语并释明理由。

关键词：高压触电；过失相抵；过失；重大过失；责任限度

高度危险责任以无过错责任为基础，适用过失相抵制度。《民法典》于2021年1月1日起施行，第1240条关于从事高度危险作业造成他人损害的规定以"被侵权人对损害的发生有重大过失的，可以减轻经营者的责任"取代了《侵权责任法》第73条"被侵权人对损害的发生有过失的，可以减轻经营者的责任"的规定。《民法典》作出此种改动，限制高压触电人身损害中过失相抵的适用条件，只有被侵权人存在"重大过失"时才能减轻经营者责任，突出了对被侵权人过失程度的考虑。高压触电人身损害

---

* 王逍静，华北电力大学人文与社会科学学院硕士研究生，研究方向为经济法学、民商法学。

本文系中央高校基本科研业务费专项资金资助项目（编号：2020MS050）"司法实践视角下的电力民事诉讼问题研究"成果之一。

案件是电网企业面临的一类常见法律纠纷，但法院对过失相抵的适用条件、结果等认定标准不一，出现"同案不同判"现象，也使同一类型的案件不断上诉，直至提起再审，影响法律实施的权威，不利于公平正义的实现。本文将分析《民法典》作出修改的原因，探究高压触电人身损害中过失相抵的适用方法。

一、立法进程——从"过失"到"重大过失"的变化

过失相抵制度，是指对于损害结果的发生或者扩大，如果被侵权人存在过错，基于公平合理分配责任原则，应当相应减轻或免除侵权人的责任。

（一）过失相抵在无过错责任原则中的适用

1986年《民法通则》第123条①确定了从事高空、高压等高度危险作业致人损害，适用无过错责任原则；第131规定："受害人对于损害的发生也有过错的，可以减轻侵害人的民事责任。"这是我国法律对过失相抵的最初规定。仅从法条文义上看，过失相抵的适用不因过错责任和无过错责任有所区别。但考虑到无过错责任原则对受害人权利的特殊保护，学术界对过失相抵能否适用于无过错责任原则产生争议，存在肯定说与否定说两种观点。

肯定说认为，过失相抵制度可以适用于无过错责任。"过失相抵规则是诚信、公平原则的体现，具有普遍的妥当性，其适用的领域不因责任之为何而不同。"②如果在无过错责任中不适用过失相抵规则，受害人遭受损害后就可能任由损害扩大，这显然违反了法律公平精神③。此外，如果无过错责任中不适用过失相抵，原告将缺乏足够动力避免事故的发生。

否定说认为，过失相抵制度不能适用于无过错责任。无过错责任与传

---

① 《民法通则》第123条规定："从事高空、高压、易燃、易爆、剧毒、放射性、高速运输工具等对周围环境有高度危险的作业造成他人损害的，应当承担民事责任；如果能够证明损害是由受害人故意造成的，不承担民事责任。"

② 王泽鉴：《民法学说与判例研究》（第一册），北京大学出版社2009年版，第58页。

③ 程啸：《过失相抵与无过错责任》，载《法律科学》2014年第1期，第137—145页。

统侵权行为法则有所不同，具有社会法的特征。其旨在通过责任保险的方式分摊那些在人类文明发展过程中出现的不幸，因此，没有必要将过失相抵适用于其中①。此外，高度危险作业之所以采用无过错责任，是出于对被侵权人这一弱势群体的保护，如果仅因被侵权人具有过失就减轻侵权人责任，不利于对被侵权人的救济。

笔者赞同肯定说。"过错责任"和"无过错责任"是归责原则，讨论的是责任构成问题；过失相抵是因受害人过错而减轻侵权人责任，讨论的是责任承担问题。二者属于不同层面，只有具有责任才需要承担。与刑法三阶层理论相类似，判断行为人是否承担责任要经过三个阶层，即"构成要件符合性—违法性—有责性"，只有满足前一个阶层才能继续到下一个阶层。同理，适用过失相抵也应通过三个阶层判断：第一，侵权行为成立；第二，侵权人需要承担侵权责任，无关于归责原则；第三，根据受害人自身过错大小，相应减轻侵权人责任。从比较法上看，大多数国家都肯定了过失相抵在无过错责任中的适用，包括德国、英国、美国等。因此，无论过错责任还是无过错责任，只要认定侵权人应当承担责任，同时受害人存在过错，基于自己责任和公平原则，就可以适用过失相抵。

（二）从"过失"到"重大过失"的变化

2003年公布的《最高人民法院关于审理人身损害赔偿案件适用法律若干问题的解释》（下文简称《人身损害赔偿解释》）第2条第2款②规定过失相抵适用无过错责任，应限于受害人具有"重大过失"。2009年颁布的《侵权责任法》第73条，将从事高压等高度危险作业中适用过失相抵的情形由受害人具有"重大过失"改为"过失"，降低了对被侵权人过失程度的要求。《民法典》第1240条重新将其调整为受害人具有"重大过失"。

我国相关立法在不同时期对高压触电致人损害中过失相抵适用的标准

① ［德］克雷斯蒂安·冯·巴尔：《欧洲比较侵权行为法》（下卷），焦美华译，张新宝审校，法律出版社2001年版，第657页。

② 2003年公布的《最高人民法院关于审理人身损害赔偿案件适用法律若干问题的解释》第2条第2款规定："适用民法通则第一百零六条第三款规定确定赔偿义务人的赔偿责任时，受害人有重大过失的，可以减轻赔偿义务人的赔偿责任。"

规定不同，这种不同取决于对不同因素的考量。《侵权责任法》制定时，立法者认为，由于从事高空、高压等高度危险作业，同民用核设施、民用航空器等高度危险物相比，危险性稍低，所以在承担责任的情形上应与其他高度危险物有所区别。在被侵权人对损害的发生有"过失"而不是"重大过失"的情况下，可以减轻责任人的赔偿责任。《侵权责任法》立法者从不同种类的危险作业、危险物品等危险度不同出发，对适用过失相抵的被侵权人过失程度作出了不同要求。但对"高度危险作业的致害风险比高度危险物小"这一观点，并没有证据来证明。

《民法典》（侵权责任篇）编纂过程中，有人认为第1239条规定的是高度危险物造成他人损害，第1240条规定的是高度危险活动造成他人损害，两者的危险程度应当差不多，建议在因被侵权人过失减责上规定一致。因此，《民法典》重新将高度危险活动中减轻经营者责任的条件改为被侵权人对损害发生有"重大过失"[①]。

当前司法实践中，法院依据《侵权责任法》对高压触电案件做出裁判时，受害人过失程度虽然不影响过失相抵的适用，但很大程度上决定了减轻侵权人的责任比例。《民法典》作出修改后，突出了过失相抵对被侵权人过失程度的要求，因此，对过失程度的判断变得尤为重要。

二、"过失"与"重大过失"的划分与判断

（一）目前司法实践中不严格区分过失程度

过失程度为人的心理状态，不可直观得知，通常由行为予以推断。但法律未对过失程度的区分作出明确规定，学术界也存在不同观点，这导致司法实践中，对受害人过失程度的认定往往成为案件争议焦点。如国网湖北省电力有限公司京山市供电公司、李某某触电人身损害责任纠纷[②]，国网重庆市电力公司石柱供电分公司与冉某某等触电人身损害责任纠纷[③]，

---

① 黄薇：《中华人民共和国民法典侵权责任编解读》，中国法制出版社2020年版，第281页。
② 湖北省荆门市中级人民法院（2019）鄂08民终1262号民事判决书。
③ 重庆市第四中级人民法院（2020）渝04民终309号民事判决书。

两起案件中，受害人均为完全民事行为能力人，私自在高压区域垂钓，由于甩竿不幸触电身亡，涉案高压线建设符合规范且相应管理人已尽到警示义务。但法院判决分别认定受害人具有"重大过失"和"较大过失"，适用过失相抵减轻侵权人的责任，但责任承担比例不尽相同。法官在裁判理由中对过失程度的描述用语也五花八门，如"一定过错与过失""相当过失""疏忽大意的过失""明显过失""重大过失"等。

（二）民法中过错的含义与划分

民法理论中将过错分为故意和过失。故意是指侵权人预见到损害后果的发生并希望或放任该结果发生的心理状态[1]，分为直接故意和间接故意。对过失的再划分，法律上一直没有明确规定，仅在《民法通则》《合同法》中多次使用"重大过失"的概念。直至《人身损害赔偿解释》才出现"一般过失"与"重大过失"之分，但并未对二者作出界定。国内学者对过失的分类主要有二分法和三分法。

二分法主要是沿袭刑法，将其分为疏忽大意的过失和过于自信的过失。"前者指行为人虽然没有认识到其行为具有产生损害后果的可能性，但如果尽到相当注意就可以加以认识并避免它；后者是指行为人虽然认识到了其行为可能产生的损害后果，但由于欠缺相当的注意而轻信此种后果可以避免。"[2]按照刑法理论将过失分为疏忽大意的过失和过于自信的过失，不能体现过错的程度，无法满足民法"以过错程度分配责任"的目的。在司法实践中，法院也多以二分法认定当事人过失，以至于不能很好地将过错与责任适配。如在国网辽宁省电力有限公司丹东市振安区供电分公司与汤某某生命权、健康权、身体权纠纷[3]一案中，法院就有如此表述。

三分法根据注意义务的不同，将其分为重大过失、一般过失和轻微过失。重大过失为未达到客观上普通人一般能达到的注意义务；一般过失为未达到处理自己事务的注意义务，处理自己事务的注意义务是指通常情况

---

① 王利民：《民法》，中国人民大学出版社2018年版，第616页。
② 杨立新：《侵权法论》，人民法院出版社2005年版，第197页。
③ 辽宁省丹东市中级人民法院（2020）辽06民终1469号民事判决书。

下处理自己事务时尽到的注意；轻微过失为未达到善良管理人的注意义务，善良管理人的注意义务是指通常合理人能注意到的程度，或者某一职业的理性人在所具有的知识水平的基础上能达到的注意义务。三种过失对注意义务的要求程度依次降低。从表现形式上看，重大过失表现为行为人的极端大意或轻信的心理状况；一般过失是指一般人在通常情况下的过失；轻微过失是指较小的过失，如偶然误入他人土地，即可认为是轻微过失①。与二分法相比，三分法更能体现不同过失类型过错程度的高低，更适合用于过失相抵制度。

（三）高压触电人身损害案件中"过失"和"重大过失"的认定

通过对高压触电人身损害案件的分析发现，超过九成为非单一原因触电案件，与受害人违反电力法律法规的行为有关，如在高压线下钓鱼、放风筝等、攀登杆塔、私拉乱接、乱建违章建筑等②。造成受害人人身损害，不仅有高压电作业的因素，通常还有第三人过错，如第三者未尽管理义务、指挥不当等。"审判实践中，法官应根据具体案情，在全面分析各方实施行为时的主观状态、行为的选择自由、行为的方式及对损害发生的作用力等基础上，综合考虑相关因素进行客观的判断，有些案件还需要结合法官的自由裁量进行价值判断。"③

如在国网四川都江堰市供电有限责任公司、兰某等触电人身损害责任纠纷案④中，受害人兰某在钓鱼过程中因抛杆造成鱼竿顶端触及高压输电线被烧伤。一审法院认为兰某作为完全民事行为能力人，明知鱼塘上方有高压线，应当预见到有致人损害的危险。钓鱼时未尽到注意义务，疏忽大意使抛杆时碰到高压线而被高压电流击伤，具有重大过失。鱼塘经营者甯某未尽到禁止兰某在高压线下钓鱼的义务，对鱼塘管理不善，村委会对鱼

---

① 王利民：《民法》，中国人民大学出版社2018年版，第617页。

② 周建海、许石慧：《我国触电人身损害案例法律适用问题研究》，载《电力技术经济》2009年第3期，第53—58页。

③ 王书生：《从一起触电再审案件看过失相抵的适用》，载《农电管理》2020年第11期，第70页。

④ 四川省高级人民法院(2017)川民再565号民事判决书。

塘负有监督管理责任，对存在的安全隐患重视不够，未尽到管理职责。据此判决兰某、甯某、村委会、供电公司各承担40%、25%、20%、15%的责任。二审法院认为兰某系智力健全的成年人，在明知高压输电线路危险性且明确挂有禁止钓鱼警示标志的情况下，在高压线路下钓鱼，对损害后果的发生具有明显过失，甯某、村委会的过错不能减轻经营者对被侵权人的责任，据此判决供电公司和兰某各承担60%、40%的责任。后四川省高院指令中院再审本案，再审法院维持了二审判决。四川省高院经审查又对该案进行再审，高院再审维持了一审判决。在该案的审理中，一审和四川省高院再审判决，综合考虑受害人过错、经营者无过错与第三人过错，认定受害人具有重大过失；中院二审和再审判决，仅注意到了受害人本人过失，认为其他当事人不是纠纷的责任主体，不承担侵权责任。不同法院认定受害人过失程度考虑的因素不同，会造成同一个案件出现不同的判决结果。因此，法院在认定当事人过失程度时，应考虑多方因素，不仅要分析侵权人的高度危险作业、被侵权人对危险的认知等，还要分析第三人过错、被侵权人所处环境等因素，不能有所疏忽、遗漏。

从近年来高压触电人身损害案件裁判结果中，笔者发现，当前法院在认定被侵权人过失程度时，体现出如下趋势：一是将过失程度分为三个等级，即一般过失、相当过失、明显过失。疏忽大意的过失认定为一般过失。虽然个案用语不同，但从判决结果与案件事实来看确实如此。二是高压线架设高度未达标、未设安全警示牌、第三方未尽到安全管理义务时，大都认定当事人具有一般过失。三是当第三方与受害人存在承揽、劳务等关系，且第三方未尽安全提示义务时，一般认定被侵权人因未尽到谨慎的注意义务而具有一般过失或相当过失，第三方承担主要责任。四是受害人明知存在高度危险，仍未采取安全防护措施或无相应资质从事高空作业时，认定受害人具有明显、重大过失。

三、过失相抵适用的效果——不能无限减轻经营者责任

过失相抵为何抵消，学术界存在过错的抵消、原因力的相抵、违法性相抵三种观点。高压触电人身损害案件中，法官通常将三者结合，综合判

断减轻经营者责任比例。

（一）经营者承担责任应有最低限额

"当无过错责任中的受害人是无民事行为能力人或限制民事行为能力人时，不能无限制地减轻侵权人的赔偿责任，应当规定最低的赔偿比例。"①强调不完全民事行为能力人作为受害人时，侵权人的赔偿责任应有最低限度。无过错责任原则的制度设计，体现了立法者基于从事高空、高压等作业危险度较高，被侵权人在法律上处于弱势地位考虑，对被侵权人作出的特殊保护，与被侵权人民事责任能力无关。因此，在高压触电致人损害案件中的责任划分，与被侵权人民事责任能力无关，适用过失相抵均不能无限度减轻经营者责任，而要有最低限额。这种观点在现行法律规范和司法实践中均有所体现。

2020年12月新修订的《最高人民法院关于审理铁路运输人身损害赔偿纠纷案件适用法律若干问题的解释》（下文简称《铁路人身损害解释》）第6条第2项规定，受害人存在过错时，铁路运输企业即使已尽安全防护等义务，也应承担责任，但仅应承担全部损失的10%至20%。《道路交通安全法》第76条第1款第2项规定，机动车与非机动车驾驶人、行人发生交通事故，机动车方没有过错的，承担不超过10%的赔偿责任。机动车方不存在过错仍需承担不超过10%的赔偿责任，在受害人存在过错适用过失相抵时，侵权人承担的责任也应以10%为限。铁路运输和交通事故当中，侵权人承担的都是无过错责任，法律已明确规定侵权人承担最低责任比例范围，因此，在高压触电人身损害案件中也不能无限度地减轻侵权人的责任。

司法实践中，在被侵权人具有过失的情况下，即使电力企业无明显过错，法院也会基于无过错责任原则或人道主义判决电力公司承担一定责任。在白某与环县电力局触电人身损害责任纠纷②案中，一审法院认为受

---

① 程啸：《过失相抵与无过错责任》，载《法律科学》（西北政法大学学报）2014年第1期，第143页。

② 甘肃省庆阳市中级人民法院（2013）庆中民终字第166号民事判决书。

害人白某虽有重大过错，但作为普通公民，属弱势群体中的一员，对其基本的健康权应予保护，环县电力局虽无明显过错，但从人道主义角度出发，结合民法中的无过错责任原则，环县电力局应承担无过错的民事赔偿责任，判决环县电力局承担20%的责任。

（二）应在一定限度内减轻经营者责任

支持过失相抵适用于无过错责任原则的学者中，一般认为减轻责任应有一定限度，即"加害人责任不能被过于减少"。笔者赞同这种观点，理由如下：第一，《侵权责任法》规定经营者在高压触电案件中承担无过错责任，旨在保护受害人权益，这种倾向性保护理应体现于适用效果上——不能过分减轻侵权人责任。第二，不管根据何种标准判断一般过失与重大过失，主观判断都具有很强的不确定性，法官有很大的自由裁量权。为尽量减小"同案不同判"的概率，应该规定一个限度，仅能在此范围内减轻经营者责任。

虽然法律尚未对高压触电人身损害案件中适用过失相抵减轻经营者责任限度作出具体规定，但一些指导性文件中已有所体现。如《人民法院案例选》2014年第3辑中登载的赵春民等四人诉河北省电力公司沧州渤海新区供电分公司等高度危险活动损害责任案中就有所表述。虽然该案例仅是指导意见，不具有强制性效力，但体现了立法者为适用过失相抵减轻经营者责任设置一定限度之意。

（三）减轻经营者责任比例范围应更具体

前述《人民法院案例选》登载的案例裁判要旨关于"过失相抵幅度不应超过50%"的表述过于笼统，给了法官过大的自由裁量权，不能从本质上减轻"同案不同判"的情况，且与当前司法实践不符。

1.司法现状

高压触电往往涉及多因一果，波及多方责任主体，本文旨在讨论受害人有过错时减轻经营者责任问题，因此将责任主体分为三类进行讨论，即受害人、电力企业、第三方。

不涉及第三方主体时，裁判相对简单。若能证明受害人为故意，则免除电力企业责任；若受害人具有重大过失，则相应抵消电力企业60%以上的责任；若受害人具有一般过失，则抵消电力企业40%～50%的责任。涉及第三方过错时，裁判更加复杂，减轻经营者责任大致分为三种情形：一是受害人存在一般过失，抵消其他主体30%以下的责任，具体根据第三方责任不同，电力企业承担35%以下的责任；二是受害人存在明显过失时，抵消其他责任主体35%～50%的责任，电力企业承担20%～30%的责任；三是受害人存在重大过失时，抵消其他责任主体60%～80%的责任，电力企业承担10%～20%的责任。

2.相关指导性意见

《安徽省高级人民法院审理人身损害赔偿案件若干问题的指导意见》第2条①根据不同情形，将减轻经营者责任比例分为70%～90%与30%～50%两个等级。《云南省高级人民法院关于审理人身损害赔偿案件若干问题的会议纪要》中也有类似规定。

除高压触电人身损害相关规定外，其他高度危险活动的司法解释中，对侵权人承担责任比例规定更为具体。如《铁路运输人身损害解释》第6条根据铁路运输企业是否尽到安全防护、警示等义务要求其承担20%～80%或10%～20%的责任。

笔者认为，既然立法者将高压和高速铁道运输以并列的方式规定于同一法条中，对其限制也应相同，限制范围应与当前司法实践相吻合。但无论高压触电还是铁路运输中对经营者责任的限制都应更明确。

---

① 《安徽省高级人民法院审理人身损害赔偿案件若干问题的指导意见》第2条规定："在电力设施保护区内的高压电线下垂钓或新建、扩建、改建建筑物遭受电击伤害的，可以认定受害人具有重大过失，根据《民法通则》第一百三十一条的规定，减轻电力设施产权人或供电企业70%～90%的责任。但电力设施的架设、运营及日常维护管理不符合国家标准或规定的，只能减轻电力设施产权人或供电企业30%～50%的责任。"

四、应对高压触电中过失相抵适用混乱的具体建议

(一) 尽快发布司法解释或指导案例对相关问题作出明确规定

司法实践中对高压触电致人损害案件作出不同的判决，很大原因在于法律规定不明确。为使法院审判案件有统一的标准，建议尽快对此作出明确而详细的规定，包括高压触电人身损害案件适用过失相抵应以"过失"还是"重大过失"为前提、减轻侵权人责任比例的限制等。

在具体措施上可以采取发布司法解释或指导案例的形式，原因有以下三点：首先，考虑到法律的稳定性，在《民法典》刚实施的背景下，不宜再对具体条文作出修改。其次，由于现实情况的复杂性，学术界意见不统一，发布司法解释可以及时对司法实践中的问题作出回应，待相关规定与实践逐步适应后再通过法律条文予以规定。最后，已有一些省市作出了相关实践探索。如上文提到的安徽省和云南省，对认定受害人具有重大过失的具体情形和不同过失程度下减轻电力企业的责任范围均作出了具体规定。

(二) 法院裁判应当规范用语并释明理由

通过检索发现，近年来在高压触电致人损害案件中适用过失相抵的案件有1000余件，其中进入二审或再审程序的案件约占总量的60%。上诉案件中，由受害者、供电公司、第三方提出上诉的案件各约占三分之一，有些案件多方当事人同时上诉。法院对受害人过失程度要求和判断标准不明确，在判决中也未说明理由，作出的判决自然不能让当事人信服。为了实现司法公正并提高效力，除法律明确规定外，法院在认定受害人过失程度时要规范用语，分配各方承担责任比例时要详细说明理由，以达到案件各方当事人息诉的目的。